Richard W. Gassen

ROMANIK

zwischen Speyer, Mainz
und heidelberg

MICHAEL IMHOF VERLAG

Bildnachweis

alle Bilder Michael Imhof und Michael Imhof Verlag

mit Ausnahme von: S. 8, 145 (unten): Johann Willsberger; S. 11: Fanny Hartmann; S. 19, 23, 25, 37, 77 (unten): Faksimile Verlag Luzern; S. 74, 75: Ulrich Knapp (Leonberg); S. 95–99 und 101: Bischöfliches Dom- und Diözesanmuseum Mainz; S. 36, 124 (unten): Germanisches Nationalmuseum Nürnberg

Literaturauswahl

Ausstellungskatalog Mainz: Das Reich der Salier 1024–1125, Mainz 1992.

Ausstellungskatalog Speyer: Europas Juden im Mittelalter, Ostfildern 2004.

Ausstellungskatalog Stuttgart: Die Zeit der Staufer. 5 Bde., Stuttgart 1977.

Biller, Thomas: Burgen und Schlösser im Odenwald, Regensburg 2005.

Ebert, Doris und Beuckers, Klaus Gereon (Hg.): Kloster St. Maria zu Lobenfeld, Petersberg 2001.

Gassen, Richard W.: Romanik in der Pfalz, Landau/Pfalz 1991.

Griesbach-Maisant, Dieter: Kreis Bergstraße I (= Kulturdenkmäler in Hessen), Wiesbaden 2004.

Imhof, Michael und Winterer, Christoph: Karl der Große. Leben, Wirkung und Stätten der Kunst und Kultur der Karolinger, Petersberg 2005.

Kaiser, Jürgen: Ev. Stadtkirche Schönau (Schnell, Kunstführer), Regensburg 2000.

Kaufmann, Sabine (Hg.): Kaiserdom und Domschatz (Historisches Museum der Pfalz, Speyer), Speyer/Mainz 2001.

Kubach, Heinz Erich: Die Architektur der Romanik, Stuttgart 1974.

  ders.: Der Dom zu Speyer, Darmstadt 1998.

Ludwig, Thomas: Die Lorscher Tor- und Königshalle, Regensburg 2006.

Nutz, Gabriela: Die mittelalterlichen Wandmalereien der ehemaligen Klosterkirche Lobenfeld, Petersberg 2002.

Spille, Irene: Stadt Worms (= Kulturdenkmäler in Rheinland-Pfalz 10), Worms 1992.

  diess.: Rundgang durch das romanische Worms, Worms 2001.

Winterfeld, Dethard von: Die Kaiserdome Speyer, Mainz, Worms und ihr romanisches Umfeld, Regensburg 2000.

  ders.: Romanik am Rhein, Stuttgart 2001.

  ders.: Dom zu Mainz (Schnell, Kunstführer), Regensburg 2003.

Richard W. Gassen: Romanik zwischen Speyer, Mainz und Heidelberg, Petersberg 2007

© 2007
  Michael Imhof Verlag GmbH & Co. KG, Petersberg
  Stettiner Str. 25, D-36100 Petersberg
  Tel. 0 661 / 96 28 28 6; Fax 06 61 / 6 36 86
  www.imhof-verlag.de

Gestaltung und Reproduktion: Michael Imhof Verlag
Druck: J. P. Himmer Druck GmbH & Co. KG, Augsburg

Printed in EU

ISBN 10: 3-86568-133-6
ISBN 13: 978-3-86568-133-1

Inhalt

Geschichte, Kultur und Kunst im Zeitalter der Salier und Staufer

Katalog

es heilige geistis nn̄
ne der sterke mine
sinne· Das ich recht
unde unrecht der
sachse bescheide· doch
gotis hulden unde
noch der wilde vur
men· Des en kan
ich alleine mich getun· Dar sinne bite
ich tzu helfe alle gute lute di rechtis
gern ab keine rede legerne· Di min tu
me sin vur vnde· vn̄ da dis buch mich
von en sprich das si das noch rechte be
scheiden noch urre sinne so sis rechste
wissen von rechte en sal nymāt liebr
noch leide zorn noch gift· Got is
selber recht dar vne is ym recht lips· Dar
vne sen li sich alle vor di den gerichte
von gotis halbm leuoli si das si also
richste alse gotis zorn vn̄ sin gerichte
genedichlich uhr si irge muse· Got
da is legin vn̄ ende aller gute dinge
d machte allrest himel vñ erde· vnde
machte den mensche ierdriche vñ sacz
te en in das padis· der brach den gehor
sam vns allin tzu schade· vme gige da
wir irre alle di hertelosin schaf· Wen
an di tzit das he vns irloste mit sin
mart· Nu abir wir lekart sin vnde
vns got wid geladt hat nu halde w
sine e vñ sin gebot· Das vns sine
wissagi gelart habi vñ gute geistli
che lute vñ ouch cristne kunnige ha
bin gesatzt constantin vnde karle in
sachsin lande noch sines rechtis nutz·

Geschichte, Kultur und Kunst im Zeitalter der Salier und Staufer

Das Heilige Römische Reich des Mittelalters

Spricht man vom Heiligen Römischen Reich, dem Deutschen Reich im Zeitalter der Salier und Staufer, so hat man sich keinen modernen Staat, keinen Nationalstaat im Sinne des 19. und 20. Jahrhunderts vorzustellen. Der mittelalterliche Staat, sofern man von einem solchen sprechen kann, war vielmehr ein Personenverband, der auf dem persönlichen Verhältnis zwischen Herrscher und Volk, das nach Ständen gegliedert war, beruhte.

An oberster Stelle stand der König, der im Fränkischen Reich zugleich der mächtigste Grundherr war. Ihn umgab eine kleine Führungsschicht von Angehörigen des Hochadels und der stark aristokratisch geprägten Kirche. Als größter Grundherr verpflichtete sich der König Gefolgsleute aus dem hohen Adel, indem er ihnen Landbesitz aus Königsgut – später auch Ämter und Rechte – zur Leihe übertrug. Es bildete sich das sogenannte Lehnswesen heraus, als eine Verbindung von Landleihe und persönlicher Treue und Gefolgschaft, der sogenannten Vasallität. Die politische Organisation der mittelalterlichen Gesellschaft funktionierte stets nach dem Prinzip: Der Herr gibt Land oder Amt an Vasallen aus und empfängt dafür deren Treue. Der Lehnsvertrag wurde auf Gegenseitigkeit abgeschlossen. Dies geschah meist in der Form eines symbolischen Aktes, indem der Belehnte, der Lehnsmann, seine gefalteten Hände in die des Lehnsherrn legte. Neben dieser ursprünglichen zeremoniellen Handlung bildeten sich während der Weiterentwicklung der feudalistischen Herrschaftsweise auch differenziertere Formen der Übergabe heraus. So wurde das sogenannte Zepterlehen, das Bischöfe und Äbte als geistliche Reichsfürsten von der Krone innehatten, vom König mit dem Zepter verliehen, während die Lehen der weltlichen Reichsfürsten mit der Fahne verliehen wurden. Im frühen Mittelalter endete der Lehnsvertrag, sofern nicht die Treuepflicht verletzt wurde, mit dem Tod eines der Partner. Erst nach der Jahrtausendwende setzte sich die Erblichkeit der Lehen weitgehend durch. Die mittelalterliche Gesellschaft war äußerst patriarchalisch orientiert – Frauen waren ausgeschlossen, sie konnten weder Lehen vergeben noch Lehen empfangen.

Die Mächtigen des Reiches standen als königliche Vasallen einerseits in einem Abhängigkeitsverhältnis zum Herrscher, andererseits waren sie als Pfalz- oder Markgrafen selbst Besitzer großer Grundherrschaften, von Lehns- oder Allodialgütern, die sie wiederum an Untervasallen, auch Aftervasallen genannt, zu Lehen gaben. Die weltlichen und geistlichen Fürsten konnten sich somit ihren eigenen Machtapparat aufbauen und traten nicht selten in Konkurrenz zum Herrscher. Die ständisch gegliederte Feudalgesellschaft des Mittelalters basierte weitgehend auf einer Lehnshierarchie, der sogenannten Heerschildordnung. Im Rahmen dieses Machtgefüges nahmen die geistlichen und weltlichen Fürsten unterhalb des Königs die zweite und dritte Stufe ein. Weltliche Reichsfürsten konnten von den geistlichen Fürsten Lehen empfangen, jedoch nicht umgekehrt. Auf der vierten Stufe standen die Grafen und die freien Herren, denen ihrerseits die Ministerialen untergeordnet waren. Diesen folgten die sogenannten einschildigen Ritter, die zwar Lehen empfangen, aber keine vergeben durften. Die unterste Stufe dieser „Lehnspyramide", quasi die Basis, bildete die Schar der Hörigen und leibeigenen Bauern, der Hintersassen, die mehr oder minder rechtlos waren.

Seit dem 11. Jahrhundert wurde ein Stand zu einem immer stärkeren machtpolitischen Faktor, der

Kaiser Friedrich I. Barbarossa mit seinen Söhnen König Heinrich VI. und Herzog Friedrich V. von Schwaben, Miniatur aus der Welfenchronik des Klosters Weingarten, um 1185, fol. 14r, Fulda, Hochschul- und Landesbibliothek, Foto nach Faksimile

links: Die thronenden Herrscher – die christlichen Könige Karl und Konstantin – im kaiserlichen Ornat, davor der kniende Verfasser des Rechtsbuchs, darunter Gott mit Buch und Gerichtsschwert, das er dem knienden König als dem höchsten weltlichen Gerichtsherren übergibt, Wolfenbütteler Sachsenspiegel, zwischen 1220 und 1235 entstanden, fol. 9v, Reproduktion nach dem Faksimile der Akademischen Druck- und Verlagsanstalt Graz

eigentlich im unteren Bereich der Heerschildordnung angesiedelt war: die Ministerialität (von lateinisch „ministerium"= Dienst), in der Volkssprache auch Dienstmannen genannt. Die Ministerialen waren ursprünglich persönlich völlig unfrei, zu vergleichen mit Sklaven in der Antike. Während der salischen und staufischen Epoche wurden den Reichsdienstmannen vielfältige Aufgaben im Reichsdienst übertragen, womit vonseiten der Krone zugleich versucht wurde, die Ministerialität als gefügigeres Gegengewicht zum selbstbewussten und selbstherrlichen Adel einzusetzen. Die Aufgabe der Ministerialität war es, die Reichslande effektiv zu verwalten und zu schützen und dort auch die Basis einer zuverlässigen militärischen Gefolgschaft zu bilden. Die Ministerialen dienten ihren Herren auf vielfältige Weise: als Boten und Gesandte mit besonderen Aufträgen, als berittene Krieger und Ritter, als Kaufleute oder in der Verwaltung.

Die staufische Reichslandpolitik hatte seit dem Aussterben der Salier im Jahre 1125 einen ihrer Schwerpunkte im Südwesten, im Raum zwischen Mainz und Hagenau. Aus altem, von den Saliern ererbtem Königsgut und aus neu erworbenen Besitzungen bildete sich im heutigen Südwesten ein mächtiger Reichslandkomplex heraus, dessen politische und administrative Zentren unter Friedrich I. die Pfalz in Hagenau, der Trifels bei Landau, die Pfalz in Ingelheim und die Pfalz in Lautern waren. Oftmals konnte der Dienst in der unmittelbaren Nähe des Herrschers zu hohem Prestige und zu großen Machtbefugnissen führen. Doch darf die hervorgehobene Stellung der Dienstmannen, vor allem während der späteren Stauferzeit, nicht vergessen lassen, dass sie weiterhin Unfreie waren und rechtlich als eine Sache behandelt wurden. Erst im späteren Mittelalter entwickelte sich aus der unfreien Ministerialität der niedere Adel.

Mit dem 11. Jahrhundert begann ein Zeitalter der Veränderungen, die auch den Bereich der Rechtssprechung erfassten. In dem Maße, in dem sich die Ständegesellschaft zu differenzieren begann, wurde auch das Recht vielfältiger. Es bestanden im Hochmittelalter mehrere Rechtssysteme nebeneinander: das Lehnsrecht, das die herrschaftlichen Strukturen festlegte und somit die Verfassung weitgehend bestimmte, und das Landrecht, das die zivil- und strafrechtlichen Rechtsverhältnisse aller Menschen regelte. Daneben entwickelten sich in den neu gegründeten Städten die Stadtrechte, während die Kirchenreformer gleichzeitig mit dem Ausbau des kanonischen Rechts begannen. In dieser Situation erwies es sich allmählich als unerlässlich, von der bisherigen Praxis des mündlich überlieferten Gewohnheitsrechts in der Tradition des germanischen Rechtslebens abzugehen. Man begann das Recht aufzuschreiben. Das erste Buch dieser Art ist der „Spiegel der Sachsen" des aus Ostsachsen stammenden Ritters Eike von Repgow, der zwischen 1220 und 1230 in deutscher Sprache verfasst wurde. Dieses auch als „Sachsenspiegel" bekannte Kompendium, das eine Vielzahl von Einzelrechten durch die Einordnung in allgemeine Rechtsgrundsätze systematisierte, stellt eine rechtsschöpferische Leis-

Stammtafel der Salier (blau) und der Staufer (orange) nach Andreas Hansert: Könige und Kaiser in Deutschland und Österreich, Petersberg 2006

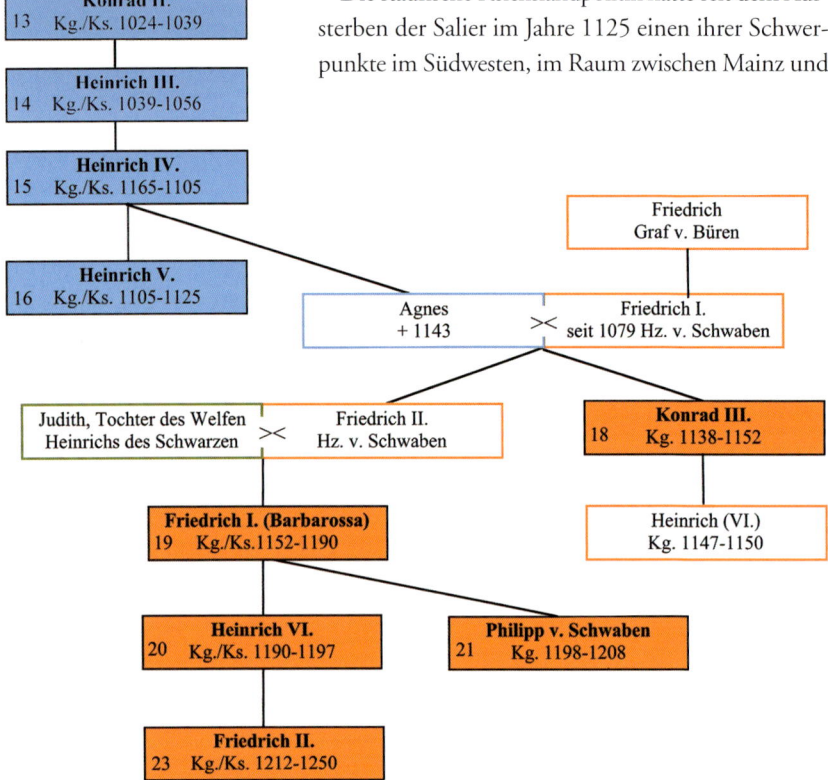

tung der späten Stauferzeit dar, die auch für andere Rechtsbücher der Folgezeit vorbildlich war.

So hatte sich auf dem Höhepunkt der staufischen Herrschaft das Heilige Römische Reich zu einem hochorganisierten Gemeinwesen entwickelt, das nahezu alle Bereiche des politischen, kirchlichen, gesellschaftlichen und kulturellen Lebens zusammenfügte. Das Deutsche Reich war zu einem Machtfaktor geworden, der die Geschicke der europäischen Völker maßgeblich bestimmte.

Die Stadt im hohen Mittelalter

Die Völkerwanderung hatte die römischen Städte der Spätantike als Ruinen hinterlassen. Zwar erlosch das Leben in ihnen nicht vollständig – und es gab auch Städte, wie etwa Köln, die ihre Anlage als ganze von der Römerzeit bis ins Mittelalter bewahren konnten. Doch kann von einer kontinuierlichen städtischen Lebens- und Wirtschaftsgemeinschaft während dieser Zeit kaum die Rede sein. Erst im 8. und 9. Jahrhundert entwickelten sich wieder vermehrt stadtartige Siedlungen, meist im räumlichen und wirtschaftlichen Zusammenhang mit einem Herrschaftssitz, einer befestigten Burg, einer Pfalz, einem Bischofssitz oder einem Kloster. In ottonischer und salischer Zeit erreichten diese nichtagrarischen Konglomerate bereits eine erstaunliche Großflächigkeit, die durch eine planmäßige Anlage von Straßenzügen und ganzen Quartieren gekennzeichnet war. Ein neues städteplanerisches Element bildeten jetzt die großen, umschlossen gebauten Marktplätze, die erstmals auftretenden steinernen Wohntürme und Häuser und – als ein wesentliches Merkmal – die die Siedlung umlaufende Befestigung, die Stadtmauer. So übernahm im Hochmittelalter die ummauerte Stadt mit ihren nach außen gerichteten Wehrbauten eine ähnliche Funktion wie die Burg – indem sie der Bevölkerung, dem in ihr residierenden Bischof oder auch dem durch die Lande ziehenden Herrscher und seinem Gefolge Aufenthalt und Schutz bot.

Eine Blütezeit erlebte das deutsche Städtewesen während der staufischen Herrschaft. Eine wichtige Voraussetzung hierfür war das rapide Bevölkerungswachstum, das gegen Mitte des 11. Jahrhunderts einsetzte

Das Reich der Staufer 1125–1254

*Kopfreliquiar Friedrichs I.,
sog. Cappenberger Barbarossa-
Kopf, um 1160*

und bis zur großen Pest des 14. Jahrhunderts andauerte. Vor allem unter der langen Regentschaft Friedrich Barbarossas (1152–1190), der es sich zum Ziel gesetzt hatte, mit der Anlage von Städten – bei gleichzeitiger Begrenzung von Selbstständigkeitsbestrebungen – ein staufisches Reichsterritorium zu fördern, schritt die Urbanisierung rasch voran. Neben die alten Bischofsstädte, in denen sich der wandernde König am häufigsten aufhielt, traten in zunehmendem Maße die Pfalzstädte, in denen der Herrscher gewissermaßen zu Hause war und die er nach eigenen Vorstellungen ausgestalten konnte. Orte wie Ulm, Aachen, Hagenau oder Kaiserslautern waren Siedlungszentren, in denen die Gründung bzw. der Ausbau der Pfalz auch die Stadtwerdung einleitete und förderte.

Das Gründen von Städten wirkte in dieser Epoche des Bevölkerungszuwachses und einer weitverbreiteten Wanderungsbewegung allgemein wie ein ansteckendes Fieber – brachte doch die Stadt, neben ihrer Funktion als übergroßer Schutzburg, auch als Markt und Produktionsort einen beträchtlichen wirtschaftlichen Nutzen. So traten neben den Staufern die schwäbischen Geschlechter der Zähringer und Welfen als Städtegründer und -bauer auf den Plan; sie standen seit dem 11. Jahrhundert in einem harten Wettbewerb um die Macht und die Ausdehnung ihrer Herrschaftsgebiete im Südwesten. Die Städte begannen ihrerseits, im Inneren ihre gemeinsamen Angelegenheiten wie Marktaufsicht, Steuern, Zölle, Mauerbau, Stadtverteidigung und Rechtsprechung durch eigene Beauftragte selbst zu regeln und traten nach außen als eine rechtliche und wirtschaftliche Einheit auf – was sich seit dem 12. Jahrhundert durch ein Stadtsiegel dokumentierte. Rechtlich war das Siegel von größter Bedeutung, denn es bezeugte, dass die Stadt bzw. der Rat der Stadt das Recht hatte, Urkunden auszustellen und bis zu einem gewissen Grad Verträge abzuschließen.

Den Städten wurden zahlreiche Privilegien verliehen, die eine allgemeine Förderung aussprachen, mit denen der Herrscher auch eine Bindung an das Königshaus herstellen wollte. So bestätigte beispielsweise Friedrich Barbarossa 1182 den Speyerern, deren Stadt aufgrund der Grabstätte der salischen Kaiser im Dom eine besondere Stellung einnahm, eine frühere Urkunde Heinrichs V. und sicherte ihnen damit wieder die Zollfreiheit, ein günstiges Erbrecht sowie die Befreiung von verschiedenen Lasten. Diesem Akt entsprechend erneuerte er zwei Jahre später den Wormser Bürgern ein kaiserliches Privileg aus dem Jahr 1114, das eine Verbesserung der Erb- und Eherechte vorsah. Diese Bestätigung erfolgte ausdrücklich im Hinblick auf die Treue und die Ergebenheit der Wormser Bürger.

Es gehörte zum Kernstück der königlichen Städtepolitik, die Städte für die eigenen Interessen zu gewinnen und somit ein Gegengewicht zum Machtanspruch der Fürsten zu setzen. Insbesondere in den Bischofsstädten am Rhein sollte die Kirche ihren Einflussbereich nicht weiter ausbauen können. Dazu galt es, die Städte zu stärken, vor allem in wirtschaftlicher Hinsicht. Eine wichtige Rolle in der wirtschaftlichen Förderung spielte der Handel; so wurde beispielsweise der Stadt Speyer im Jahre 1245 eine 14-tägige Herbstmesse verliehen, mit der – fast schon volkswirtschaftlich gedacht – ein allgemeiner Güteraustausch angeregt werden sollte. Parallel zu dieser Entwicklung begannen sich die Autonomiebestrebungen des städtischen Bürgertums zu festigen, was sich im Grunde auch gegen die Absichten des Herrschers richten konnte. Es prägte sich damals der Satz: „Stadtluft macht frei". Wer vom Land in die Stadt gekommen war und sich dort über ein Jahr ohne Fehl und Tadel aufgehalten hatte, der galt als Bürger, war frei von der Bindung an seinen Grundherren und konnte mit der Gewährleistung und Verteidigung seiner Freiheit durch die Stadtgemeinde rechnen. Das hieß jedoch keineswegs, dass alle Stadtbewohner frei waren, sondern nur die, die das Bürgerrecht besaßen. Und dies konnte nur besitzen, wer wohlhabend war, wer über Grund und Boden in der Stadt verfügte. Die Juden standen außerhalb dieser Bürgergemeinde, genauso wie der Klerus und die Klosterinsassen. Auch wenn die Stadtluft „über

Jahr und Tag" frei machte, so galt doch keineswegs der Gleichheitsgrundsatz. Bereits in den alten Bischofsstädten gab es eine soziale Differenzierung in zwei Klassen: in eine Oberschicht, die sogenannten „meliores" oder „optimates", darunter oft auch Ministerialen, als Anfänge eines städtischen Patriziates und in eine Unterschicht, die sich aus Handwerkern zusammensetzte und aus der unter unterschiedlichen Namen die Zünfte hervorgingen. Die ältesten dieser Verbindungen entstanden in Worms 1106/1107, in Würzburg 1128 und in Köln im Jahre 1149.

Das Ziel, die Städte fest an den König zu binden und den Autonomisierungstendenzen entgegenzuwirken, bestimmte in weiten Teilen die Politik der staufischen Herrscher des 13. Jahrhunderts – also in einer Zeit, als sich die hochmittelalterliche Stadt als ein durch eine Mauer sowohl in baulicher als auch in rechtlicher Hinsicht abgeschlossener Bezirk herausgebildet hatte, in dem mehr oder minder freie Bürger lebten. So verlieh Friedrich II. im Jahr 1219 der „villa" Annweiler das Speyerer Stadtrecht, das unter anderem eine Befreiung vom Zoll im ganzen Reich vorsah. Annweiler erhielt zudem das Münzrecht, doch sollten die Einkünfte für die nahegelegene Reichsfeste Trifels verwendet werden. Eine solche Verbindung von Stadt und Burg, welche die Verklammerung von freiem Bürgertum und der Herrschaft des Königshauses dokumentieren sollte, war in dieser Zeit nicht selten. Doch wurden gegen Ende der staufischen Ära einer selbstständigen königlichen Städtepolitik immer stärkere Widerstände entgegengebracht. Wiederholt mussten Privilegien, die an Bischofsstädte erteilt worden waren, auf Druck der geistlichen Fürsten zurückgenommen werden. Denn diesen war inzwischen das städtische Bürgertum zu stark geworden, das sich aufgrund seiner zunehmenden wirtschaftlichen Macht erlauben konnte, wechselnde Koalitionen einzugehen. Das eine Mal stand es auf Seiten des Stadtherren, das andere Mal verbündete es sich mit dem König. So hatten bereits im Jahre 1074 die Wormser Bürger Heinrich IV. in ihren Mauern aufgenommen, nach-

dem sie zuvor ihren Bischof vertrieben hatten. Ähnliches ereignete sich in Speyer zu Beginn des 12. Jahrhunderts, als die Bürgerschaft gleich zwei ihrer geistlichen Stadtherren aus der Stadt jagte.

Einen herben Rückschlag erlebte die städtefreundliche Politik der Staufer dann auf zwei Hoftagen in Worms, auf denen die Fürsten ihre Interessen gegenüber dem Königshaus durchsetzen konnten. Im Januar 1231 wurden auf ihren Beschluss hin alle städtischen Räte, Bürgermeister und sonstigen Amtsinhaber abgesetzt, sofern sie nicht von den Bischöfen bestimmt waren. Auch wurden die Zünfte und Bruderschaften verboten. Am 1. Mai folgte das Statut zugunsten der Fürsten, das „Statutum in favorem principum", das den Verzicht des Königtums auf die Ausübung einiger seiner Hoheitsrechte verbriefte und den Städten verwehrte, der fürstlichen Territorialbildung entgegenzuwirken. Und es war in Worms selbst, wo das Statut erstmals nachhaltige Folgen zeigte. In ihrem neu errichteten Rathaus am Marktplatz, einem Wahrzeichen städtischer Autonomie, hatte die Bürgerschaft im Jahre 1226 zu Beratungen eingeladen, die die Gründung eines ersten Rheinischen Städtebundes vorbereiten sollten. Dies missfiel dem Bischof, der es durchsetzen konnte, dass der Bund durch Heinrich VII. aufgelöst wurde. In der Folge – inzwischen war das „Statutum" in Kraft getreten – wurde den Bürgern vom König aufgetragen, ihr Rathaus an den Bischof auszuliefern. Sie kamen dem jedoch zuvor, indem sie es in der Nacht vom 2. Mai 1232 selbst anzündeten und niederbrannten.

Trotz dieser Restriktionen hatten die Städte zum Ende der staufischen Herrschaft einen Grad an Unabhängigkeit erreicht, der ihnen ein weitgehend eigenständiges politisches Handeln erlaubte. Im Juli des Jahres 1254, im letzten Jahr der staufischen Herrschaft, verbanden sich die Ratsherren, Richter und alle Bürger von Mainz, Köln, Worms, Speyer, Straßburg, Basel und anderen Städten zu einem heiligen Friedensbündnis, dem bald mehr als 70 Städte von Lübeck und Aachen bis Regensburg und Zürich angehörten.

Der Rheinische Städtebund – so nannte sich diese Interessengemeinschaft – stand am Ende der Entwicklung eines autonomen deutschen Städtewesens, die von der Emanzipation von der stadtherrlichen Gewalt bis zu den Anfängen der Freien Reichsstadt führte.

Die mittelalterlichen Städte, die wir heute noch kennen, sind Städte des Spätmittelalters; die romanischen Städte sind weitestgehend vergangen. Kriege, Brände und der Wandel der Zeiten haben kaum etwas von der alten Substanz und der ursprünglichen Struktur übrig gelassen. Erhalten haben sich alleine die großen Sakralbauten der Zeit, während im Bereich des Profan-

Gelnhausen mit spätromanischer Marienkirche (Ende 12. – Mitte 13. Jahrhundert) und „Romanischem Haus", Ende 12. Jahrhundert

baus nur noch ganz vereinzelte Beispiele, etwa die romanischen Wohnhäuser in Gelnhausen, Köln, Mainz, Seligenstadt, Speyer und Worms, von der salischen und staufischen Epoche zeugen. Die planmäßige Anlage einer Stadt war zweifellos ein bautechnisches Großunternehmen. Städtegründer waren Könige, Herzöge, der hohe Adel, aber auch Bischöfe und Orden. Mit der Durchführung wurden die sogenannten „Lokatoren" beauftragt, die meist aus dem niederen Adel stammten. Sie begannen mit dem Vermessen und Abstecken des Stadtgrundrisses, der bis zum 13. Jahrhundert meist abgerundet war, danach aber öfters eine geradlinige Mauerführung mit scharfkantigen Ecken aufwies. Zur Durchführung der Rodungsarbeiten und der Errichtung der Stadtbefestigung wurde in der Regel Landbevölkerung aufgeboten, die sich dann allmählich innerhalb der Mauern niederließ. Mit Ausnahme der Kirchen, des umschließenden Befestigungsringes und einzelner repräsentativer Herrscher- und Verwaltungsgebäude bestand das Gros der Bürgerhäuser aus Holz. Sie wurden von Zimmerleuten vorbereitet und dann vermutlich im Rahmen der Nachbarschaftshilfe hochgezogen. Nicht selten geschah es, dass der Neubürger sein eigenes Holzhaus mitbrachte, das er zuvor in einzelne Teile zerlegt hatte und in der Stadt wieder aufschlug. Im Hochmittelalter galten Häuser noch nicht als Immobilien!

Obwohl die romanische Stadt, die in jener Zeit nur in den seltensten Fällen als ganze fertiggestellt wurde, nach einem vorgegebenen Plan angelegt wurde, gab es bereits in der Gründungsphase Abweichungen vom Schema des Grundmusters. So bildete sich meist ein unregelmäßiges Straßennetz mit gekrümmten, gewundenen Fluchten, mit Vor- und Rücksprüngen, Gabelungen und dreieckigen Plätzen. Die öffentlichen Gebäude – Kirchen, Kapellen, das Rathaus, die Münze – lagen in den Häuserfluchten oder auch auf Plätzen, dafür gab es keine verbindliche Regel. Manchmal erhoben sie sich auch auf einer Freifläche am Rande der Stadt, wie etwa im Falle des Speyerer Domes. Insgesamt beherrschten eine mitunter drangvolle En-

ge und eine ausgeprägte Winkligkeit das damalige Stadtbild, die Masse der einfachen, primitiv gedeckten Wohnhäuser mag diesen Charakter noch verstärkt haben. Das Straßennetz diente jedoch nicht nur der Verkehrsführung – die Straßen waren an ihren jeweiligen Enden mit anderen Straßen verknüpft, sodass die Stadt voll „durchgehbar" war und der Weg nicht, wie oftmals in orientalischen Städten, in Sackgassen endete –, sondern auch der Wasserversorgung und der Entwässerung. Diese verlief fast immer oberirdisch, mitunter in einem kunstvollen System von Straßen-

bächen wie wir sie heute noch in Freiburg im Breisgau nachvollziehen können. Unsere heutigen Vorstellungen von Hygiene und Sauberkeit dürften damals wohl kaum zum Tragen gekommen sein.

Als sichtbares Zeichen für den autonomen Bereich der städtischen Bürgerschaft trat die Stadtbefestigung in Erscheinung, die einerseits dem Schutz der Bewohner diente, andererseits nach außen hin als eine Art Großburg mit wehrfähigen Bürgern wirken wollte. Aus der ursprünglichen Wall-Graben-Anlage mit hölzernen Palisaden entwickelte sich in der Stauferzeit

11

ein einziger Mauerring von monumentaler Großteiligkeit, wie sie auch im gleichzeitigen Burgenbau zu finden ist. Der Mauerring war mit Toren und Türmen versehen, dazu kamen zahlreiche hölzerne Verteidigungsbauten, sogenannte Wik-Häuschen, die heute nicht mehr erhalten sind. Den oberen Abschluss der Türme und Mauern bildeten Zinnenkränze oder geschützte Plattformen und Wehrgänge. Manche der Stadttore waren von repräsentativer Gestalt, wie die drei noch überkommenen Kölner Stadttore, das Altpörtel in Speyer und der Eisenturm in Mainz. Die dominierenden Gebäude innerhalb der Mauern waren die Dome, die Stifts- und Klosterkirchen, die Niederlassungen der Bettel- und Ritterorden sowie die Stadtkirchen, die nicht selten auch profane Funktionen zu erfüllen hatten, etwa als Rechtsort (im Westbau), als Ort der Ratsversammlungen oder auch als Warenniederlage. Daneben traten die Saal- und Hallenbauten

der Spitäler, die der Versorgung und der Pflege der Alten und Bedürftigen dienten, seit dem frühen 13. Jahrhundert auch die Rathäuser, die Kaufhäuser und schließlich die Bürgerhäuser. Während das Handwerkerhaus der städtischen Unterschicht in der Frühzeit fast ausschließlich aus Holz gebaut war, drückte sich das Wohnen der Oberschicht bereits im 12. Jahrhundert in Steinbauten aus, aus denen sich der später geläufige Typus des Bürgerhauses entwickelte. Ein Hauptkennzeichen des romanischen Wohnhauses war der einfache, zumeist zwei- bis dreiräumige Grundriss, oftmals mit einem mit repräsentativen Fenstergruppen und offenen Kaminen ausgestatteten Saal im Obergeschoss. Auf plastische Gliederungsformen an der Fassade wurde weitgehend verzichtet.

Die soziale Differenzierung zwischen Unter- und Oberschicht fand ihren Ausdruck auch in der Topografie der Stadt und prägte somit ihre äußere Erscheinung. Schon damals spiegelten sich die soziale Stellung und der Reichtum in der Größe, im Material und in der Form der Häuser wider. Es kam zu Quartierbildungen, oft waren ganze Stadtteile bestimmten Kategorien von Bewohnern vorbehalten, etwa Kaufleuten oder Handwerkern. Juden lebten in einem eigenen Viertel. Dies war eine schon in älterer Zeit allgemein übliche Praxis, bis dann das Lateranskonzil von 1215 eine Trennung von christlichen und jüdischen Wohnbereichen ausdrücklich betonte. Meist lag die jüdische Siedlung in der Nähe des Marktes.

Die hochmittelalterliche Stadt wurde in zunehmendem Maße autonom, autark war sie jedoch keineswegs. Sie lebte vom Handel und vom Markt, das heißt von einem Warenaustausch in einem Wirtschaftsverband, der seinen Lebensbedarf nicht selbst produzierte. Der Lebensbedarf kam vom Land; er wurde von den Bauern bereitgestellt, die für alle anderen Lebenskreise mitproduzieren mussten, und dies unter sich im Laufe der Jahrhunderte kaum wandelnden technischen Bedingungen. Im Durchschnitt blieb den Bauern, zu denen im Mittelalter mindestens drei Viertel aller Menschen gehörten, kaum die Hälfte ihres Ertrages zum Eigen-

Grundriss und Querschnitt eines repräsentativen romanischen Steinhauses

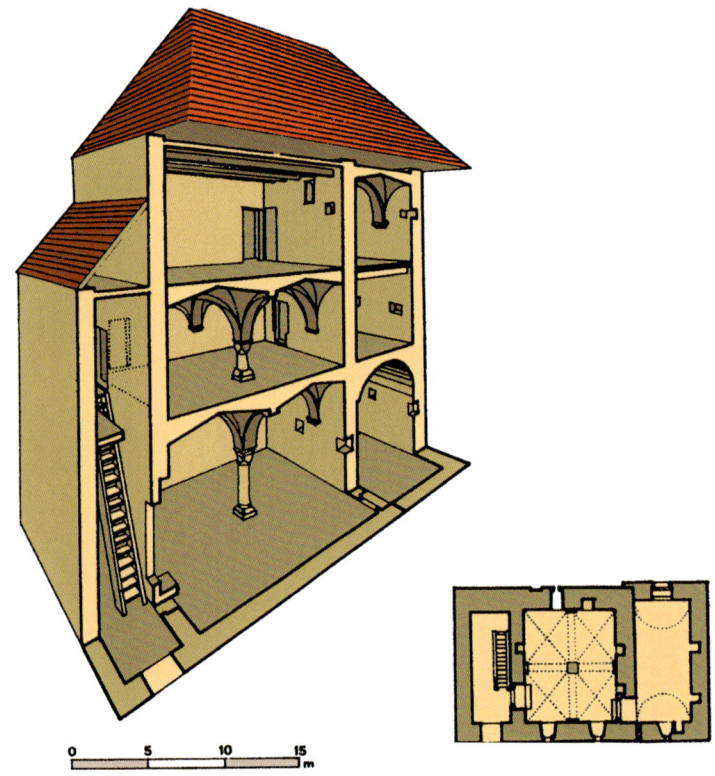

0   5   10   15
m

Fenster am Haus „Zur Trommel" in Worms, erste Hälfte 13. Jahrhundert

links: Seligenstadt, Steinhaus, 1186/87 und 1271/72

Kaiser und Papst, Markt und Bildung für sie völlig abstrakte Begrifflichkeiten waren –, so konnten sie sich nicht dem Sog der Geldwirtschaft entziehen. Ungefragt und ungewollt trugen sie zur Prosperität und zu den Unabhängigkeitsbestrebungen der Städte bei, ohne dass sie selbst davon nachhaltig profitieren konnten.

Eines aber war den Menschen in der Stadt und auf dem Dorf gemein, trotz aller Unterschiede: Ihr sozialer Rang wurde durch die Habe bestimmt. Der Bauer ohne Ochsen galt nichts, der Kaufmann mit Kredit galt alles. Und dass es dabei blieb, dafür sorgte die Kirche, indem sie an die Gleichheit aller Menschen nach dem Tod im himmlischen Paradies erinnerte und somit die Ungleichheit auf Erden zu rechtfertigen suchte.

Die jüdischen Gemeinden am Rhein

Für eine Gruppe von Menschen hatten die Kreuzzüge besonders schlimme Folgen, die noch bis in unsere jüngste Vergangenheit nachwirken und in den Massenmorden des Nationalsozialismus ihre furchtbarsten Auswüchse erleben sollten: die Juden. Während in den Städten an Rhein und Donau noch lange nach dem Verfall des Römischen Reiches ein relativ friedliches Nebeneinander der Völker, Sprachen und Religionen auf der Basis wechselseitiger Achtung und Toleranz die Regel war, setzte mit dem 11. Jahrhundert ein Umschwung ein, der fast alle der bald tausendjährigen Gemeinden vernichtete. Es formierte sich eine allgemeine Stimmung gegen die Juden, die erst mit vereinzelten Pogromen zu Beginn des Jahrhunderts einsetzte, mit dem Kreuzzugsaufruf von Papst Urban II. in Clermont im Jahre 1096 dann aber ungebändigt und vehement losbrach.

Bis dahin lebten die Juden in Frieden mit ihren christlichen Mitbürgern, trotz der Unterschiede zwischen beiden Religionen. Sie waren ein Lebenskreis unter anderen, jedoch mit einer besonders ausgeprägten Lebensform, mit einer eigenen Geschichte und einer eigenen Gemeinde. Sie lebten nach dem mosai-

verbrauch. Sie lebten zumeist am Rande des Existenzminimums. Während die unter differenzierteren Existenzbedingungen lebenden Stadtbewohner, etwa die Handwerker, durch einen Marktverbund relativ geschützt und von natürlichen Faktoren weitgehend unabhängig waren, stand der Landbewohner, der entweder Ackerbau, Viehzucht oder Obstanbau betrieb, in einem zweifachen Abhängigkeitsverhältnis. Zum einen zwangen ihm Klima und Landschaft ihre Gesetze auf, so dürften die Trockenheit gegen Ende des ersten Jahrtausends und die Kälteperiode im 13. und frühen 14. Jahrhundert die Ernten erheblich beeinträchtigt haben. Zum anderen war er seinen städtischen Abnehmern ausgeliefert, die an die Stelle des frühmittelalterlichen Grundherren traten. Auch wenn der Lebensbereich der Bauern ein gänzlich anderer war als der der Städter –

*Alte Synagoge in Worms,
Ansichten von Südwesten*

*Mittelalterliche Grabsteine auf
dem Judenfriedhof in Worms*

schen Gesetz und nach talmudischen Bräuchen, sie hielten an der hebräischen Kultsprache und an der gemeinsamen Abstammung aus dem Gelobten Land fest. In den frühmittelalterlichen Gemeinden brachte das Zusammenleben für die Juden keine größeren Probleme; ihnen standen zahlreiche Berufe offen, sie hatten, wie auch die anderen Gruppen, ihren eigenen Rechtsstatus, sie pflegten ihre Bindung an die Nachbarn und hegten Misstrauen gegenüber Fremden. Auch in den um die Jahrtausendwende allmählich aufblühenden Städten wurden die Juden zu einem festen Bestandteil des Gemeinwesens. Ein Jude namens Kalonymos hatte in Mainz ein Handelshaus gegründet, das ihm und seiner Familie Reichtum und hohes Ansehen einbrachte. Die Familie der Kalonymiden breitete sich bald über das ganze Rheintal aus und zog immer weitere jüdische Familien an, sodass die Judengemeinden in Mainz und Köln, in Worms und Speyer jeweils mehrere hundert, wenn nicht gar tausend Seelen stark waren. Hier waren sie geduldet, oft auch geachtet und wohlgelitten. Sie waren angesehene Geschäftspartner, gute Steuerzahler und hatten ihre eigenen Rechte. Sie sprachen dieselbe Sprache und gingen zum selben Schneider, Schuhmacher und Tischler. Die Juden waren im rechtlichen Sinne Mitglieder der Stadtgemeinde – aber dennoch blieben sie Fremde. Denn sie kauften ihr Brot nur bei jüdischen Bäckern, ihr Fleisch nur beim Schächter, da die Nahrung koscher sein musste. Auch gestalteten sie ihre Lebensgewohnheiten anders als die Christen, denn sie feierten nicht den Sonntag, sondern den Sabbat, der am Freitagabend beginnt. Trotz vieler Gemeinsamkeiten traten die Unterschiede in dem kleinen Lebensraum der Städte immer wieder zutage. So war schon in dieser Zeit die erste Saat für ein Klima von Missgunst, Neid und Misstrauen ausgebracht.

Und dann, im Laufe des 11. Jahrhunderts, wurden die Geduldeten und Respektierten zu Außenseitern. Ursprünglich waren es nicht die christlichen Nachbarn, welche die Anstöße für diesen in einen Antisemitismus umschlagenden Sinneswandel gaben, sondern die Kirche selbst, der die „abweichende" Religion schon seit

jeher ein Dorn im Auge war. Mit der nach der Jahrtausendwende einsetzenden Kirchenreform, die das Zusammenwachsen der Christenheit propagierte, lernten sich die Gläubigen des Abendlandes als das Gottesvolk zu begreifen, das sich gegenüber den anderen abgrenzte. Den auch im gesellschaftlichen Bereich einsetzenden Reformen widersetzten sich die jüdischen Gemeinden ihrerseits durch Traditionalismus und Exklusivität, was Dünkel und Sozialneid nur weiter förderte. Die Welle des offenen Hasses und der Gewalt kam schließlich aus Frankreich herüber, als sich nach der päpstlichen Kreuzzugspredigt die bewaffneten Pilger auf den Weg machten, der sie entlang des Rheins und der Donau ins Heilige Land führen sollte. Nach einem entbehrungsreichen Marsch, von Hunger und Winterkälte gezeichnet, erreichten die Kreuzfahrerscharen im Frühling des Jahres 1096 die reichen Städte Deutschlands. Sie sahen schöne Häuser und wohlhabende Menschen und sie hörten, dass in diesen Häusern, inmitten der Christenmenschen, Juden lebten, die einst Jesus Christus ans Kreuz genagelt hatten.

Trier war die erste Stadt, in der die ausgehungerten und aufgeputschten Scharen zum ersten Mal reiche Juden erblickten. Sie drohten, alle auszurotten, wenn diese nicht ihr Hab und Gut hergäben, was die Juden in ihrer Todesangst auch taten. Als Trier ausgeplündert war, zogen die Kreuzfahrerheere zum Rhein und setzten dort ihr grausames Werk fort. Sie stürmten die Synagogen, vernichteten die Kultgeräte und erschlugen alle Juden, derer sie habhaft wurden. In Speyer fielen elf Männer, Frauen und Kinder dem Pogrom zum Opfer, in Worms waren es schon mehr als 800 und in Mainz weit über 1000. Und es waren fromme Männer, die dem Massenschlachten den ideologischen Segen erteilten, so wie der Erzabt des französischen Cluny den Leitspruch ausgab: „Es ist sinnlos, die Feinde unseres Christenglaubens in der Fremde zu bekämpfen, wenn diese Juden, die schlimmer als die Muslims sind, in unseren Städten ungestraft unseren Herrn Jesus Christus beleidigen dürfen". Dass es gleichzeitig auch eine andere, für die

Juden Partei ergreifende Einstellung seitens des Klerus gab, beweist das mutige Handeln des Speyerer Bischofs Huozmann, der den aus Mainz und Worms vertriebenen Menschen eine neue Bleibe anbot.

Als sich herausstellte, dass das Morden an den Juden kaum strafrechtliche Konsequenzen nach sich zog, erhielten die französischen Kreuzfahrer Verstärkung von den Deutschen, die sich aus ähnlichen Beweggründen auf den Weg nach Jerusalem machten. Einer ihrer berüchtigsten war ein Edelmann namens Emicho aus dem Geschlecht der Grafen im Nahegau, der mit einer großen Anhängerschar kreuz und quer durch Süd- und Westdeutschland zog. Er hinterließ eine Spur des Grauens, kaum ein Jude, ob Mann, Frau, Kind oder Greis überlebte den Pogrom. Was um die Osterzeit des Jahres 1096 im Namen Gottes in deutschen Landen geschah, beschrieb der jüdische Chronist Salomon ben Simson: „Im Jahre 4856 nach Erschaffung der Welt (1096 nach christlicher Zeitrechnung) suchten uns bittere Leiden heim, wie sie noch nie in diesem Reiche geschehen sind. Mörderische Menschen überfielen uns, fremdes Volk, ein schrecklicher Haufen. Sie wollten eigentlich im Heiligen Land das Grab ihres Heilands besetzen, aber als sie hier durch unsere Städte kamen und die Juden sahen, da sagten sie: ‚Was laufen wir hin ins Heilige Land, wo wir doch hier schon die Juden finden, die unseren Heiland gekreuzigt haben. Zuerst wollen wir uns an ihnen rächen und sie auslöschen, daß sie kein Volk mehr sind.‘"

Im Jahre 1103 verkündete Heinrich IV. in Mainz den sogenannten Reichslandfrieden, der u. a. die Juden unter den persönlichen Schutz des Kaisers stellte. Diese Anordnung bedeutete aber zugleich, dass sie keine Waffen mehr tragen durften und sich wie die Frauen und Mönche von den Rittern beschützen lassen mussten. Für den vom Herrscher gewährten Schutz hatten die Juden teuer zu bezahlen, die Gebühren, die sie entrichten mussten, das sogenannte Judenregal, war ein gewichtiger Einnahmeposten im kaiserlichen Etat. Der Reichslandfrieden hieß für die jüdischen Bürger zweierlei: Zum einen wurde ihre

Plündernde und mordende Kreuzfahrerheere ziehen durch die deutschen Lande. Historisierende Darstellung aus dem 19. Jahrhundert

Ausnahmestellung in der Gesellschaft des Deutschen Reiches nun endgültig festgeschrieben, zum anderen wertete sie das Verbot, Waffen zu tragen, zu Menschen zweiter Klasse ab. Und das in einer Zeit, in der jeder freie Mann bewaffnet war. Diese Einstufung der Juden wurde im 1235 von Friedrich II. verkündeten Reichslandfrieden bestätigt und erneuert, jetzt wurden sie zu sogenannten „Kammerknechten" des Kaisers, der ihnen seinen persönlichen Schutz gewährte und sie so zu Unfreien deklassierte.

Die Wirksamkeit des kaiserlichen Schutzes sollte sich schon bald zeigen, als im Jahre 1147 der zweite Kreuzzug ins Heilige Land aufbrach. Wieder war es ein Geistlicher, der Zisterziensermönch Radulf, der in Deutschland von Ort zu Ort zog und zum Massenmord an den Juden aufrief. Doch König Konrad III. nahm sein Versprechen ernst und wies die weltlichen Fürsten und Bischöfe an, den Verfolgten in ihren Burgen Unterschlupf zu gewähren. So konnte die Mehrheit der Juden überleben und nur diejenigen, die sich außerhalb fester Mauern aufhielten und sich nicht zwangstaufen ließen, waren den Kreuzfahrern gnadenlos ausgeliefert. Auch im Vorfeld des dritten Kreuzzuges unter Friedrich Barbarossa, der das Reichsregiment fest in seinen Händen hatte, konnte ein weiteres Blutvergießen verhindert werden. Jeder Übergriff gegen die Juden sollte mit dem Tod geahndet werden.

Im Laufe des 12. und des 13. Jahrhunderts wandelte sich der Status der Juden in Deutschland, und nicht nur dort, immer mehr zu ihren Ungunsten. Die damalige Situation war dabei durch ein gewisses Paradoxon gekennzeichnet. Einerseits schlug der Judenhass zunehmend höhere Wogen, andererseits brachten es nicht wenige der jüdischen Stadtgemeinden, geschützt durch die Obrigkeit, zu einem beachtlichen Reichtum und Wohlstand, der wiederum die Ressentiments gegen sie verstärkte. Die Juden waren im Warenhandel, bevorzugt aber im Geldhandel aktiv, der im 12. Jahrhundert zu ihrer Domäne wurde (und was ihnen schon früh den Vorwurf des Wuchers einbrachte). Wegen des Verbots, Zinsen zu nehmen, war es Christen ja nicht erlaubt, Geldgeschäfte zu tätigen. Die Möglichkeit, Unternehmungen der Stadt, des Bischofs oder des Kaisers finanziell zu fördern, vergrößerte zugleich die Einflussnahme mancher Juden auf die politischen Geschicke ihrer Gemeinde bzw. des Landes.

In diese Zeit der wirtschaftlichen Prosperität fiel auch eine Epoche geistiger und religiöser Blüte für das Judentum. Die jüdischen Gelehrten aus Mainz, Worms und Speyer waren so berühmt, dass sie mit zahlreichen ihrer Kollegen in ganz Europa in Verbindung standen. Ihre Talmudauslegungen, ihre gesetzlichen Regelungen und Rechtsgutachten, ihre Zusammenstellungen von lokalen Riten und Gebräuchen oder von synodalen Dichtungen und Gesängen wirkten weit über die Grenzen des Oberrheins hinaus. Den jüdischen Gemeinden der drei oberrheinischen Städte wurde auf der Rabbinersynode von Troyes im Jahre 1156 das Richteramt über die gesamten deutschen Gemeinden

übertragen. Die als Trifolium bezeichnete oberste richterliche Instanz befasste sich in erster Linie mit Ehefragen; ihre Beschlüsse, „Tekanoth schu'um" – wobei schu'um als lautliche Abkürzung für Sch peyer, Uu orms und M ainz steht – waren für die deutsche Judenschaft bis weit ins 13. Jahrhundert verbindlich.

Der in allen Bevölkerungskreisen mehr oder weniger latent vorhandene Antisemitismus verstärkte sich gegen Ende des 12. Jahrhunderts weiter und festigte sich zu einer dauerhaften Grundstimmung – trotz oder auch gerade wegen der vom Kaiser und den Bischöfen garantierten Sonderstellung der Juden. Dieser vermeintliche Vorteil sollte sich schnell in sein Gegenteil wenden. Die Juden mussten sich in den Städten auch räumlich als Außenseitergruppe gegenüber den anderen abgrenzen, mit den streng eingegrenzten Judenvierteln kam es zu den ersten Ghettobildungen. Wirtschaftliche Missgunst und Sozialneid traten ihnen allerorts entgegen. Man redete von ihrer Niedertracht, von Wahnsinn und Vergewaltigung, man bezichtigte sie sogar des Satanskultes. Nach einem Beschluss des IV. Laterankonzils, das unter Papst Innozenz III. im Jahre 1215 stattfand, mussten sich die Juden durch ihre Kleidung deutlich abheben – damit „den Ausschweifungen einer so abscheulichen Vermischung in Zukunft die Ausflucht des Irrtums abgeschnitten werde, bestimmen wir, dass Juden in jedem christlichen Lande und zu jeder Zeit sich durch ihre Kleidung öffentlich von den anderen Leuten unterscheiden sollen." Ein Beschluss, der als eine fatale Vorwegnahme des von den Nationalsozialisten verordneten gelben Davidssterns erscheint. An dem Judenhut, dem spitzen Hut mit dem Knauf, war ein Jude sofort zu erkennen, wie dies ein Bild des Dichters Süßkind von Trimberg aus der Großen Heidelberger Liederhandschrift zeigt. Und es gab noch andere Sonderbestimmungen: Juden durften in der Karwoche nicht auf die Straße gehen, sie durften nicht einmal ihr Gesicht im Fenster zeigen. Es war ihnen untersagt, christliche Gasthäuser zu betreten, auch war es ihnen nicht erlaubt, mit Christen zu essen, zu baden oder gar zu tanzen.

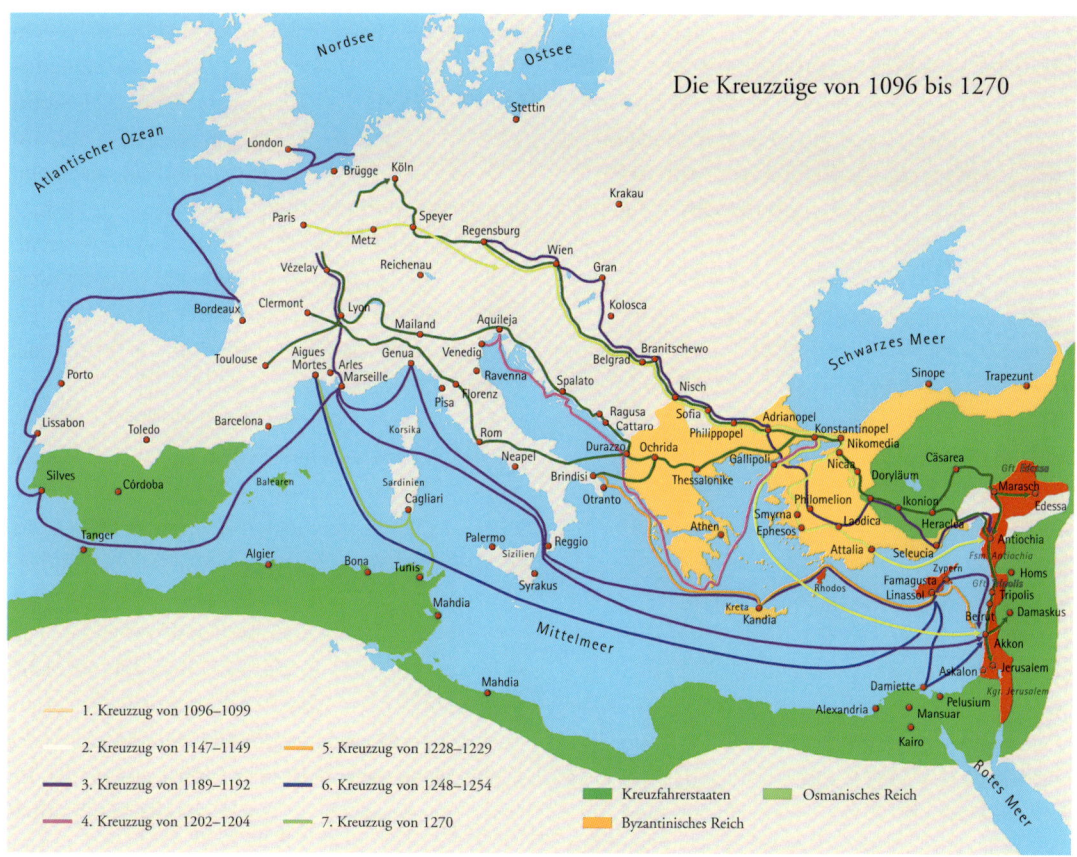

Die Kreuzzüge von 1096 bis 1270

1. Kreuzzug von 1096–1099
2. Kreuzzug von 1147–1149   5. Kreuzzug von 1228–1229
3. Kreuzzug von 1189–1192   6. Kreuzzug von 1248–1254
4. Kreuzzug von 1202–1204   7. Kreuzzug von 1270

Kreuzfahrerstaaten   Osmanisches Reich
Byzantinisches Reich

Dies alles ereignete sich aber nicht nur in Deutschland. Im Jahre 1181 wurden in Frankreich auf Weisung des frommen Königs und Kreuzfahrers Philipp die Pariser Juden ausgeraubt und ermordet. Diejenigen, die das Massaker überleben konnten, wurden aus dem Land vertrieben. Zu Beginn des 14. Jahrhunderts verfügte gar Philipp der Schöne die totale Enteignung und Ausweisung aller französischen Juden. Frankreich konnte sich als erstes Land „rühmen", sich aller Juden radikal entledigt zu haben. England folgte bald. Dort begannen am 3. September 1189, dem Tag der Thronbesteigung von Richard Löwenherz, einem ebenfalls „frommen" Pilger, die ersten Judenverfolgungen. Die letzten Juden wurden hundert Jahre später aus England vertrieben und sie blieben 366 Jahre von der Insel verbannt.

Ob in Deutschland, Frankreich oder England – überall fanden im 13. und dann vor allem im 14. Jahrhundert Treibjagden auf die jüdischen Mitbürger statt. Die wirtschaftliche und kulturelle Blütezeit der jüdischen Gemeinden ging rasch vorüber, bis die große Pest von 1348/49 – und die damit verbundenen Pogrome – als endgültige Katastrophe über die Judenschaft hereinbrach und eine Abwanderungswelle in die Länder Osteuropas auslöste.

Die Kreuzzüge

„Aus dem Land Jerusalem und der Stadt Konstantinopel kam schlimme Nachricht und drang schon oft an unser Ohr: Das Volk im Perserreich, ein fremdes

Volk, ein ganz gottfernes Volk, eine Brut von ziellosem Gemüt und ohne Vertrauen auf Gott, hat die Länder der dortigen Christen besetzt, durch Mord, Raub und Brand entvölkert und die Gefangenen teils in sein Land abgeführt, teils elend umgebracht; es hat die Kirche Gottes gründlich zerstört oder für seinen Kult beschlagnahmt".

Diese Sätze, die am Anfang der flammenden Rede von Papst Urban II. auf der Synode von Clermont im Jahre 1095 standen, prägten die folgenden beiden Jahrhunderte in einem kaum abzuschätzenden Maße. Es war der Beginn der Kreuzzüge, der Beginn einer Bewegung, die alle Volksschichten ergreifen sollte, die die politischen, die gesellschaftlichen, die wirtschaftlichen, die religiösen und die kulturellen Entwicklungen bestimmen und verändern sollte. In Europa, im Deutschen Reich, am Oberrhein – überall. Die Kreuzzugsbewegung hinterließ mannigfaltige Spuren: in der herrschaftlichen Organisation, im Handel, im Zusammenleben der Menschen, im religiösen Verhalten, in der Waffentechnik, in der Kunst, im Burgen- und Städtebau, ja sogar in der Mode.

Dabei lagen Ausgang und Ziel der Bewegung weit vor den Toren Europas. Waren es doch die heiligen Stätten in Palästina, die es von muslimischer Herrschaft zu befreien galt. Schon lange, verstärkt aber seit der Mitte des 11. Jahrhunderts, strömten ganze Scharen unbewaffneter Pilger nach Jerusalem, um das Heilige Grab aufzusuchen, was als ein besonders gottgefälliges Unternehmen galt. Als Palästina im Jahre 1070 von den islamischen Seldschuken eingenommen wurde, sah die Kirche ihre Heiligtümer in höchster Gefahr. Statt der friedlichen Wallfahrt predigte sie nun die bewaffnete Pilgerfahrt, wofür unterschiedliche Gründe Pate standen. Zum einen gewann in dieser Situation der vom Kirchenvater Augustinus hergeleitete Gedanke vom „bellum iustum", vom „gerechten Krieg" gegen die Heiden und Häretiker, an Kraft und Bedeutung. Zum anderen drohte – bedingt durch das rapide Bevölkerungswachstum und eine starke wirtschaftliche Expansion – eine zunehmende Verarmung

der unteren Schichten, die man gut durch ein Ablenken der zu erwartenden sozialen Spannungen in den Orient neutralisieren konnte. Und als Belohnung für ein solch gottgefälliges Tun winkte die Gewährung des Ablasses. So stellte das Konzil von Clermont dem reuigen Sünder den Erlass der Kirchenbußen für das Gelöbnis der Kreuzfahrt in Aussicht und darüber hinaus den vollen Erlass der zeitlichen Strafen vor Gott. Dies kam einem unerhört verlockenden Angebot gleich, das Arme und Reiche, weltliche und geistliche Pilger, Könige und Bauern, Erwachsene und Kinder gleichermaßen in seinen Bann zog. Zu Abertausenden legten die Menschen ihr Gelöbnis ab und ließen sich zum Zeichen ihrer Bereitschaft, in der Nachfolge Christi „das Kreuz auf sich zu nehmen", ein Stoffkreuz auf die Schulter heften. Jerusalem hieß nun die magische Formel, die in den kommenden Jahrhunderten – unter oftmals unterschiedlichen Voraussetzungen – das ferne „himmlische Paradies auf Erden", die goldenen Berge des Orients versprach. Wer dorthin als Büßer zöge, der würde seine Sündenstrafen los und empfinge den Lohn seines Wanderns in der himmlischen Heimat. Vom himmlischen Jerusalem unterschiede sich das irdische kaum; hier ließe sich wie im Schlaraffenland leben, Herrschaft gründen, Ruhm erlangen.

Der erste Kreuzzug, zu dem die Ritterheere ein Jahr nach der päpstlichen Ansprache in Clermont aufgebrochen waren, endete 1099 mit der Einnahme Jerusalems und der Errichtung eines lateinischen Königreiches. Die europäischen Fürsten, die an der Spitze der Ritterheere standen, gründeten in Palästina vier Kreuzfahrerstaaten, denen eine unterschiedlich lange Lebenszeit beschieden war: das Königreich Jerusalem, die Grafschaft Edessa, die Grafschaft Tripolis und das Fürstentum Antiochia. Das Unternehmen war zweifellos ein Erfolg der päpstlichen und der weltlichen Politik, doch zeigten sich bereits im Vorfeld und im Verlauf dieses Kreuzzuges die unübersehbaren Schattenseiten der gesamten Bewegung. Im Kampf gegen die sogenannten Heiden schien manchem jedes Mittel recht – in der Heimat und in der Fremde. Im Rheinland kam es zu

Kampfszene aus der Kreuzritterbibel, fol. 39r, Frankreich um 1250, nach dem Faksimile des Faksimile Verlags Luzern

وي زور در سمت راست

وعضرت داود درزمودك صندوق كدارا يقله ا و دراوند و مردم ماستنقبال صندوق ميرول مردز وكى ارمپان كشين دنت برال صده ان در ازكر دسياعت مبرد

uali dauid cum omni ipło. aream dni nouo plaustro ipositam reducit. d domo aminadab.
Cui duo filij ducebant currum. Dauid autem cum ipło ludebat ante eum. Sed cu bobis calcitran
tibus arca cepisset inclinari maior filiozum Aminadab manum extendens aream tenuit. qpter quā tementem ibi iuxta archā duina idignatione pcussus obenit. Quo ipso contristatus et geteritus Dauid
et metuens in domu suam aream ducere. in domu Obededom geterei / eam introduxit.

والحضرت ازبردن صندوق انديشه كرد وكنت ان صندوق رالخانه يكى مردم بيردندیاں كردند

hysterischen Massenbewegungen, die, von fanatisierten Wanderpredigern wie Peter von Amiens und Walter Habenichts angeschürt, in furchtbaren Pogromen gegenüber den wirtschaftlich und kulturell blühenden Judengemeinden ausarteten, so vor allem in den Städten Mainz und Worms. Bei der Eroberung Jerusalems richteten die Ritterheere unter der einheimischen Bevölkerung ein furchtbares Massaker an, das dem Ansehen und der Selbstdarstellung der ritterlichen Gemeinschaft in der Heimat zutiefst zuwiderlief. Da gab es weder Tugend noch Ehre, weder Schutz der Schwachen noch Unterstützung der Hilfsbedürftigen.

Der erste Kreuzzug zeichnete sich noch durch eine gewisse Spontaneität und ein naives Abenteurertum aus, was sowohl die siegreichen Ritterheere als auch die einfachen Pilgerscharen betraf. Demgegenüber war der zweite Kreuzzug (1147–1149) eine Massenbewegung, die gezielt vorbereitet wurde – denn die Kosten, Risiken und Strapazen einer Reise zu den heiligen Stätten waren ja inzwischen bekannt. Nach dem Verlust der Grafschaft Edessa im Jahre 1144 war es der Zisterzienserabt Bernhard von Clairvaux, der die Propagierung einer erneuten bewaffneten Kreuzfahrt gen Osten zu seiner ureigenen Sache machte. An den Weihnachtstagen des Jahres 1146 weilte Bernhard, der größte Prediger seiner Zeit, in Speyer, wo er im Dom eine denkwürdige und mitreißende Rede hielt. Er führte dem staufischen König Konrad III. drastisch vor Augen, wie er am Jüngsten Tag vor Christus stehen und dieser ihn fragen würde: „Oh, Mensch, was sollte ich für dich tun, das ich nicht schon getan habe?" Dem gewaltigen Appell an seine Gefühle war der Herrscher nicht gewachsen, worauf er unter Tränen das Kreuz nahm und mit ihm zahllose Adelige. Deutschland war für den Kreuzzug gewonnen.

Bernhards eigentlicher Adressat war nicht, wie im Vorfeld des ersten Kreuzzuges, das gesamte Volk, sondern das noch junge Rittertum, das sich zu neuen Aufgaben aufgerufen fühlte. Doch zu den gut organisierten ritterlichen Pilgerscharen, die unter der Führung des Königs standen, gesellten sich zahllose einfache

Menschen, die unbewaffnet waren und die die taktischen Operationen sowie die Versorgung des gewaltigen Zuges erheblich erschwerten. So brach im Sommer des Jahres 1147 die deutsche Abteilung von Regensburg aus auf, wurde aber schon auf dem Marsch durch Kleinasien aufgerieben. Ein ähnliches Schicksal ereilte im darauffolgenden Jahr die verbündeten französischen Heere unter Ludwig VII. Der Kreuzzug erwies sich als ein Misserfolg. Einzig die Abmachungen mit dem oströmischen Kaisertum, die im Anschluss an die gescheiterte Pilgerfahrt in Konstantinopel getroffen wurden, konnten als Gewinn gewertet werden. Denn jetzt trat das staufische Königtum in die Weltpolitik des Mittelmeerraumes ein.

Der folgende dritte Kreuzzug (1189–1192) wurde von einem deutschen Herrscher eingeleitet. Seit der von Friedrich Barbarossa 1165 bewirkten Heiligsprechung Karls des Großen, wecher der Legende nach auch ins Heilige Land gepilgert sein soll, verschmolz der Kreuzzugsgedanke mit der Idee des Kaisertums. So galt während der gesamten staufischen Herrschaft die Vorstellung, dass der Kaiser als Vogt der Römischen Kirche auch bei der Wiedergewinnung bzw. der Verteidigung Jerusalems eine führende Aufgabe hatte – die ursprünglich religiös legitimierte Kreuzzugsbewegung entfremdete sich allmählich von der kirchlichen Instanz und wurde zunehmend zum Spielball politischer Sonderinteressen. Der dritte Kreuzzug, zu dem Friedrich Barbarossa nach dem Verlust Jerusalems rüstete, war ein straff geführter Pilgerzug des Rittertums, das größte Kreuzzugsunternehmen überhaupt. Der Kaiser selbst stellte sich an die Spitze seines schlagkräftigen Heeres, das, aus 12 000 bis 15 000 Mann bestehend, im Mai des Jahres 1189 von Regensburg aus aufbrach. Im April des darauffolgenden Jahres startete im französischen Vézelay eine englisch-französische Abteilung unter Philipp II. und Richard Löwenherz. Nach anfänglichen Erfolgen – in fünf offenen Feldschlachten schlug das deutsche Heer die seldschukischen Reiterarmeen – sollte jedoch auch dieses Unternehmen in einem Desaster enden. Als der Herrscher am 10. Juni des Jahres 1190 im Fluss Saleph ertrank, entmutigte sein jäher Tod die Ritterheere völlig. Nur kurze Zeit nach diesem tragischen Zwischenfall dezimierten Malaria und eine furchtbare Seuche in Antiochien die christlichen Heerscharen dermaßen, dass lediglich eine Tausendschaft übrig blieb. Damit brach der deutsche Kreuzzug endgültig zusammen.

Der vierte Kreuzzug (1202–1204), der von Papst Innozenz III. initiiert und von den Venezianern auf Betreiben ihres Dogen Dandolo nach Konstantinopel umgeleitet wurde, diente wie der vorhergehende mehr weltlichen denn geistlichen Interessen. Sein Resultat war die Eroberung der – ebenfalls dem Christentum anhängenden – oströmischen Metropole! Der Gedanke an das Heilige Land war bei diesem Kreuzzug, der im Grunde gar keiner war, nun vollends in den Hintergrund getreten. Die Einnahme Konstantinopels begleitete ein beispielloses Morden und Plündern. Unter der Beute befanden sich zahlreiche byzantinische Kunstgegenstände, die ihren Weg auch in die deutschen Schatzkammern fanden und die Kleinkunst der späten Stauferzeit nachhaltig beeinflussen sollten.

Mit dem Beginn des 13. Jahrhunderts hatte die Kreuzzugsbewegung eine andere Richtung eingeschlagen. Die Einnahme und Plünderung des christlichen Konstantinopels waren nur der Anfang einer Entwicklung in einer emotional aufgewühlten Zeit, die eines ihrer traurigsten Kapitel mit dem Kinderkreuzzug des Jahres 1212 aufschlagen sollte. Ausgangspunkt dieser von einer naiven Frömmigkeit gekennzeichneten Massenbewegung waren die großen Städte im Rheintal. Was den bewaffneten Kreuzfahrern nicht geglückt war – die Rückgewinnung der 1187 in der Schlacht von Hattin verlorenen heiligen Stätten in Syrien –, sollte nun einer Schar unschuldiger und unbewaffneter Kinder gelingen. Aber im Gegensatz zu den früheren Kreuzfahrten wurde dieser Zug von der Kirche nicht gepredigt, auch die weltliche Obrigkeit verweigerte ihre Zustimmung. So formierten sich im Frühsommer des Jahres 1212 Tausende von Kindern zwischen Seine und Rhein zu einer gewaltigen Pilgerschar, die

ihren Weg von Köln, dem Hauptsammelpunkt der Bewegung, in Richtung Alpen nahm. Die Kinder zogen singend den Rhein hinauf, vom Volk herzlich umjubelt. Doch schon diesseits der Alpen kamen etliche der jugendlichen Pilger in der Sommerhitze um. Andere gingen mit Schiffen unter oder wurden auf dem Sklavenmarkt verkauft; diejenigen, die bis nach Rom gelangten, wurden vom Papst von ihrem Gelübde gelöst. Nur wenige Kinder sahen ihre Heimat wieder, ausgehungert und abgerissen, von den Daheimgebliebenen verspottet und verhöhnt.

Was hatten die Kreuzzüge des ausgehenden 11. und des 12. Jahrhunderts für die Geschicke der Menschen in Deutschland zur Folge? Papsttum und Kaisertum waren gleichermaßen um die geistige Führerschaft der Bewegung bemüht, die anfangs mehr im Sinne der geistlichen, dann mehr im Sinne der weltlichen Interessen verlief. Beide Institutionen sorgten nicht nur für den moralischen, sondern auch für den organisatorischen und vor allem den materiellen Rückhalt. So kam es durch die Kreuzzugsbewegung – neben allen religiösen und machtpolitischen Veränderungen – zu einer spürbaren Umschichtung der Vermögensverhältnisse, die eine Verminderung adeligen Grundbesitzes zugunsten eines deutlichen Zuwachses des kirchlichen Grundvermögens mit sich brachte. Wer das Kreuz nahm, musste sich dies einiges kosten lassen, denn die Reise für den Ritter samt Pferden, Knappen und Knechten war durchaus kostspielig. Um die nötigen Barmittel aufzubringen, über die vor allem die Kirche verfügte, mussten Güter und Ländereien veräußert werden. In dem Maße, in dem die weltliche Herrschaft in den östlichen Mittelmeerraum expandieren könnte, vergrößerte sich der Grundbesitz des Klerus in der Heimat. So ist beispielsweise für die Gründung und Errichtung des Stephansklosters auf dem Heiligenberg bei Heidelberg überliefert, dass ein vermutlich auf dem ersten Kreuzzug ums Leben gekommener Ritter namens Ricfried sein Vermögen dem Kloster Lorsch überlassen hatte, um es für den weiteren Ausbau von St. Stephan zu verwenden.

Eine der nachhaltigsten Auswirkungen der Kreuzzüge auf den deutschen Raum war das Missions- und Kolonisationswerk des Deutschen Ordens in Preußen und im Baltikum. Als ritterliche Institutionen hatten sich im Heiligen Land die Orden der Templer, der Johanniter und schließlich der Deutschherren gegründet. In ihnen verband sich das mönchische Ideal des Gebets und des sozialen Dienstes am Mitmenschen mit dem ritterlichen Ideal des heiligen und gerechten Krieges gegen die Heiden. Die von den Ritterorden initiierten Niederlassungen trugen wesentlich zur Erschließung des bis dahin nur dünn besiedelten Ostens bei.

Zu einem Wandel des Kreuzzuggedankens kam es dann unter Friedrich II. Der von ihm in den Jahren 1228/29 geleitete fünfte Kreuzzug gilt als ein diplomatisches Meisterstück – gelang es doch dem deutschen Kaiser nicht nur, sein Unternehmen gegen den vom Papst verhängten Kirchenbann durchzusetzen, sondern auch eine friedliche Übergabe des von muslimischen Truppen besetzten Jerusalem zu erwirken. Dies war ein neuartiger und geradezu revolutionärer Schritt, der die von Bernhard von Clairvaux aufgestellte Alternative „Taufe oder Tod" außer Kraft setzte. In Direktverhandlungen mit dem Sultan von Kairo, die er in arabischer Sprache (!) führte, erreichte Friedrich einen zehnjährigen Friedensvertrag, womit der gebannte Kaiser sein Prestige gegenüber der Kirche enorm steigern konnte. Statt mit Blut war das lang ersehnte Ziel mit einem einzigen Federstrich erreicht. Und Friedrich setzte seinem Erfolg noch einen Glanzpunkt auf, als er sich in der Grabeskirche selbst zum König von Jerusalem krönte und sich somit als Gottkaiser in die Tradition des Davidkönigtums stellte. Zu dieser Zeit hatte sich auch das Bild gewandelt, das sich die Europäer vom arabischen Menschen machten. Der Muslim war nicht mehr der die Christenheit in ihrer Existenz bedrohende Barbar, sondern ein Gegner und Nachbar mit eigenen religiösen und ethischen Bindungen. An die Stelle von Intoleranz trat Humanität. Es verdichtete sich die Vorstellung

Kampfszene aus der Kreuzritterbibel, fol. 23v, Frankreich um 1250, nach dem Faksimile des Faksimile Verlags Luzern

vom „edlen Heiden", der als heidnischer Held in der Gestalt des großen Sultans Saladin in die hochmittelalterliche Dichtung Einzug gehalten hat.

Nach dem erfolgreichen Kreuzzug Friedrichs II. zogen sich die deutschen Herrscher und Ritterheere aus dem östlichen Mittelmeerraum zurück. Einzig der französische König Ludwig IX. unternahm in den Jahren 1248–1254 und 1270 zwei weitere bewaffnete Kreuzfahrten, die jedoch den unaufhörlichen Niedergang der europäischen Kreuzfahrerstaaten nicht mehr aufhalten konnten. Mit dem Fall Akkons, der letzten christlichen Festung in Palästina, im Jahre 1291 endete das Zeitalter der Kreuzzüge und damit eine epochale Bewegung, die ungezählte Menschenleben kostete, zahlreiche Zivilisationen im Osten aufs schwerste in ihren Grundfesten erschütterte, vorübergehende Erfolge und Ruhm brachte und einzig für die Dichtung, die Sprache, die Architektur und die Kunst vielleicht ein Gewinn war. Im Großen und Ganzen hatte sich die Kreuzzugsbewegung als ein einziger tragischer Fehlschlag erwiesen.

Leben im hohen Mittelalter

Heute spricht man so selbstverständlich vom Mittelalter, als hätte es diesen Begriff von jeher gegeben. Dabei vergisst man leicht, dass erst die neuzeitliche Geschichtsschreibung das Mittelalter nachträglich zur Epoche gemacht hat. Es war erstmals der italienische Humanist und Dichter Francesco Petrarca, der von einem „Medium tempus" der Finsternis sprach und damit eine – seine – Zeit meinte, die zwischen dem Glück der Antike und der zu erwartenden Renaissance einzuordnen war. Petrarca lebte im Italien des 14. Jahrhunderts, hier war die Zeitenwende bereits spürbar. Der mittelalterliche Mensch selbst aber erlebte seine Zeit nie als Geschichtsmitte, sondern eher als Übergang vom Kreuzestod Christi bis zu seiner Wiederkehr am Jüngsten Tag. Geschichte wurde nicht als ein kontinuierlicher Zeitprozess ver-

standen, sondern als eine Zeitspanne, deren Ende vorhersehbar und vorhersagbar war.

Dies war das ideologische Fundament des mittelalterlichen Weltgebäudes, ob in Frankreich, in England oder in Deutschland, ob unter den Ottonen, den Saliern oder Staufern. Das solchermaßen verankerte Weltbild war aber keineswegs statisch, es entwickelte sich den Zeitläuften entsprechend weiter und differenzierte sich im Laufe der Jahrhunderte immer mehr. So brachten das 11. und 12. Jahrhundert neue Rechtsformen und neuartige gesellschaftliche Strukturen, die ihre Impulse in erster Linie aus dem expandierenden Städtewesen bezogen; mit dem vor allem von Venedig ausgehenden Handel drangen die Prinzipien des Geld- und Bankwesens in den gesamten europäischen Raum ein; in Paris begannen sich die scholastischen Methoden in Theologie und Philosophie zu formieren und schließlich wurden mit der Kreuzzugsbewegung Kenntnisse über den Orient und die islamische Welt importiert.

So war, was die abendländische Sicht der Dinge betraf, aus einer weitgehend im Nebel liegenden Welt des frühen Mittelalters ein fest abgegrenztes und in sich geschlossenes Territorium geworden. Die Welt erschien überschaubarer. Die Erde bildete als Scheibe den Mittelpunkt des Universums, die Sonne ging im Osten auf und im Westen unter, die Sterne umkreisten sie in großen Bahnen. Die Menschen brauchten die Luft zum Leben, sie benötigten Licht, Wärme und Wasser. Die Wälder dienten für tierische, die Felder für pflanzliche Nahrungsmittel, die Burgen und Städte boten Schutz und Geborgenheit vor der Außenwelt. Der Tagesablauf, vor allem die Arbeit, folgte der Zeitspanne zwischen Morgen- und Abenddämmerung; die Tage waren in der warmen Jahreszeit lang, im Winter kurz und unwirtlich. Ein nahezu uneingeschränkter Verbrauch von Energie für Licht und Heizung wie heutzutage wäre damals nicht vorstellbar gewesen. Zwar wurde die Natur im Laufe des Mittelalters immer mehr vereinnahmt und gebändigt, aber stets hatte der Mensch mit der natürlichen Um-

welt zu rechnen, da die Naturbeherrschung noch nicht so weit gediehen war wie in unserer Zeit. Natur und Landschaft waren ausnahmslos ein Mittel zum Zweck, niemand wäre im 10. und auch nicht im 13. Jahrhundert auf die Idee gekommen, Natur ästhetisch, d. h. als Gegenstand der Erbauung, zu genießen.

Um die Jahrtausendwende herrschte ein überwiegend pessimistisches Weltbild vor, das zuweilen von einer tiefen Resignation bestimmt war. Der Glaube an das unmittelbar bevorstehende Weltenende ließ die Menschen, trotz der von der Heiligen Schrift verheißenen Einkehr in das himmlische Paradies, in Furcht und Schrecken leben. Der baldige Weltuntergang war ja in den biblischen Prophezeiungen angekündigt und an bestimmte Vorzeichen gebunden, wie sie in der Geheimen Offenbarung des Johannes, der Apokalypse, detailgetreu aufgezählt standen. Krieg, Not und Auflehnung gegen Gott und die weltliche Obrigkeit galten als sichere Indizien für das Wirken des Antichrist, des Gegenspielers Christi, dem Gott bald und mit all seiner Macht entgegentreten würde. Als Zeitpunkt des Weltuntergangs wurde der Beginn des Jahres 1000 vorhergesagt, der, nach einer Textstelle der Apokalypse, die Entsiegelung Satans einleiten würde. Und es soll ja zeitgenössische Quellen gegeben haben, die berichteten, dass am letzten Tage des Jahres 999 die Reichen all ihre Habe aus dem Fenster geworfen haben, um als arme und reuige Sünder vor Gott zu treten. Wie allgemein bekannt, geschah am ersten Tage des neuen Jahres nichts und die derart von den Wohlhabenden veräußerten Reichtümer teilten sich nun die Armen, die diese freudig auf der Straße am Silvestertag aufgelesen hatten.

Obwohl es auch damals zahlreiche rational denkende Menschen gab, die von einer exakten Vorherbestimmung des Weltenendes nicht viel hielten, blieb trotz des ausgefallenen Jüngsten Gerichts die Naherwartung der Parusie, d. h. der zweiten Ankunft Christi zum Ende der Zeiten, weiter lebendig. Jetzt richtete sich das Augenmerk auf das Jahr 1033, da nicht mehr die Geburt, sondern das Todesjahr des Heilands

Jüngstes Gericht aus der Bamberger Apokalypse, fol. 53r, kurz vor 1010, Staatsbibliothek Bamberg, Msc.Bibl. 140, Abbildungen nach dem Faksimile des Faksimile Verlags Luzern.
Engel und die thronenden zwölf Apostel umgeben den Weltenrichter. Die untere Bildhälfte nehmen die wichtigsten Stände ein. Unter den Seligen befinden sich ein junger Adeliger, ein Erzbischof und ein Mönch. Gegenüber stehen die Verdammten mit einem Erzbischof, einer Frau und einem König, der in die Hölle gezogen wird.

24

den Berechnungen zugrunde gelegt wurde. Eine Son-
nenfinsternis am 29. Juni 1033 steigerte die Unter-
gangsstimmung und wurde als sicheres Zeichen des
bevorstehenden Endes gedeutet.

Auch nach dem Jahr 1033 blieb eine latente Endzeitstimmung für das Lebensgefühl des mittelalterlichen Menschen bestimmend, wenngleich sich seit dem
12. Jahrhundert eine positivere Grundhaltung ausbrei-
tete. Die Endzeiterwartung verband sich nun mit einer frohen Zuversicht. Das Weltenende stand zwar immer noch bevor, doch war es in weitere Ferne gerückt.
Dieser Wandel im Denken fand während der Herrschaft Friedrich Barbarossas statt, dem es gelungen war,
den inneren Krieg zu beenden, Frieden mit der Kirche zu schließen, die Würde des Reiches zu wahren
und das Ansehen des Königtums zu steigern. Dies mögen aus heutiger Sicht Ereignisse gewesen sein, die eher
mit politischen Handlungen zu tun haben und nicht
mit religiösem Denken und Empfinden unmittelbar
in Verbindung zu bringen sind. Nach mittelalterlicher
Auffassung jedoch war der weltliche Herrscher Teil einer universalen Ordnung, die er erhalten musste, weil
er sie als gottgegeben empfand. So war es im Bewusstsein der richtigen Stellung im göttlichen Ordnungs-
plan geboten, dass der König, als oberster Vollstrecker
eines gottgewollt verstandenen Ordnungssystems auf
Erden, die Würde seines Amtes und damit die seines
Reiches verkörperte, sie gegen seine Feinde verteidig-
te und diejenigen bestrafte, die sie zu stören suchten.
Man lebte in dem Bewusstsein, die göttliche Weltordnung zu erkennen, die, nach der hl. Hildegard von
Bingen, die neue und endgültige Ordnung aller Dinge nach dem Weltgericht vorausahnen ließ.

Das Leben im hohen Mittelalter war zutiefst vom
religiösen Denken geprägt, nach dem die Menschen
in einer strengen göttlichen, sozialen und gesellschaftlichen Hierarchie lebten. Das individuelle Handeln
war in die Normen der feudal geprägten Ständegesellschaft eingebunden, die als unantastbar galten.
Groß waren die Unterschiede der Menschen unter-
einander, in jeglicher Hinsicht. Doch nennenswer-
ten Widerstand gegen diese Ordnung gab es keinen;
die Epoche der Revolutionen setzte erst mit dem
Spätmittelalter und der Renaissance ein.

Die Menschen lebten in ihren fest abgesteckten Kreisen, dem großen Heer der Unfreien, der Bauern und Hintersassen, stand eine zahlenmäßig kleine, dafür aber um so mächtigere Kaste von weltlichen und geistlichen Herren gegenüber. Die unterschiedliche gesellschaftliche Stellung manifestierte sich in zahlreichen Lebensbereichen, unter anderem auch in der Sprache. Im Mittelalter war Latein die allen anderen übergeordnete Sprache, es war die Sprache des Klerus, der sich damit von den weltlichen Ständen – den einfachen Laien, den Bauern und Bürgern, den Adeligen und Königen – abhob. Da die Kirche mit der lateinischen Liturgie auch die klassische Literatur lebendig erhielt, wurde Latein zur Schriftsprache von klarer Form, geordneter Grammatik, kalligrafischer Schrift. Latein blieb während des gesamten Mittelalters die einzige Sprache, mit der man sich überall verständigen konnte, denn Geistliche wirkten in allen Ländern Europas und des Orients. Dem Latein der Gebildeten

und der Geistlichkeit gegenüber stand die weitaus sinnlichere Mundart, die man nur selten zu Papier brachte. Sie war die Sprache des Volkes, der nichtklerikalen Bevölkerung, die keineswegs nur von Bauern und Städtern, sondern auch von Adeligen und Königen gesprochen wurde. Erst im Laufe des 12. Jahrhunderts, als der ritterliche Adel und das städtische Bürgertum begannen, ihr Wissen und ihre Erfahrungen auf Pergament zu bringen, bildeten sich lokale Volkssprachen heraus, die später zu Schriftsprachen wurden. Diesen war aber zu keiner Zeit eine solche universale Reichweite beschieden wie dem klerikalen Latein.

Was jedoch alle Menschen im Mittelalter gleichermaßen betraf und somit schon auf Erden gleichmachte, war eine relativ kurze Lebenserwartung. Eine medizinische Versorgung in unserem Sinne gab es nicht. Vor allem die winterliche Kälte, die Feuchtigkeit und die – aus heutiger Sicht – mangelhaften hygienischen Vorrichtungen machten den Menschen zu schaffen. So ereilte der frühe Tod fast jedermann, nicht nur die unteren Stände, sondern auch die weltlichen Fürsten auf ihren mächtigen Burgen, die Bischöfe in ihren prachtvollen Palästen, die Mönche in ihren ehrwürdigen, aber durchweg unbeheizten Klöstern. Man nahm dies anscheinend als gottgegeben hin. Der gesamte Bereich von Krankheit und Tod lag in den Händen der Geistlichkeit, die das irdische Leben ohnehin nicht hoch einschätzte. Anfänglich bestand die Betreuung hauptsächlich aus Gebeten und Prozessionen. Eine Verbesserung trat erst im Laufe des 12. Jahrhunderts ein, als in zahlreichen Städten Europas Bürgerspitäler und Siechenhäuser eingerichtet wurden, als sich die Orden und die Bruderschaften in der Nachfolge der Johanniter um die Kranken, Alten und Sterbenden kümmerten und sich die ersten Anfänge einer systematischen Medizin herausbildeten.

Die durchschnittliche Lebenserwartung eines Neugeborenen lag bei 35 Jahren. Dies war aber zugleich der Höchststand, der in den relativ wohlhabenden und ruhigen Dezennien des 13. Jahrhunderts erreicht wurde und in Europa noch bis ins 19. Jahrhundert die Re-

Zwei Männer auf dem Acker, zwei Frauen an der Mühle, Umzeichnng nach dem Hortus deliciarum, um 1180

gel blieb. Als Vierzigjähriger war man bereits ein Greis, die Kaiser und Könige standen zwischen 20 und 30 Jahren auf der Höhe ihres Lebens. Besonders groß war die Kindersterblichkeit, sodass der Tod nicht ins Greisenalter entrückt zu sein schien. Man erlebte den Tod täglich und überall – als Kind am Sterbebett des Vaters, als Ehegatte oder als Nachbar. Man starb zu Hause und nicht wie heute in einer Klinik, abgeschirmt von der Außenwelt. Die Toten wurden nicht außerhalb der Siedlung auf einem Friedhof begraben, sondern ruhten rund um die Pfarrkirche, wo die Gemeinde jeden Sonntag zum Gebet zusammenkam. So war der Tod stets präsent, er war ein Teil des Zusammenlebens in einer Welt, die, nach einer weitverbreiteten Auffassung der damaligen Zeit, rasch alterte und ihrem schnellen Ende unaufhörlich entgegeneilte.

Die Allgegenwärtigkeit des Todes nahm dem mittelalterlichen Menschen keineswegs die Freude am Leben. Man richtete sich ein, so gut man konnte, und zeigte sich, bis auf die asketisch lebende Geistlichkeit (so zumindest die Idealvorstellung), durchaus den Annehmlichkeiten und Genüssen des irdischen Daseins gewogen. Und dazu gehörten Essen und Trinken, Kleidung, Kunst und Dichtung, Spiel und Unterhaltung. Das Nahrungsangebot war im Vergleich zum heutigen Standard bescheiden, die Grundlage bildeten, selbst in wohlhabenderen Häusern, Brei und Mus. Aber im Laufe der Jahrhunderte begann sich doch eine allmähliche Anreicherung des Speisezettels abzuzeichnen. Galt Brot noch im 10. Jahrhundert als ein Leckerbissen, so war es im 13. Jahrhundert schon zu einem Volksnahrungsmittel geworden (die Kartoffel war damals noch unbekannt). Das Gleiche galt für den Wein, der als Hauptgetränk getrunken wurde und der hygienischer als Wasser war. Vielfach wurde er mit allerlei Kräutern und Honig angereichert, da seine Qualität zu wünschen übrig ließ (Tee und Kaffee kannte man in Europa erst seit dem 16. bzw. 17. Jahrhundert). Brot und Wein waren fast überall erhältlich, da Rodung und Landausbau eine Vergrößerung der Ackerflächen

Szenen aus dem Wolfenbütteler Sachsenspiegel, zwischen 1220 und 1235 entstanden, fol. 33r, Reproduktion nach dem Faksimile der Akademischen Druck- und Verlagsanstalt Graz

und der Weinberge ermöglicht, technische Erneuerungen die Arbeit an Mühle und Kelter erleichtert und der Ausbau des Straßensystems die Verteilung der Waren verbessert hatten.

Neben diesen Grundnahrungsmitteln gab es ein breit gefächertes Angebot weiterer Speisen und Getränke, das in der Regel den vornehmeren Ständen vorbehalten war. Bereits im Mittelalter galt der Leitspruch: Man ist, was man isst – und der Reiche aß nicht nur mehr, was alleine schon ein Ausdruck von Wohlhabenheit war, sondern auch besser. So schlugen sich die sozialen Differenzierungen gleichermaßen im Speiseplan nieder. Fleisch von Wild und Geflügel, das auf der Jagd erbeutet wurde, war den Adeligen vorbehalten, während Schweinefleisch als ein Bauernessen galt. Einmal im Jahr hielten die Landbewohner ihr Schlachtfest ab; ansonsten überwog die pflanzliche die tierische Nahrung. Sie muss sehr einseitig gewesen sein (von Vitaminen wusste man noch nichts) und dies machte die Landbevölkerung für Epidemien und Infektionen besonders anfällig. Am Hofe wurde aber dementsprechend exquisiter gespeist. Man schätzte fremdländische Gewürze und gute Weine, die Speisen wurden oftmals parfümiert, da man sich ja über die rohe Natur erheben wollte. Zu einem guten Essen gehörte die Geselligkeit: das fröhliche Gespräch der Gäste, die Heiterkeit des Gastgebers, ein gesittetes Benehmen, Spiel und Tanz. Die Tischsitten des Hofes drangen dann im Laufe des Mittelalters über den Adel allmählich in die Bürgerhäuser ein.

Auch die Kleidung, vor allem ihre Funktion, wandelte sich im Lauf der Jahrhunderte. Während sie im Zeitalter der Karolinger in erster Linie dem Schutz gegen Wind und Wetter diente und somit einer bäuerlichen Auffassung von Kleidung nahestand, trat dieser Aspekt im 13. Jahrhundert fast ganz in den Hintergrund und machte einem neuartigen Phänomen Platz: der Mode. So gab es verschiedene Kleidungen zu verschiedenen Anlässen: für die Jagd, für Feste, für den Alltag, für den Kampf, für die Kreuzfahrt. Jeder Stand hatte seine eigene Kleiderordnung, die dem

Menschen den Platz in seiner Gruppe zuwies. Die Mächtigen waren nicht notwendigerweise die am aufwendigsten Gekleideten, verfeinerter Geschmack bevorzugte eher das vornehm Zurückhaltende als das Aufdringliche. Schrill und aufgeputzt präsentierten sich zumeist die unsicheren Menschen, denen es an Macht fehlte und die so ihre soziale Stellung zu kaschieren versuchten. Wer keine Macht hatte, der zeigte sie. Es kam zu einem regelrechten Wettstreit um die soziale Stellung und das gesellschaftliche Ansehen, erst der Höflinge, denen dann im Spätmittelalter, als die Mode in ihrer besonderen Betonung der sekundären Geschlechtsmerkmale immer aggressiver wurde, die Bürger und die Bauern folgten.

Den Angehörigen der höheren Stände verblieb viel freie Zeit, die sie zur Muße und zur Unterhaltung nutzen konnten. Körperliche Arbeit galt als nicht herrengemäß und die standesgemäßen Beschäftigungen in der Verwaltung, bei Gericht oder im Krieg wurden je nach Anfall absolviert. Ein beliebter Zeitvertreib war das Glücksspiel (sehr zum Missfallen der Kirche), das von den Kreuzfahrern aus dem Orient mitgebrachte Schachspiel sowie Brett- und Kartenspiele. Neben der Jagd, dem „edlen Waidwerk", und dem Turnier verlangte es der höfischen Gesellschaft auf den Burgen, in den Pfalzen und Palästen auch nach geistigen und musischen Anregungen. Diese zu verschaffen, war Sache der Spielleute, der fahrenden Sänger und Dichter, deren prominenteste die höfischen Erzähler Hartmann von Aue, Wolfram von Eschenbach, Tannhäuser und Gottfried von Straßburg sowie die Minnesänger Friedrich von Hausen, Heinrich von Morungen oder Walther von der Vogelweide, der Vollender der Gattung, waren. Etwas mehr als fünf Jahrzehnte – zwischen 1170 und 1225 – währte diese Hochblüte der deutschen Dichtung, bis noch während der Regierungszeit Friedrichs II. ihr Stern rasch verblasste. Ihre Vorbilder hatte die künstlerisch hervorragende Epik und Lyrik der Stauferzeit in nordfranzösischen Quellen sowie in der provencalischen Minnedichtung. Aber in ihrer Typik und Stilistik entwickelte die staufische

Dichtung eine höchst eigenständige Ausprägung, die dem verbreiteten Hochgefühl entsprang, in einer glanzvollen Zeit zu leben und dem Anspruch, der Gesellschaft den Weg zu weisen. Minnesang und höfische Epik entwarfen eine hoch gespannte ritterliche Idealität, die von der Realität weit entfernt war. Als eine poetische Abkehr vom Hier und Jetzt sprach die Dichtung fast ausschließlich ein adeliges Publikum an, eine schmale elitäre Schicht, welche die Niederungen des Alltags verlassen wollte und dem idealen Hochgefühl, dem „hohen muot", entgegenstrebte.

Unter den Minnesängern gehörten manche dem Erbadel an, die meisten aber entstammten dem ministerialen Dienstadel, sie waren größtenteils besitzlose Ritter. Sie befanden sich ständig auf der Wanderschaft, weilten selten länger an einem Ort und waren stark von der Gunst eines väterlichen Gönners abhängig. Denn für das Abfassen ihrer Epen und Lieder war ein großes Maß an Muße erforderlich, zudem verursachte ihr Schreibmaterial, das kostbare Pergament, hohe Kosten; beides konnte nur ein wohlgesonnener Herr bzw. Fürst gewähren. Während die höfische Epik, etwa in den Artusepen und Tristandichtungen, von einer gottgefälligen Lebensführung, von Ehre, Minne, Tapferkeit, Freigiebigkeit („milte"), von Treue und Beständigkeit („triuwe" und „staete") erzählt und so ein Idealbild aus der ritterlichen Lebensganzheit entwirft, verwendet sich die höfische Minnelyrik für eine einzige Idealgestalt: die liebende Frau, die „vrouwe". Die Minne war das wirklich Neue der deutschen Dichtung der Stauferzeit! Die Frau galt es mit Galanterie zu umschmeicheln, erst durch die Einbeziehung der Frau erfuhr das höfische Wesen seine Vollendung. Es war nicht die Liebe selbst, schon gar nicht ihre Erfüllung, um die es ging, sondern die Erziehung des Ritters durch die Minneherrin. Mit ihren feinen Sitten und ihrer Geistigkeit kam ihr die Aufgabe zu, veredelnd auf ihn einzuwirken und ihn zu höfischem Anstand anzuleiten. Die Verehrung der hochgestellten Dame war zugleich ein In-

Szenen aus dem Wolfenbütteler Sachsenspiegel, zwischen 1220 und 1235 entstanden, fol. 60r, Reproduktion nach dem Faksimile der Akademischen Druck- und Verlagsanstalt Graz

diz für ihre herausragende gesellschaftliche Stellung, für die führende Rolle, die sie am Hofe einnahm. Zwischen der Herrin und dem ritterlichen Sänger entwickelte sich eine Beziehung in der Art eines Lehnsverhältnisses, wobei der Liebende als Lehnsmann der Dame um Minnelohn diente. Das Verhältnis war rein „platonischer" Natur, es war ein entsagungsvoller Dienst. Denn die Dame war ihrer gesellschaftlichen Stellung gemäß eine verheiratete Frau – ein Lächeln, ein Gruß, ein freundlicher Blick, daraus bestanden die bescheidenen Belohnungen für das schmachtende Werben des Sängers. Eine derart sublimierte Liebe führte nicht selten zu inneren Spannungen, denn das Liebesverhältnis durfte nicht offenbar werden. Der Minnesang war Gesellschaftskunst, er wurde öffentlich und nicht im stillen Kämmerlein vorgetragen. Ihm mag auch der Charakter eines Gesellschaftsspiels angehaftet haben, wenn er im höfisch geselligen Kreise rezitiert wurde. Nie durfte der Name der besungenen Dame genannt werden, sie wurde nur durch „sie" oder „ihr" bezeichnet, und das Tuscheln und Raten, wer denn die womögliche Erwählte sei, gehörte zweifellos zu den außerordentlichen Reizen dieser Veranstaltungen. In den 20er-Jahren des 13. Jahrhunderts erfolgte ein raues Erwachen aus den Träumen von Minneherrin und König Artus' Tafelrunde. Zu sehr hatte sich die im Minnelied und im Ritterepos beschworene Idealwelt von der Wirklichkeit entfernt, zu sehr war die ursprünglich frische und imaginative Dichtkunst zum artistischen Spiel, zur höfischen Mode geworden. Als die Ministerialen in immer größerer Zahl aus der Unfreiheit emporstiegen und gleichzeitig der Erbadel durch innere Zwistigkeiten die Vision von der höfischen Gemeinsamkeit zunichte machte, war auch das Ende jener Kultur- und Kunstform gekommen, in der sich die für die Stauferzeit charakteristische Verbindung von mystischer Innerlichkeit und diesseits gewandter höfischer Repräsentation am sinnfälligsten dargestellt hatte.

Religion und Kirche

Das ganze Leben des mittelalterlichen Menschen war von einem religiösen Denken und Fühlen geprägt, das sich auf die Einhaltung der christlichen Gebote, auf ein Leben nach der Heiligen Schrift gemäß den Regeln der Kirche konzentrierte. Die Religion umfasste sämtliche Lebensbereiche: die Staatsgeschäfte, Wirtschaft und Handel, den Krieg, Kunst und Unterhaltung, Wissenschaft und Philosophie, die Ehe, den Tagesablauf, die Erziehung der Kinder. Der Sinn des Lebens lag in der Erlangung des ewigen Seelenheils, im Eintritt in das himmlische Paradies. Das Leben auf Erden verglich man mit einem Jammertal, das zuvor durchschritten werden musste, es war ein Ort der Prüfung, an dem sich der Mensch bewähren konnte.

Als sichtbare Erscheinung und als geistige Größe durchdrang die Kirche Zeit und Kultur des Mittelalters. Ihr unterstand die Organisation des Zusammenlebens der Christenheit, wobei sie geistliche und weltliche Angelegenheiten gleichermaßen nach ihren Maßstäben regelte. Eine Trennung von Staat und Kirche – heute selbstverständlich – war bis zur Kirchenreform des 11. Jahrhunderts selbst in der Theorie unbekannt. Nach der Christianisierung der germanischen Länder, die gegen Ende des 8. Jahrhunderts abgeschlossen war, etablierte sich eine Reichskirche, die unmittelbar mit dem König als dem Herrn des Reiches verbunden war. Als Grundbesitzer verfügte er über zahlreiche Kirchen und Klöster, die sich auf seinem Boden, also auf Reichs- oder Königsland, befanden. Die frommen Häuser dienten ihrem Herrn durch Gebete und Fürbitten, aber auch durch Unterhaltsleistungen und militärische Hilfe und wurden dafür mit Landbesitz und Einkünften ausgestattet. Der König war ein sogenannter Eigenkirchenherr, der mächtigste in der Reihe der weltlichen und geistlichen Fürsten. Zur Reichskirche gehörten unter anderem die Erzbistümer von Köln, Mainz und Trier sowie eine große Zahl von Reichsklöstern, darunter Fulda, Hersfeld, Quedlinburg, St. Gallen und Lorsch. Doch der weltliche Herrscher war noch mehr als der oberste Eigenkirchenherr. Die königliche Kirchenherrschaft beruhte darüber hinaus auf der Vorstellung des Gottesgnadentums, d. h., dass der König als „Gesalbter des Herrn" zugleich der Beauftragte, ja der Stellvertreter Gottes im christlichen Volk war. Er konnte Bischöfe und Erzbischöfe in ihre Ämter einsetzen, was ihn aus der Menge der Laien heraushob.

Die Kirchenreform in der Mitte des 11. Jahrhunderts setzte dieser privilegierten Stellung des weltlichen Herrschers ein Ende, in ihrer Folge erlitt die geheiligte Würde des königlichen Amtes schweren Schaden. Neben der zunehmenden Kritik an der Verweltlichung des Klerus, an Simonie (Ämterkauf) und Nikolaitismus (Bruch der Zölibatsvorschriften) prangerten die Anhänger der Reformbewegung vor allem die Vergabe von Kirchenämtern durch Laien als Missbrauch an. Dies betraf in erster Linie den König, der, obzwar in exponierter Stellung, ihrer Ansicht nach letztendlich doch nur ein Laie war. Zu einem offenen Streit kam es dann über das Recht der Investitur, d. h. der Einsetzung der Bischöfe. Einem altüberlieferten Brauch folgend setzte König Heinrich IV. im Erzbistum Mailand einen Bischof seiner Wahl ein. Der Papst, Gregor VII., benannte kraft seines apostolischen Amtes einen anderen Kandidaten als den von Gott gewollten und rechtmäßig gewählten. Heinrich IV. weigerte sich jedoch, die päpstliche Maßnahme anzuerkennen und forderte den Kirchenfürsten auf, vom Stuhle Petri herabzusteigen. Daraufhin erklärte Gregor VII., der als Stellvertreter des Apostelfürsten den Anspruch der Unfehlbarkeit erhob, den deutschen König für abgesetzt und exkommuniziert. Dieses Urteil stellte einen unerhörten Vorgang dar, denn noch nie zuvor war ein „von Gottes Gnaden" regierender König aus der Kirchengemeinschaft ausgeschlossen worden. Und die Macht des Papstes sollte stärker ins Gewicht fallen als die des Königs. Als die Anhängerschaft Heinrichs in Deutschland immer kleiner wurde und sogar die Wahl eines Gegenkönigs zu befürchten stand, entschloss er sich zu einem ungewöhnlichen Schritt: Im Büßergewand erschien er im

Heinrich IV. vor Abt Hugo von Cluny und der Markgräfin Mathilde von Tuszien, um Fürsprache bei Papst Gregor VII. in Canossa bittend, aus der Vita Mathildis, Vatikanische Bibliothek Rom, Reproduktion nach Faksimile

Winter des Jahres 1077 in Canossa, einer Burg im Apennin, wo er die Vergebung des Papstes erflehte, die ihm Gregor als Seelenhirte nicht verweigern konnte. Der König war zwar wieder in die Gemeinschaft der Christen aufgenommen, doch der Gang nach Canossa bedeutete für das Königtum die Preisgabe eines wichtigen Privilegs. Der Investiturstreit wurde endgültig durch das Wormser Konkordat im Jahre 1122 beendet, als es – zumindest in der Theorie – zu einer klaren Trennung zwischen weltlichem und geistlichem Bereich kam.

Mit dem Ende des Investiturstreites wurden zahlreiche religiöse Energien freigesetzt, die sich in dem gesteigerten Bemühen um christliche Glaubenswahrheiten und Lebensformen artikulierten. Schnell breiteten sich die nach strengen Regeln lebenden Orden der Zisterzienser, Prämonstratenser und Kartäuser aus, denen zu Beginn des 13. Jahrhunderts die Bettelorden der Franziskaner und Dominikaner folgten. Auch andere, nicht an die Kirche gebundene und von dieser als Ketzer abgelehnte religiöse Vereinigungen fanden regen Zuspruch. Das 12. Jahrhundert wurde zu einem Jahrhundert der religiösen Intensität, die bis in die späte Stauferzeit andauerte. Es war ein Zeitalter der Frömmigkeit, die sich auf vielfältige Weise Ausdruck verschaffte. Die Botschaft der Evangelien wurde in zahllosen Büchern, den prächtigen Evangeliaren, niedergeschrieben, die dem liturgischen wie auch dem privaten Gebrauch dienten. Ebenso erfreuten sich die Psalterien großer Beliebtheit, in denen die Psalmen Davids als das Gebet Christi, des „wahren Davids“, nachgelesen und nachgebetet werden konnten. Die Buchdeckel der Prachtbände zierten die Evangelistensymbole, die immer aufwendiger gestaltet wurden.

Es war vor allem Christus, der Mensch gewordene Gottessohn, der im Mittelpunkt der religiösen Betrachtung stand. Das Leben des Heilands wurde so anschaulich wie nie zuvor empfunden und dargestellt, hatten doch die Kreuzfahrer im Heiligen Land Eindrücke gesammelt und Kenntnisse in die Heimat mitgebracht, die eine unmittelbare Identifikation mit dem Heilsgeschehen nahelegten. An die Stelle der feierlichen Anbetung und unterwürfigen Verehrung der vergangenen Jahrhunderte trat nun die Liebe zu Christus, der immer menschlichere Züge annahm – die Mystik mit ihrem Hang zur religiösen Erotik kündigte sich bereits an. Der Gottessohn schien den Menschen gegenwärtig zu sein, seine Anwesenheit fand ihren höchsten Ausdruck in der Feier der Eucharistie. Schon die Schau der Hostie galt als Teilnahme am Sakrament und seiner Gnade. Nicht wenige der zeitgenössischen Chroniken berichten von Hostienwundern, und der Verherrlichung der Eucharistie widmeten so manche Männer und Frauen ihr Leben. Neben Christus gewann die Verehrung der Gottesmutter im 12. Jahrhundert stark an Bedeutung, ebenso wie die Heiligen bei Herrschern und Volk in hohen Ehren standen. Friedrich Barbarossa ließ Karl den Großen heiligsprechen, sein Kanzler verbrachte die Gebeine der Weisen aus dem Morgenland von Mailand nach Köln. Hier wurden sie nun als Könige verehrt, als die

ersten Gekrönten, die vor dem König der Könige niedergefallen waren. Die Erhebungen und Überführungen der Heiligen häuften sich, ihre sterblichen Überreste wurden in kostbaren Reliquiaren und Schreinen aufbewahrt, deren bloßer Anblick schon eine Verbindung zum göttlichen Vater herzustellen versprach. Und die solchermaßen empfundene Allgegenwärtigkeit von Christus, Maria und den Heiligen fand noch eine Steigerung in dem erregenden Gefühl, in einer Endzeit, im Angesicht der Letzten Dinge zu leben.

Die Religiosität und Frömmigkeit der Stauferzeit hatte aber auch praktische, auf das Diesseits bezogene Folgen. Mildtätigkeit und Barmherzigkeit galten ja als vornehmste Gebote der christlichen Nächstenliebe, von denen sich kein Stand ausnahm. In den Klöstern und Städten entstanden Spitäler, die sich der Pflege der Kranken widmeten. Für die ansteckenden Krankheiten, den „Aussatz“, wurden eigene Leprosenhäuser errichtet, die durch Geldspenden und opferwillige Betreuung unterhalten wurden. So führte die Landgräfin Elisabeth von Thüringen nach dem Tode ihres Mannes ein Leben voller Entsagung, das ganz im Dienste der Armen und Kranken stand. Sie verband schwärende Beulen und Wunden, brachte den Hungernden Speis und Trank und beherbergte aussätzige Kinder. Bereits vier Jahre nach ihrem Tod wurde die im Spitaldienst jung Verstorbene wegen ihres karitativen Dienstes vom Papst heiliggesprochen.

Das religiöse Denken und Fühlen prägte auch die Kunst des hohen Mittelalters. Weitaus mehr als die Dichtung stand die bildende Kunst nahezu ganz in den Diensten von Glauben und Kirche, daran hatte auch die – zumindest gedankliche – Trennung von weltlicher und geistlicher Gewalt in der Folge des Investiturstreites nichts ändern können. Die Kunst war stark zweckgebunden, sie diente weniger der ästhetischen Erbauung des Individuums als der Darstellung des Heilsgeschehens zum Zweck der Verherrlichung, der Unterweisung, der Repräsentation. Größtenteils sind es Geschehnisse und Begebenheiten aus der Heiligen Schrift sowie heilige Personen, welche die Pergamentseiten der Bücher, die Portale der Kirchen, die Säulenkapitelle und die Wände der Gotteshäuser schmücken: Christus als Gekreuzigter und als Weltenrichter, die Muttergottes, Johannes der Täufer, die Evangelisten und ihre Symbole, Heilige und Propheten des Alten Testaments, Adam und Eva, Kain und Abel, Abraham und Noah; Szenen aus dem Leben Jesu, die Kindheitsgeschichte und die Passion, das Marienleben, Heiligenlegenden, die Apokalypse. Mitunter öffnen sich die Innenräume der Kirchen dem Gläubigen wie Architektur gewordene Bilderbücher, in denen sich zyklische Darstellungen, über mehrere Bildfelder und Register verteilt, zu einem Kompositionsganzen vereinen – wie sie im südwestdeutschen Raum in den teilweise noch relativ gut erhaltenen Wandmalereien in Lorsch, Lobenfeld, Hundheim, Alsenborn und Reichenbach zu finden sind. Eine komplexe Farb- und Formsymbolik durchzieht die Darstellungen, die anhand von repräsentativen Attributen den jeweiligen Heiligen kenntlich machen – wie beispielsweise ein Schlüssel den Apostel Petrus, ein Turm die hl. Barbara, ein Rad die hl. Katharina.

Was dem heutigen Betrachter vielleicht anachronistisch erscheinen mag, ist die Darstellung der biblischen Ereignisse im zeitgenössischen Dekor. Die heiligen Personen sind in der Mode der Zeit gekleidet, sie agieren vor der Kulisse mittelalterlicher Architekturformen, sie tragen Rüstungen und Waffen der Kreuzritter. Die Übertragung des historischen Geschehens in das Hier und Jetzt des Mittelalters war jedoch keineswegs ein eigenwilliges Umdeuten der Buchilluminatoren, der Maler und Steinmetzen, sondern vielmehr ein bewusstes Stilmittel, die Heilsgeschichte zu aktualisieren. Indem Vergangenes zur Gegenwart wurde, konnte der überzeitliche und allgemeingültige Inhalt der christlichen Botschaft dem Gläubigen vor Augen geführt werden. Und musste es nicht ein erhebendes Gefühl gewesen sein, in einem Gotteshaus, dem sinnbildlichen und liturgischen Abbild des Himmels, inmitten der Dreifaltigkeit und der himmlischen Heerscharen niederzuknien?

Elisabeth verteilt ihr Witwengut, Elisabethfenster, um 1240. in der Elisabethkirche in Marburg

Romanische Architektur und Kunst

Romanisch ist ein Wort, das in der Zeit, die es bezeichnet, gänzlich unbekannt war. Es ist vielmehr eine stilbegriffliche Schöpfung des frühen 19. Jahrhunderts, die erstmals von dem französischen Natur- und Altertumsforscher De Gerville für die Bezeichnung der vorgotischen Architektur verwendet wurde. Während „gotisch" dem Irrtum der Renaissance entsprang, dieser Stil sei von den Goten geschaffen worden, geht „romanisch" jedoch auf eine richtig erkannte Analogie zurück. Romanische Bauformen basieren auf dem Erbe der römisch-antiken Zivilisation, das von den einfallenden Heerscharen der Völkerwanderungszeit übernommen wurde. Die umherziehenden Völker „barbarisierten" das Formengut des Römischen Imperiums, indem sie sich seiner bemächtigten und es, ähnlich wie die lateinische Sprache, deformierten, vereinfachten und zurückbildeten; sie fanden aber zugleich zu krea-

33

tiven Neu- und Umbildungen. So entwickelte sich im Laufe der Jahrhunderte eine Architektursprache, die – mit ihren Ursprüngen in der Antike – zu einer höchst eigenständigen Stilrichtung wurde, einer Stilrichtung, die sich über weite Teile Europas verbreitete.

Zwar lagen die Wurzeln der romanischen Baukunst in den Ländern des Mittelmeerraumes, doch ging ihr Wirkungsbereich weit über diese Grenzen hinaus. Formengut bildete sich von Sizilien bis Schottland, von der Oder bis an den Atlantik und es gab mannigfaltige Stilvarianten. Romanisches war nicht nur zu verschiedenen Zeiten verschieden, sondern auch, unabhängig von der Zeit, in verschiedenen Regionen. Den Beginn der romanischen Architektur bringt man allgemein mit der Jahrtausendwende in Verbindung, ihr Ende fand sie am frühesten in Frankreich, etwa um die Mitte des 12. Jahrhunderts, während sie in Deutschland und den östlichen Gebieten noch ein gutes Jahrhundert länger das architektonische Denken und Empfinden bestimmte.

Das Aufkommen der Romanik fällt mit einer um das Jahr 1000 einsetzenden regen Bautätigkeit zusammen, für die unterschiedliche Faktoren ausschlaggebend waren. Zum einen schufen die politischen Verhältnisse, als Folge einer allgemeinen Konsolidierung des Abendlandes, eine günstige Grundlage: In Deutschland hatte sich unter den Ottonen ein großer Reichskomplex herausgebildet, das spätere Heilige Römische Reich, in Frankreich war Hugo Capet zum König eines von Flandern bis nach Barcelona reichenden Imperiums geworden, und die Kirche hatte sich in ihrem Herrschaftsgebiet zur Staats- und Reichskirche entwickelt. Zum Zweiten kam es zu einer Festigung des Feudalsystems, das den Adel von seinen ökonomischen Sorgen befreite, sodass bislang zurückgehaltene Kräfte für kulturelle und geistige Interessen freigesetzt werden konnten. Und vielleicht spielte auch die Tatsache eine Rolle, dass der für das Jahr 1000 vorhergesagte Weltuntergang ausgeblieben war und die weitverbreitete Endzeitstimmung dieser Jahre, zumindest teilweise, einer aktiveren Lebenseinstellung Platz

machte. Das christliche Europa atmete auf und der burgundische Mönch Radulfus Glaber aus der Abtei Cluny schrieb: „Es war, als ob die ganze Erde ihr Alter von sich geschüttelt hatte und sich nun überall in ein weißes Kirchengewand kleidete."

Der mit dem Beginn des zweiten Jahrtausends verstärkt einsetzende Bau von Kirchen und Klöstern knüpfte an vorhergehende Traditionen an. Viele der Raumformen und Konstruktionen hatten ihre Ursprünge in der frühchristlichen Kunst des 4. und 5. Jahrhunderts in Gallien: kreuzförmige Basiliken, Zentralräume mit Kuppeln, Kirchen mit drei tonnengewölbten Schiffen, Räume mit im Osten angelegter Apsis. Weitere Vorgaben kamen aus der karolingischen Architektur des 8. und 9. Jahrhunderts, die sich ihrerseits bewusst an die Antike angelehnt hatte: die mächtigen Westfassaden, die Türme und Westturmgruppen, die aus zwei, mitunter aus drei Türmen bestanden. Aus diesen architektonischen Motiven – und noch zahlreichen anderen Einzelelementen – entwickelte sich ein Formenrepertoire, das die Gestalt und das Aussehen europäischer Gotteshäuser für mehr als zwei Jahrhunderte bestimmen und auch in den Profanbau – die Pfalz, die Burg, das Wohnhaus – hineinwirken sollte.

Kennzeichnend für die romanische Baukunst ist, neben der charakteristischen Form des Rundbogens, die Gliederung des Außenbaus durch Gesimse und aufgelegte Wandstreifen (Lisenen), die durch Bogenfriese verbunden sind. Das Mauerwerk selbst ist kraftvoll und wuchtig, an die Stelle der in Mörtel eingebetteten Bruchsteine oder Ziegel der Vor- und Frühromanik treten sorgfältig behauene Steinquader. Putz und Tünche beleben das romanische Bauwerk, das, anders als man es heute eigentlich kennt, farbig gestaltet war. Im Inneren der Bauwerke herrscht der Eindruck des Körperhaften vor, was durch rechteckige Wandvorlagen, runde Dienste und mehrschichtige Blendbögen und zum Mittelschiff geöffnete Emporen anschaulich wird. Ein besonderes Merkmal der romanischen Architektur, vor allem im Sakralbereich, ist die Aufeinanderfolge einzelner Räume, die in der Art eines Baukastens mehrere Baukörper aneinanderreiht bzw. kombiniert. Im Osten schließt meist eine Apsis, anfänglich halbrund, später dann auch polygonal gebildet, die Raumfolge ab. Flache Holzdecken und Dachstühle werden bald zur Ausnahme, die feste, steinerne Kreuzgratwölbung – wie beim Umbau des Speyerer Domes im ausgehenden 11. Jahrhundert zukunftsweisend gewagt – wird zur Regel. Im Laufe der Jahrhunderte werden die Formen vielfältiger und raffinierter, die ursprünglich homogene Wand, durch betonte Massigkeit und Strenge gekennzeichnet, wandelt sich immer mehr zu einer von Fensteröffnungen, Lisenen, Halbsäulen und Skulpturen gegliederten Schaufassade.

Die Basilika war das Bauwerk der Romanik, hier fand die Epoche zu ihren ausgereiftesten und beeindruckendsten Lösungen, die heute noch in der Gestalt der mächtigen Kaiserdome und Bischofskirchen von der baulichen Kultur der Zeit zeugen. Dies verwundert nicht, denn die Kirche als das Abbild des Himmlischen Jerusalems auf Erden war die zentrale Bauaufgabe in einer Zeit, die von einer starken Religiosität geprägt war. Verbindlich blieb stets die kreuzförmige Anlage, die bei größeren Bauten, wie schon in ottonischer Zeit, häufig durch doppelte Chöre im Osten und Westen zweipolig ausgestaltet wurde. Gestalt und Anordnung der Türme spielten ohnedies eine wichtige Rolle, im großen Maßstab der Kathedralen wie auch im weitaus kleineren und bescheideneren der Dorfkirchen. Querbauten mit Turmaufsätzen, Zweiturmfassaden, Dreiturmbauten, Vierungstürme und Chorflankentürme traten in mannigfaltigen Kombinationen auf. Sie gaben dem Gotteshaus seine Gestalt, eine Gestalt und Größe, die das tatsächliche Raumbedürfnis oft bei Weitem überstieg. Denn Kirchenbauten verstanden sich nicht nur als Denkmäler christlicher Frömmigkeit, die zur Verherrlichung und zum Ruhme Gottes erbaut wurden, sondern kamen auch – als gebaute Weltanschauung – einem Darstellungs- und Repräsentationsbedürfnis ihrer Stifter – der Kaiser und Könige, des herrscherlich organisier-

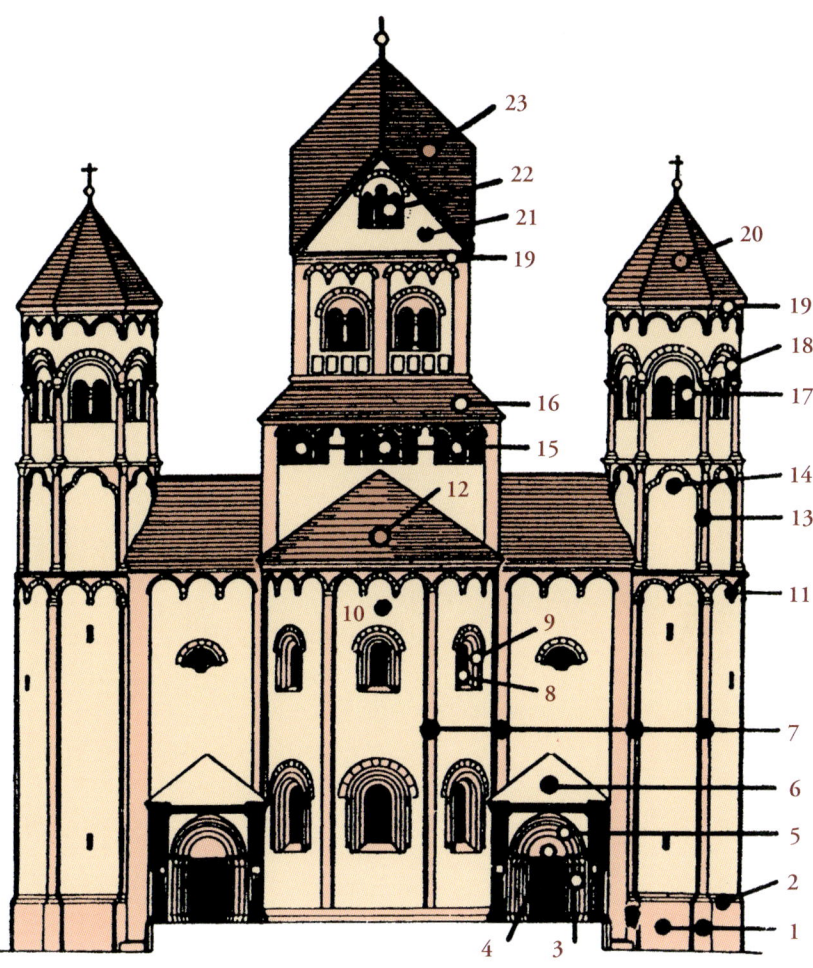

Romanische Kirchenfassade

1 Sockel	9 Fenstergewände	17 Gekuppeltes Fenster
2 Sockelgesims	10 Apsis	18 Blendbogen
3 Portalgewände	11 Rundbogenfries	19 Dachgesims
4 Portaltympanon	12 Halbkegeldach	20 Pyramidendach
5 Archivolte	13 Wandsäule	21 Giebeldreieck
6 Satteldach	14 Kleeblattbogen	22 Drillingsfenster
7 Lisene	15 Zwerggalerie	23 Rautendach
8 Apsisfenster	16 Pultdach	

ten Klerus und des Mönchtums – entgegen; so wie der Speyerer Dom einst Symbol des salischen Kaiserreiches und des Reiches Gottes zugleich war. Dass Kirchen nur für den Gottesdienst des Volkes gebaut wurden, ist eine eher romantische Vorstellung, die mit der Wirklichkeit kaum übereinstimmt. Kirchen hatten im hohen Mittelalter mehrere Funktionen zu erfüllen: Neben dem Gottesdienst dienten ihre Räume, vorzugsweise die Vorhallen, als Gerichtsstätten, hier wurden Urkunden vollzogen, wie auch die Türme als Wachttürme und Feuerwachen benutzt wurden. Vor allem die Dorf- und Kleinkirchen hatten oftmals den Charakter einer Wehrkirche, da sie mit ihren festen Mauern, inmitten eines größeren Mauerverbandes, als Zuflucht bei Gefahr benutzt wurden.

Der Bau einer romanischen Kirche war ein Großunternehmen, das sorgfältig geplant werden musste

Baubetrieb im Kloster Schönau, Federzeichnung, frühes 16. Jahrhundert, Germanisches Nationalmuseum Nürnberg

und zu dessen Durchführung es eines Stabs von Spezialisten bedurfte. Bei der Errichtung der Kathedralen und Abteien beauftragte der Bischof, als oberster Bauherr, einen Chorherren mit der Verwaltung der Gelder und der Beaufsichtigung der Arbeiten. Diesem, dem Werkmeister oder auch „magister opens", unterstand die Bauhütte, die Gemeinschaft der Werkleute. Er leitete die technische und künstlerische Tätigkeit der Bauhütte vom Entwurf, der Visierung, bis zur Ausführung der Details und war darüber hinaus zur praktischen Mitarbeit verpflichtet. Die organisatorische Leitung lag gewöhnlich in den Händen des Baupflegers, des „rector fabricae". Die Werkleute entstammten in der Regel nicht der ortsansässigen Bevölkerung (die zum Bau der Kirche lediglich durch ihre Spenden und Almosen beitrug), sondern waren Angehörige wandernder Handwerkertrupps, die von den Bischöfen, Äbten und sonstigen Stiftern vertraglich verpflichtet wurden. Und diese Baumeister waren es, die für die Entwicklung der romanischen Architektur und die Verbreitung ihrer Formen verantwortlich waren. Oftmals kamen sie von weither, mitunter aus den Ländern des byzantinischen Reichs und aus Oberitalien. Man nannte sie „lombardi", Baumeister aus der Lombardei, wobei der ursprünglich geografische Name zu einem Synonym für die Maurer schlechthin wurde. Sehr wahrscheinlich arbeitete auch ein lombardischer Bautrupp während des zweiten Bauabschnitts an Chor und Querschiff des Speyerer Domes mit, bevor er dann rheinabwärts nach Mainz weiterzog.

Zur Arbeit der Werkleute gehörte ebenfalls das Anfertigen von Schmuckformen und figürlichen Skulpturen, welche die Gotteshäuser zierten. Die Steinskulptur wurde zu einem Bestandteil des Baubetriebs, in vielen Fällen dürften Steinmetze und Bildhauer identisch gewesen sein. Während für den frühmittelalterlichen Bau mit seinem Bruchstein-Mauerwerk hauptsächlich die Malerei die vorherrschende Schmuckform war und als einzige Elemente im Bauverband die Kapitelle verziert waren, so trat mit dem beginnenden 12. Jahrhundert eine Fülle von Zierformen und figürlichen Skulpturen auf den Plan. Vor allem dem Säulenportal mit dem aufwendig skulpierten Tympanon galt das Hauptinteresse der Steinmetze, die ihr bildhauerisches Wirken bald auf Gewände und Säulen ausdehnten. Auch die Kapitelle erhielten zunehmend aufwendige Schmuckformen, ebenso wie Sockel und Dachgesimse reicher profiliert wurden. An manchen Stellen, wie am Speyerer Dom, wurden auch die Gesimse ornamentiert und die Fenster mit ornamentalen Rahmen versehen. Die mitunter sehr umfangreichen Bildhauerarbeiten entstanden in größeren Werkstätten, deren Meister viele Hände beschäftigten. Ein geschickter Steinmetz benötigte etwa vier Tage, um eine Konsole figürlich oder ornamental zu skulpieren. Dies war relativ wenig Zeit, woraus sich, bei der großen Zahl von Werkleuten, die oft erstaunlich kurzen Bauperioden romanischer Sakralbauten erklären lassen.

Die Werkstätten brachten zahlreiche Meisterwerke hervor, die den hohen Ruhm der staufischen Bildhauerkunst begründeten. Sie schufen steinerne Reliefs und Skulpturen am Außenbau und im Innenraum, darunter auch, seit der salischen Zeit als neue Form, die Grabskulptur, das gemeißelte Bildnis des verstorbenen Geistlichen oder Standesherren. Die spätromanische Kunst steigerte noch die Vielzahl und Fülle des bauplastischen Vokabulars. Unter Einbeziehung der Wirkung von Licht und Schatten erscheinen die organischen Formen, die Blätter und Ranken, die Tiere und Menschen nicht mehr streng ornamental stilisiert, sondern lebendig und bewegt. Das Menschliche, das Diesseitige hält seinen unaufhaltsamen Einzug in die bildenden Künste.

Nicht so eng mit der Architektur verbunden wie die Bildhauerei war die romanische Malerei. Im Bereich der Wandmalerei hatte sie zwei vornehmliche Funktionen zu erfüllen: Als farbige Fassung sorgte sie für die endgültige Vollendung eines Kirchenraumes, wobei sie als gemalte Gliederung dem architektonischen Gedanken stärker untergeordnet war. Als figürliches Bildprogramm hingegen fand sie zu einer größeren Eigenstän-

digkeit, doch auch hier bestimmte die bauliche Gegebenheit bis zu einem gewissen Grad den Ort ihrer Anbringung. Im Gegensatz zu den gotischen Bauten mit ihren großen Fensterflächen hatte die Monumentalmalerei im romanischen Sakralraum weitaus breitere Entfaltungsmöglichkeiten, sie erstreckte sich oftmals über weite Partien, im Vierungsgewölbe, im Chorraum, im Querschiff oder in der Apsis. An der Stelle der heute häufig weiß getünchten und nüchtern wirkenden Wände bzw. naturbelassenen Steinquader breiteten sich einstmals anspruchsvolle Ausmalungen mit komplizierten Programmen aus, die eine Stimmung von Feierlichkeit und Poesie ausstrahlten. Und ausgemalt wurden nicht nur die großen Dome, sondern auch die viel kleineren Pfarr- und Dorfkirchen. Die leider nur noch wenigen erhaltenen Reste romanischer Wandmalereien mögen eine vage Vorstellung von dem Reichtum der ursprünglichen Ausstattungen vermitteln.

Neben der Monumentalmalerei widmete sich vor allem die Buchmalerei der bildhaften Darstellung, während die Glasmalerei als Kunstübung relativ jung war und erst in der Gotik ihren Höhepunkt erlebte, ebenso wie die Tafelmalerei, die sich auf Tafeln für Altäre und gemalte Holzkreuze beschränkte. Die Buchmalerei, die auf eine lange Tradition zurückblicken konnte, war nach wie vor vornehmlich Angelegenheit der klösterlichen Schreibschulen, der Skriptorien. Groß ist die Zahl glanzvoll ausgestatteter Evangelien

Mainzer Evangeliar, fol. 40v und 41r, Mainz, um 1250, heute Hofbibliothek Aschaffenburg, Foto nach dem Faksimile des Faksimile Verlags Luzern

und Perikopenbücher, Missalien und Psalterien, welche die Mönche und Nonnen in ihren Schreibstuben anfertigten. In oftmals jahrelanger Arbeit entstanden die mit aufwendigen Deckfarbenmalereien illustrierten Prachthandschriften, die – sofern sie die Stürme der Jahrhunderte überdauern konnten – heutzutage Kunstwerke von höchstem Wert darstellen. Formenreichtum und Darstellungsfreude breiteten sich auch im Bereich der Schatzkünste aus, die unter den Staufern eine enorme Blüte erlebten. In einem von einer starken Religiosität geprägten Zeitalter verlangte es die Menschen nach Heiligtümern, nach Heiligen und Reliquien, denen sie ihre Verehrung entgegenbringen konnten. Die Leiber der Heiligen wurden aus ihren Krypten geholt und in vergoldeten Schreinen aufgebahrt, die meist im Chor, über oder hinter dem Altar aufgestellt wurden. Behältnisse für Reliquien, die Reliquiare, waren allerorts gefragt, sie wurden oftmals kostbar ausgestattet, ebenso wie die kleinen tragbaren Altäre hohe Anforderungen an die Goldschmiedekunst stellten. Daneben entstand eine große Zahl von Kelchen und Patenen, Kreuzen, Rauchfässern und Gießgefäßen, Kerzenständern, Altaraufsätzen und Bucheinbänden, in denen sich die Vielfalt der romanischen Formensprache, auch unter Einbeziehung architektonischer Elemente, niederschlug.

Im Zeitalter der Romanik entwickelten sich verschiedene, in sich geschlossene Kunstlandschaften, die sich durch einen verbindenden Stil auszeichneten. Eine solche Landschaft war das Oberrheingebiet, von Basel im Süden bis nach Mainz im Norden, dem auch die Pfalz zuzurechnen ist. Hier bildete sich eine regionale Ausprägung der Romanik heraus, die ganz im Schatten der Kaiserdome von Speyer, Worms und Mainz stand. Mit der – heute nicht mehr erhaltenen – doppeltürmigen Westfassade der Klosterkirche Limburg, die vermutlich im nur wenige Jahre zuvor errichteten Westbau des Straßburger Werinher-Münsters ihr Vorbild hatte, wurde ein Architekturmotiv eingeführt, das den Kirchenbau nachhaltig prägte. Auch das Wölbungssystem des Speyerer Doms sollte lange Zeit nachwir-

ken. Das gebundene System einfacher Art bestimmte noch die Bauten des späten 12. und frühen 13. Jahrhunderts, den Mainzer und den Wormser Dom, St. Martin in Worms sowie die Klosterkirchen im pfälzischen Otterbach, Enkenbach und Eußerthal.

Im Gegensatz zur kölnisch-niederrheinischen Architektur sind die oberrheinischen Kirchen durch eine betonte Massigkeit und Strenge bestimmt, die durch die sorgfältig behandelten Rotsandsteinquader noch unterstrichen wird. Der Quaderbau findet hier seine monumentale Vollendung. Auch im Kircheninneren herrscht die schwere Form vor: gedrungene Pfeiler, kräftige Rundstützen, Kapitelle mit gedrücktem Umriss. Die Außenbauten sind einer eher konservativen Gesinnung verpflichtet. Lisenen bleiben bis zum Ende der Epoche die maßgeblichen gliedernden Elemente. Auch die Beibehaltung des quergelagerten Westbaus, wie bei St. Paul in Worms, verweist auf frühere Bauformen, ebenso wie in der doppelchörigen Anlage des Wormser Domes der ottonische Vorgängerbau nachlebt. Im Rahmen dieses eher traditionellen Formenrepertoires entstanden aber andererseits Bauwerke, deren charaktervolle Gruppierungen von Türmen und Giebeln zu höchst eigenständigen und unverwechselbaren architektonischen Lösungen führten, die heute noch den Betrachter in ihren Bann ziehen. Auch in den Chören entfaltet die oberrheinische Kunst ihren ganzen Reichtum an großartigen Erfindungen, die charakteristisch für diese Kunstlandschaft sind. Relativ lange blieb hier die romanische Baugesinnung erhalten. Auch wenn die „klassische Gotik", die in Frankreich bereits zum Ende des 12. Jahrhunderts zu einer revolutionären Umkehr der architektonischen Gestaltungsweisen geführt hatte, schon ihre ersten Vorboten entsandte, fand die Romanik des Oberrheins in ihrer Spätphase nochmals zu einer Blüte. Und sie überdauerte auch mancherorts das Ende der staufischen Herrschaft, mit der in Deutschland die Gotik als die neue Baukunst die Romanik endgültig ablöste, um einige Jahrzehnte.

Katalog

Alsheim

Evangelische Pfarrkirche
(ehem. St. Bonifatius)

Der Turm der evangelischen Pfarrkirche, ehemals St. Bonifatius, in Alsheim im Wormsgau geht – wie in den benachbarten Sakralbauten von Guntersblum und Dittelsheim – auf den in St. Paul in Worms geprägten Typus des kuppelbekrönten Turmes nach dem Vorbild orientalischer Zentralbauten zurück. Seine „urtümliche" Gestalt verdankt der Turm, der gedrungen und relativ kompakt wirkt, dem kraftvollen Baukörper, der lediglich durch schmale Lichtschlitze in den Untergeschossen und durch Rundbogenfenster sowie durch jeweils eine gekuppelte Schallarkade im oberen Geschoss eine sparsame Auflockerung erfährt. Kompakt und wie aufgesetzt wirkt auch die Kuppelbekrönung, deren Zeltdachabschluss vermutlich jüngeren Datums ist.

Altrip

Evangelische Pfarrkirche
(ehem. St. Peter)

Eine Wiederaufnahme der Gestalt der Speyerer Domtürme findet man in der evangelischen Pfarrkirche, ehemals St. Peter, in Altrip, das ca. 13 km nördlich von Speyer, unmittelbar vor den Toren Ludwigshafens, liegt. Der spätromanische Turm an der Nordostecke des in der Mitte des 18. Jahrhunderts errichteten einfachen Saalbaus verwendet das Speyerer Prinzip in vereinfachter Form. Wie dort verläuft über dem glatten Unterbau eine von Lisenen mit Rundbogenfriesen gerahmte Wandblende, in die zwei spitzbogig gekuppelte Schallarkaden eingelassen sind, die ihrerseits auf Säulchen ruhen. Darüber erscheinen – durch Rundbogenfries, Deutsches Band und Kehlgesims getrennt – Dreiecksgiebel, die zum achtseitigen gemauerten und verputzten Helm überleiten. Zusammen mit den Giebelfensterchen, den übereck gestellten Wasserspeiern und den kleinen Dachgauben in den Diagonalgraten des Helmes ergibt sich ein Gesamtbild, das sich eng an das Speyerer Vorbild anlehnt. Diese Ähnlichkeit lässt vermuten, dass der Altriper Turm relativ bald nach der Vollendung der Speyerer Türme, wohl zwischen 1230 und 1240, entstanden ist.

oben links und rechts:
Spätromanischer Kirchturm
mit Rundbogenportal

unten links: Langhaus, das
1751–1754 vom Speyerer Ar-
chitekten Johann Georg Hotter
erbaut und nach einem Brand
1893/94 außen neoromanisch
mit Rundbogenfenstern, Rund-
bogenportal und Fensterrose er-
neuert wurde

unten rechts: Innenraum

Bechtheim

Katholische Pfarrkirche St. Lambert

Nordwestlich von Worms in Richtung Alzey liegt der kleine Ort Bechtheim. Die katholische Pfarrkirche St. Lambert war einst eine vorgeschobene Wehrkirche im Mauerring, der das am Ostrand des rheinischen Hügellandes in einer leichten Senke gelegene Dorf Bechtheim umgab. Als eine auf eine königliche Schenkung zurückgehende Besitzung des Hochstifts Lüttich wurde hier im ersten Viertel des 11. Jahrhunderts ein spätottonischer Vorgängerbau errichtet, der dem hl. Lambertus geweiht war. Lambert hatte seit dem Jahre 670 das Amt des Bischofs von Maastricht inne, bis er im Jahre 705 in Lüttich ermordet wurde. Nach der vorübergehenden Beisetzung in seiner Bischofsstadt erfolgte etwas mehr als zehn Jahre später die Überführung der Reliquien an den Ort seines Märtyrertodes, wo die Kathedrale des neuen Bischofssitzes erbaut und dem hl. Lambert geweiht wurde. Allein in der ehemaligen Diözese Worms waren dem Heiligen sechs Pfarrkirchen geweiht; davon lassen sich die Patrozinien in Bechtheim und Großbockenheim auf den unmittelbaren Einfluss von Lüttich zurückführen.

Vom Bau des frühen 11. Jahrhunderts, einer dreischiffigen, flachgedeckten und turmlosen Basilika, haben sich einige Reste der nördlichen Seitenmauer und der Außenwandgliederung erhalten. In der ersten Hälfte des 12. Jahrhunderts wurde ein quadratischer Turm angebaut, der bereits zum Plan eines neueren und größeren Kirchenbaus gehörte. Der Turm erhebt sich in vier Geschossen, die beiden unteren, die durch Blendarkaden und Nischenfelder gegliedert sind, sind romanischen Ursprungs, während die beiden oberen Stockwerke nach einem Brand im Jahre 1570 erneuert werden mussten. In der gequaderten Westseite des Untergeschosses führt ein großes, dreifach gestuftes Portal mit einem den äußeren Bogen umlaufenden Zahnschnitt in eine gewölbte Vorhalle. An der Innenseite des Turmportals ist auf einem Türsturz ein Relief mit der Hand Gottes angebracht. Auf den Baumeister

Turm von Südwesten

41

Turmportal, um 1100

verweist die Inschrift „Henricus me fecit" an einem Kämpfer des ersten Obergeschosses.

Der Erweiterungsplan kam dann nach der Zerstörung des Langhauses gegen Mitte des 12. Jahrhunderts zur endgültigen Ausführung. Von den anfänglich geplanten acht Jochen sind noch zwei im heutigen Vorchor, dem Chor des ehemaligen Bauwerks, stehen geblieben. Die ursprüngliche nördliche Seitenschiffmauer wurde beibehalten, aufgestockt und mit einem Portal versehen. Weiterhin wurden die Pfeiler gequadert und das Seitenschiff fast bis zur Mitte des Turmes vorgezogen. Vor dem Jahr 1164, etwa zeitgleich mit dem Langhaus des Wormser Domes, konnte das infolge einer Planänderung auf sieben Joche verkürzte, flachgedeckte Mittelschiff vollendet werden, das sich an

unten links: Ritzzeichnungen (Umzeichnung)
unten rechts: Grundriss, Schnitt und Ansicht im heutigen Zustand

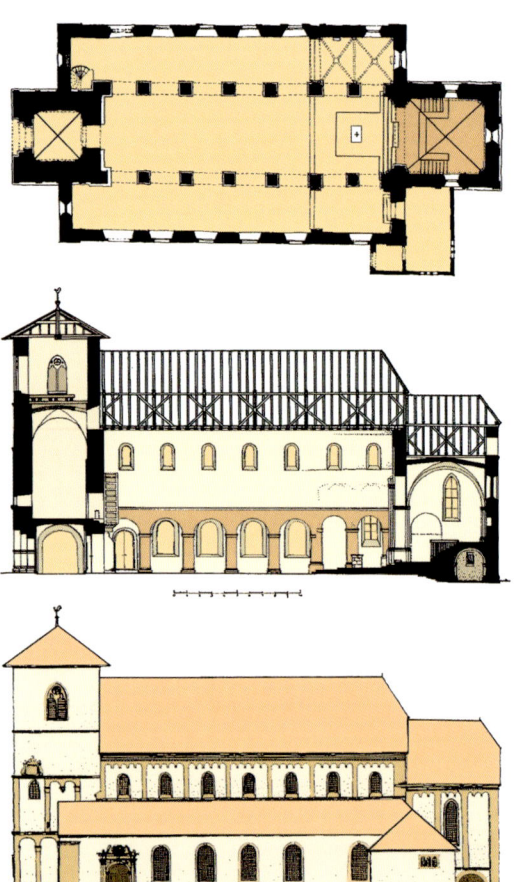

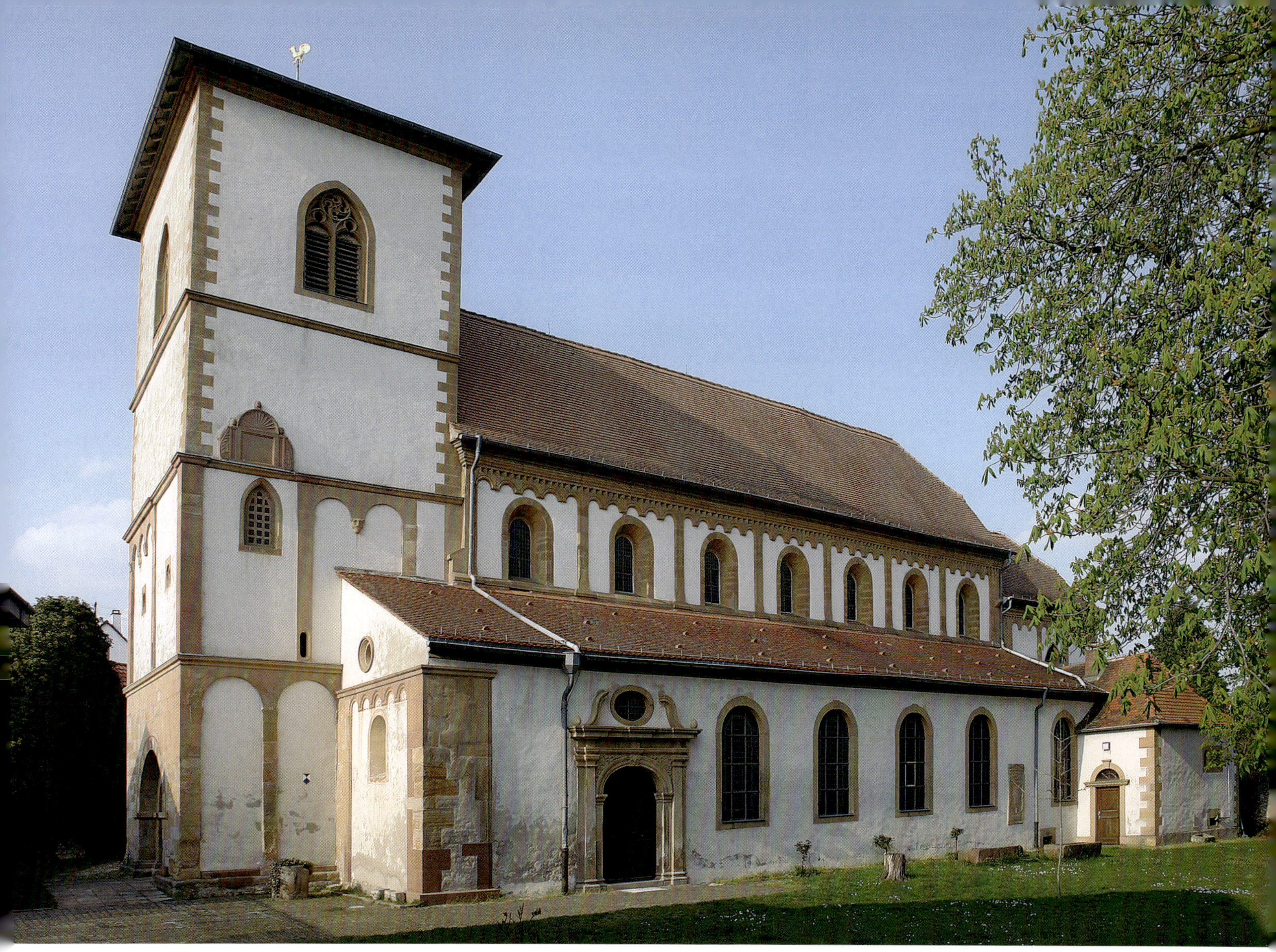

Formen der elsässischen Sakralbaukunst anlehnt. Die Obergadenwände des Außenbaus sind durch Rundbogenfriese und Lisenen mit eingelegtem Rundstab gegliedert – ein hervorragendes Beispiel romanischer Wandgestaltung. Im Inneren tragen auf attisch profilierten Sockeln sitzende Pfeiler die Arkadenbögen, welche die Seitenschiffe vom Mittelschiff abtrennen. Um 1170 wurde die von West nach Ost errichtete Kirche mit dem Anbau des südlichen Seitenschiffs und des rechteckig abschließenden Hochchors vollendet. Der Chor ist überquadratisch und mit einem gratigen Gewölbe über vier Ecksäulen versehen. Der Triumphbogen wird durch ein scharf geschnittenes Palmettenornament auf dem Kämpfer belebt, das sich nochmals an den Eckdiensten der begonnenen, aber nicht ausgeführten Einwölbung des Mittelschiffs wiederholt.

Unter dem rechteckigen, bühnenartig erhobenen Chor liegt ein Tonnengewölbe, das sich in ganzer Breite unter dem Chorhaupt erstreckt und eine Rarität birgt: Neben mehreren auf die Wände des Gewölbes aufgemalten Heiligenbildern, die ähnlich wie die Malereien im Ostjoch des nördlichen Seitenschiffs um 1400 entstanden sein dürften, sind in den 1950er-Jahren entdeckte Ritzzeichnungen angebracht, die in genauester Ausführung Bauwerke, vorwiegend Kirchen, wiedergeben. Die Linien sind 0,5 bis zu 1 mm stark und farblos in den abgebundenen

Ansicht von Südwesten

unten: Ottonisches Tympanon - Fragment des nördlichen Seitenschiffportals

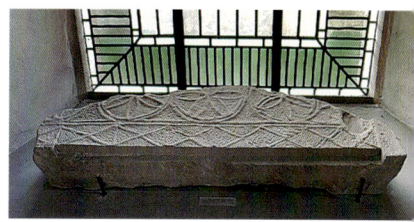

Putz eingeritzt. Als Instrumente könnten spitze Nä-
gel oder Messer verwendet worden sein. Außer einem in Rötel in den Putz eingeritzten Kruzifix lassen sich drei sorgfältig aufgetragene Zeichnungen
ausmachen, die – dem Stilcharakter der abgebilde-
ten Bauten entsprechend – aus der Bauzeit der Kirche, also aus der Zeit zwischen 1160 und 1170 stammen. Die erste, 40 x 50 cm große Zeichnung in der
östlichen Tonnenlaibung zeigt sechs nebeneinanderstehende Doppeltürme, die jeweils einen Giebel, zweimal auch ein Apsisdach, in ihrer Mitte haben. Die
drei Gebäude auf der linken Seite sind durch Dächer,
Arkaden, Fenster und Portale miteinander verbunden und werden von einem einzelnen Turm mit spit-
zem Zeltdach überragt, der auf das Hochschiff der
Basilika gesetzt ist. Auf einer zweiten, ebenfalls 40 x
50 cm messenden Zeichnung in der westlichen Tonnenlaibung ist der Umriss einer einschiffigen Kirche
mit Turm dargestellt, an den ein aufwendiges Archi-
tekturensemble anschließt. Zwischen zwei schmalen
Türmen staffeln sich hier mehrere bedachte Bauten
zu einem breiten oberen Bau, über dem sich ein weiterer Turmkörper erhebt. Alle Fenster sind rundbo-

gig geschlossen, die Dächer sind durch Schraffuren
gekennzeichnet. Unter den Turmbedachungen fällt
der Kuppelbau in der linken Hälfte der Zeichnung
auf, der sich in seiner orientalisierenden Form als Architekturmotiv der Wormser Schule an den vier in
einem Umkreis von 15 km um Bechtheim liegenden
Kirchen wiederfindet: an St. Paul in Worms, in Alsheim, in Dittelsheim und in Guntersblum. Eine dritte, relativ große Zeichnung im Format von 63 x 83 cm
rechts der Nische ist teilweise übertüncht. Erkennbar ist links die Ringmauer einer Stadt mit Zinnen
und Wehrgang, dahinter werden einige Häuser sichtbar. Im Hintergrund erhebt sich eine romanische,
basilikal gebaute Kirche mit Westturm und geradem
Chorschluss. Im rechten Bildteil ist eine weitere Kirche mit zwei Türmen, die eine Apsis flankieren, dargestellt. Seitenschiff und Obergaden dieses Baus werden durch zahlreiche Fenster gegliedert, mehrere Giebel unterbrechen das Seitenschiffdach.
Bei den Ritzzeichnungen handelt es sich um Ent-
würfe bzw. Pläne eines im Kirchenbau tätigen Fach-
mannes, der hier seine Ideen veranschaulichen wollte. Die architektonischen Skizzen, die sehr seltene

und überaus wertvolle architekturgeschichtliche Zeugnisse darstellen, mögen dem Konstrukteur für seine eigene Arbeit gedient haben, sie dürften darüber hinaus bei Gesprächen und Verhandlungen mit Auftraggebern und Bauherren, Handwerkern und Kollegen als Planmaterial herangezogen worden sein. So lässt sich auch die Funktion dieses tonnengewölbten Raumes unterhalb des Chorschlusses rekonstruieren. Er diente als Bauhütte bzw. als Baubüro, in dem sich gleichzeitig die Werkstatt der Steinmetze befand, die einen gegen Witterungseinflüsse geschützten Raum benötigten. Für sie wurden auch die beiden, nach Beendigung der Arbeiten wieder zugemauerten rundbogigen Öffnungen an der südlichen und nördlichen Außenwand des Chors angelegt, durch die man die für den Bau benötigten Steine und Gerätschaften transportieren konnte. Nach Vollendung der Kirche traten Wandmalereien an die Stelle der als provisorisch gedachten Zeichnungen, die so diese wichtigsten „schriftlichen" Dokumente der Wormser Bauschule über die Jahrhunderte erhalten haben.

Unweit von Bechtheim liegen mit den Kirchen von Dittelsheim, Alsheim und Guntersblum drei weitere Sakralbauten, deren in der zweiten Hälfte des 12. Jahrhunderts entstandene Türme nach den Prinzipien der Wormser Bauschule angelegt wurden.

45

Dilsberg

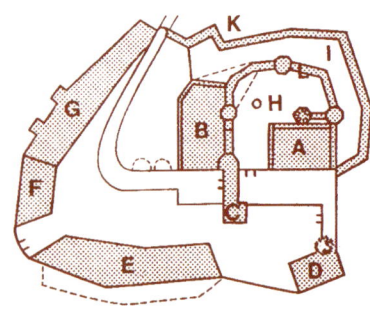

Plan der ursprünglichen Burganlage

A *Palas (Wohngebäude)*
B *Amtshaus*
C *Torgebäude mit Kerker*
D *Kommandantenhaus*
E *Stallungen*
F *Zehntscheuer*
G *Kaserne*
H *Innenhof*
I *Burggraben*
K *Außenmauer*
L *Innere Mantelmauer*

Burg

Etwa 5 km östlich von Neckargemünd erhebt sich malerisch der weithin sichtbare, auf einem Bergkegel gelegene Ort Dilsberg mit seinen Türmen und der ringförmigen Befestigung, der, auch wegen der reizvollen Aussicht, einen Abstecher unbedingt lohnt. Im Jahr 1100 war Bruno, ein Sohn des Grafen Arnold von Lauffen, zum Grafen über den Kraich-, den Enz- und den Elsenzgau ernannt worden, der hier vermutlich seinen Sitz hatte. Als dieser später zum Erzbischof von Trier ernannt wurde, übertrug er das Grafenamt auf seinen Bruder Poppo, dessen Nachfahren wohl gegen Ende des 12. bis zur Mitte des 13. Jahrhunderts die Hauptburg „Dilighesberg" anlegten, um die herum dann wenig später der Ort Dilsberg angebaut wurde.

Von der Burg steht noch die gewaltige Mantelmauer in Bossenquadern mit Randschlag, deren oberer Teil im 15. bzw. 16. Jahrhundert erneuert wurde.

Stadttor mit Stadtmauer

Ziemlich willkürlich und den originalen Charakter verfälschend hat man gegen Ende des 19. Jahrhunderts den Wehrgang umgestaltet. Vom dreigeschossigen Palas des 16. Jahrhunderts im Osten der engen Hauptburg sind ein gewölbter Keller und ein Treppenturm erhalten geblieben.

unten links: Burginneres
unten rechts: Außenansicht der Burg

oben: Ansicht der Stadtanlage von Dilsberg mit Stadtmauer

unten: Ansicht der Neckarschleife mit Dilsberg

Dittelsheim

Evangelische Kirche
(ehem. Allerheiligen)

In der evangelischen Kirche von Dittelsheim, nur einige Kilometer von Bechtheim entfernt, ist die Turmform in der Nachfolge von St. Paul in Worms wohl am reichhaltigsten und vielleicht auch am elegantesten zur Ausführung gekommen. Über einem quadratischen Erdgeschoss, das durch seitliche Anbauten zu einer dreischiffigen Vorhalle erweitert wurde und an das ein einschiffiges barockes Langhaus anschließt, erheben sich drei sich verjüngende Achteckgeschos-

se. Jedes wird von gekuppelten Schallarkaden gegliedert, in die Säulchen mit Würfelkapitellen eingestellt sind. Vier durchfensterte Giebel und ein gleichfalls allseitig durchfenstertes kurzes Achteck, über dem sich eine sechzehnteilige Faltkuppel erhebt, bilden die Bekrönung.

links: Chorturm von Norden

rechts: Ansicht von Norden (oben) und Süden mit Friedhofstor (unten)

S. 49: Ansicht von Nordosten

Guntersblum

Evangelische Pfarrkirche (ehem. St. Viktor)

Die evangelische Pfarrkirche (ehemals St. Viktor) im auf halber Strecke zwischen Worms und Mainz gelegenen Guntersblum besteht aus einer romanischen Doppelturmfassade mit orientalisierenden Kuppeldächern, an die ein dreiseitig geschlossener Saalbau aus dem späten 17. Jahrhundert anschließt. Nur der Nordturm ist alt, während der im Jahre 1702 eingestürzte Südturm in der Mitte des 19. Jahrhunderts wieder aufgebaut wurde. Zwischen die Türme ist eine Vorhalle mit einer aus dem vorigen Jahrhundert stammenden Säulenempore gesetzt. Die ursprüngliche romanische Vorhalle war vermutlich eingeschossig und offen, das Tympanon des Innenportals schmückt ein schlichtes Relief aus der Zeit um 1200. Die Türme erheben sich in fünf sich verjüngenden Geschossen mit zunehmend reicher Gliederung durch Lisenen, Rundbogenfriese und gekuppelte Schallarkaden. Konsolen und Lisenenkämpfer sind zum Teil als atlantenartige figürliche Reliefs ausgebildet – so die Kämpfer der Fenstersäulen im obersten Geschoss des Nordturmes, die einen Affen, einen Bären und eine menschliche Gestalt (den Baumeister?) vorstellen.

links: Westtürme von Norden
oben: Ansicht von Norden
rechts: Westfassade von Südwesten

Heidelberg

Heiligenberg

Karte des Heiligenbergs mit dem Michaels- und Stephanskloster, der nationalsozialistischen Thingstätte sowie dem keltischen Ringwall (blaue Linie)

Oberhalb von Heidelberg-Handschuhsheim liegt der Heiligenberg, ein Ausläufer des Odenwaldes zum Rhein und Neckar hin. Vorbei an der nationalsozialistischen Thingstätte, die an geschichtsträchtiger Stelle „germanisches" Erbe in Form einer mäßig kopier-

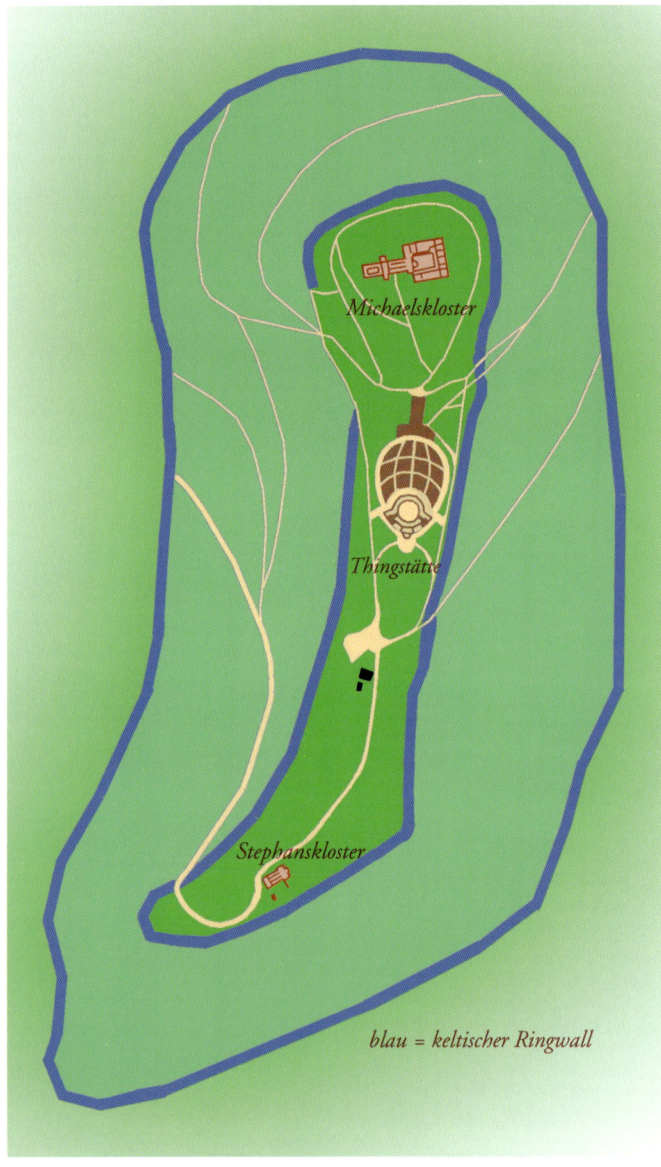

blau = keltischer Ringwall

ten antiken Theateranlage mit den seinerzeit üblichen völkischen Zutaten wiederbeleben wollte, führt der Weg zu den Ruinen des Michaelsklosters auf der nördlichen Bergkuppe.

Auf dem Heiligenberg erstreckte sich bereits im ersten vorchristlichen Jahrtausend eine Ringwallanlage, die vermutlich in der Urnenfelderzeit begonnen und in der Latènezeit vollendet wurde. In seinem Inneren beherbergte das mehrfach ausgebaute und in großen Dimensionen angelegte Wallsystem aller Wahrscheinlichkeit nach eine kultische Stätte. Auch in der Römerzeit, als auf der südlichen Kuppe ein militärisch genutzter Wachtturm stand, war der Berg ein Ort der Götterverehrung, ein Kultplatz von überregionaler Bedeutung. So wurde unter anderem auf dem oberen Gipfel ein Heiligtum in Tempelform errichtet, das aus einem rechteckigen, hoch aufragenden Kernbau mit einem niedrigen allseitigen Umgang auf Stützen bestand. Das Dach lehnte sich pultartig an die Mauern des höheren eigentlichen Heiligtums an, das dem römischen Gott Merkur („Mercurius Cimbrianus"), dem Gott des Windes und dem Himmelsboten, geweiht war. Ebenso dürfte der Berg der Verehrung des Hauptgottes Jupiter gedient haben, was sich anhand von zwei gefundenen Jupiter-Gigantensäulen nachweisen lässt. Das tempelartige römische Heiligtum bestand in seiner ursprünglichen baulichen Form, mit einigen durch den Lauf der Zeit bedingten Veränderungen, bis in die Mitte des 9. Jahrhunderts, also bis zur späten Karolingerzeit. Während der fränkischen Landnahme, die allmählich auch die unbewohnten Gebiete des Odenwaldes erreichte, wurde der römische Tempel in eine christliche Kultstätte umgewandelt. Neben einer Kirche, die in ihrer Form nahezu identisch mit dem römischen Sakralbau war, entstand eine Königsburg, um die herum Wohnstätten angelegt wurden. Es handelte sich dabei um aus Bruchsteinen errichtete Häuser mit kleinen grubenartigen Kellern, wie sie sich auch in den Heidenlöchern auf dem Martinsberg bei Deidesheim befunden haben.

Michaelskloster

An der Stelle der fränkisch-karolingischen Königsburg ließ der Lorscher Abt Thiotroch um das Jahr
870 eine Kirche erbauen, die aber erst zwölf Jahre
später als eine königliche Schenkung in den Besitz
der Reichsabtei überging. Der unter Thiotroch auf
dem Aberinesberg errichtete Bau – so wurde der Heiligenberg damals bezeichnet, auch die verballhornte
Schreibweise „mons Abrahae" („Abrahamsberg") ist
überliefert – war einschiffig, auf kräftigen Fundamenten gebaut und besaß im Altarhaus im Osten zwei ka-
pellenartige Flügelbauten, wodurch der Eindruck eines Querschiffs entstand. Nach Westen schloss ein

breiter Saalbau an, der wesentlich geräumiger als die
Kapelle selbst war. Die Kirche wurde dem hl. Michael geweiht, der sicherlich schon zu der Zeit, als sie dem
christlichen Kultus zugeführt wurde, ihr Namenspa-
tron gewesen ist. Es war eine nicht unübliche Praxis
während der christlichen Mission in den Ländern Ger-
maniens, die „heidnischen" Ortsheiligtümer nicht einfach abzuschaffen, sondern sie nach gewissen „Reini-
gungsriten", etwa dem Fällen einer Donareiche, einem christlichen Patron anzuvertrauen. So wurde auf
dem Heiligenberg der römische Gott Merkur, der See-
lenführer, durch den germanischen Wettergott Donar,
dieser wiederum durch den Erzengel Michael, den Sa-
tansbezwinger und Erwecker der Toten, ersetzt.

*Ruinen des Michaelsklosters von
Süden mit den mächtigen Westtürmen*

53

Der Kirche Thiotrochs, von der nichts mehr erhalten ist, folgten in ottonischer Zeit mehrere Um- und
Erweiterungsbauten, bis unter Abt Reginbald von
Lorsch (1018–1033), dem späteren Bischof von Speyer, ein großzügiger Erweiterungsbau errichtet wurde. An die Kirche wurde bald ein Klosterkomplex an-

gebaut, welcher der Unterbringung von Abteiange-
hörigen dienen und gleichzeitig den Herrschaftsan-
spruch der Lorscher Abtei im Bereich des Odenwaldes und des unteren Neckars untermauern sollte.
Zum Unterhalt des Benediktinerklosters, der ersten
Lorscher Filialgründung überhaupt, wurden die Er-
träge von zehn der Abtei zugehörigen Ortschaften
bereitgestellt, darunter die der in unmittelbarer Nähe gelegenen Dörfer Schriesheim, Neuenheim, Handschuhsheim und Wieblingen.

Die Kirche Reginbalds ist in ihren Fundamenten und
teilweise in aufgehendem Mauerwerk im Osten und
Westen erhalten. Die Anlage der Chorpartie ähnelte
– bei kleineren Abmessungen – ziemlich genau der
Abteikirche in Bad Hersfeld: Hier wie dort erhob sich
ein mächtiger Turm über der ausgeschiedenen Vierung. Unterhalb des apsidial geschlossenen, leicht erhöhten Chors lag die Ostkrypta, deren Gewölbe durch
vier kräftige Säulen mit eigenartig gestalteten Kapitellen gestützt wurde. Der an das dreischiffige Langhaus
anschließende Westbau, von dem die beiden wieder
aufgerichteten Säulen stammen, wurde von zwei achteckigen Türmen flankiert (von der Plattform des nördlichen bietet sich ein instruktiver Blick auf die Gesamtanlage). Die gewölbte Westkrypta war durch Treppen
von beiden Seitenschiffen aus zugänglich, der darüberliegende, wahrscheinlich ebenfalls gewölbte Raum, bei
dem es sich um den Westchor gehandelt haben könnte, öffnete sich nur zum Langhaus hin. Seitliche Zugänge führten zu den Treppentürmen, die eine Verbindung zu einer Kapelle oder einer Empore im Obergeschoss herstellten. Vielleicht befand sich hier der Al-

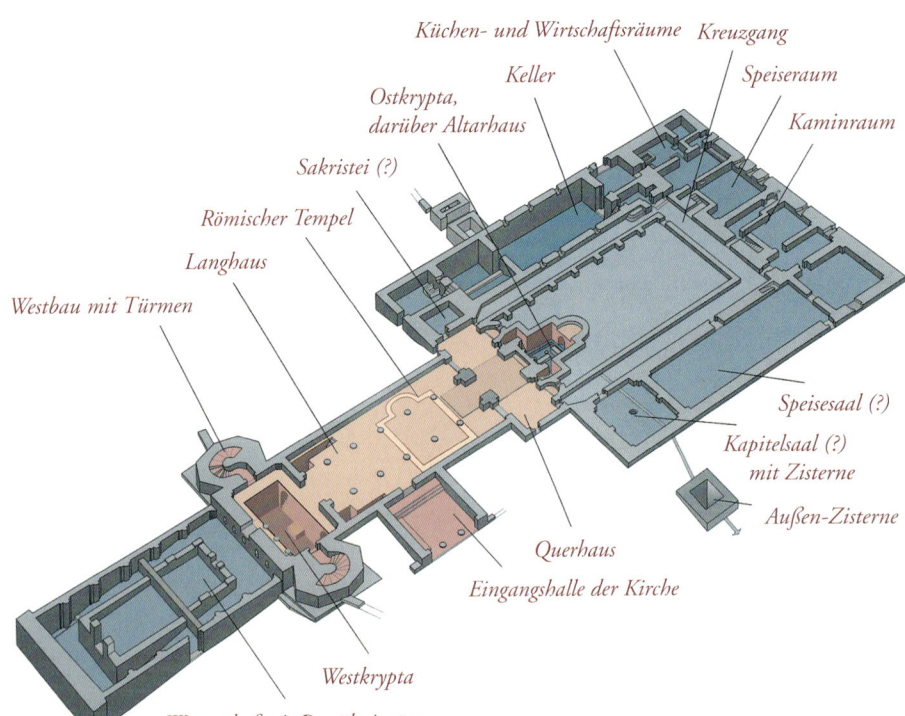

Küchen- und Wirtschaftsräume   Kreuzgang

Keller   Speiseraum

Ostkrypta,   Kaminraum
darüber Altarhaus

Sakristei (?)

Römischer Tempel

Langhaus

Westbau mit Türmen   Speisesaal (?)

Kapitelsaal (?)
mit Zisterne

Außen-Zisterne

Querhaus

Eingangshalle der Kirche

Westkrypta

Westvorhof mit Begräbnisstätten

oben: Aufsicht auf den östlichen Teil der dreischiffigen Klosterkirche und die sich daran anschließenden Klostergebäude (vgl. Zeichnung links). Gut erkennbar ist der Ostchor mit seiner großen Mittelapsis und der Krypta, zu der seitliche Treppenzugänge führen.

unten links: Ostkrypta und Mittelapsis des Ostchors

unten rechts: Außenansicht des Ostchors mit Apsis

*Basis einer Säule der Kloster-
kirche*

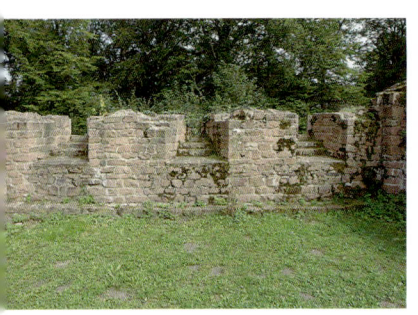

tar des Erzengels Michael, der ja bevorzugt auf erhöh-
tem Ort verehrt wurde. Vor dem Haupteingang an der
Südseite der Kirche stehen die Reste einer nicht zum
Verband gehörenden Vorhalle, die um das Jahr 1100
angebaut wurde. Vermutlich aus der gleichen Zeit
stammt das Paradies an der Westseite, das zuerst ein
offener, dann ein umschlossener Hof war, von dem
nach Westen und in die Kirche Türen führten. An den
Ostchor schloss die bereits um 1030 errichtete dreiflügelige Klosteranlage an, die bis in eine Höhe von
ca. zwei Metern erhalten ist. In einem um einen Hof
angelegten Viereck befanden sich hier unter anderem
das Auditorium (der Tagesraum der Benediktinermönche), das Dormitorium (der Schlafsaal), das Refektorium (der Speisesaal), das Calefactorium (die Wärm-
stube) sowie die Wohnung des Propstes.

Kloster und Kirche wurden in der Folgezeit immer
prachtvoller ausgestattet. Die jeweiligen Äbte traten in
einen regelrechten Wettbewerb, wenn es darum ging,
Kunstwerke, Gemälde, kostbaren Altarschmuck, sil-
berne Kreuze und Statuen – darunter zwölf Apostel-
statuen – und wertvolle handgeschriebene, gold- und
elfenbeinverzierte Bücher anzuhäufen. Aber der im 11.
Jahrhundert angesammelte Reichtum war von keinem
langen Bestand, wurde doch aufgrund einer schlech-
ten Wirtschaftsführung ein großer Teil des Inventars

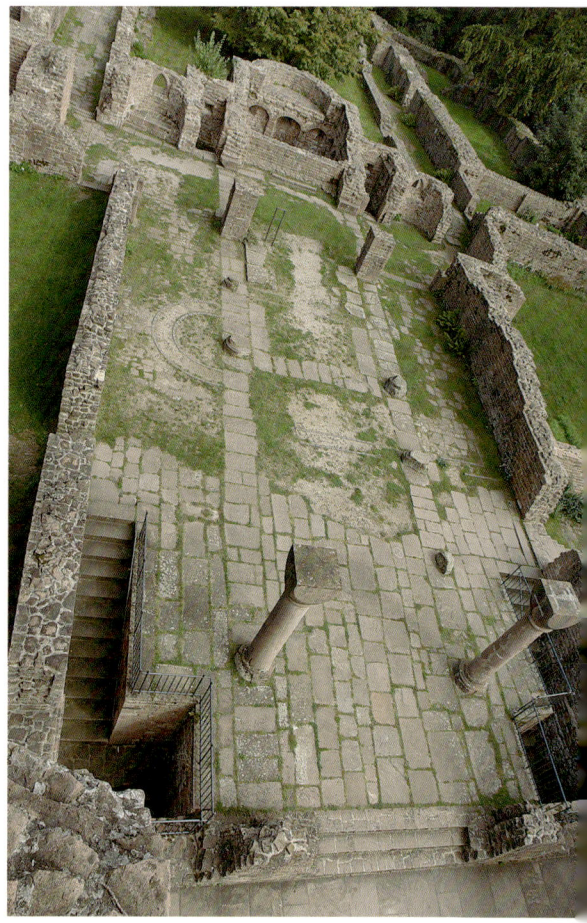

*oben: Speiseraum
unten links: Kreuzgang*

*unten Mitte: Küche und Wirtschaftsräume sowie Keller
unten rechts: Kaminraum*

*oben: Klosterkirche mit den Abgängen zur Westkrypta im
Vordergrund*

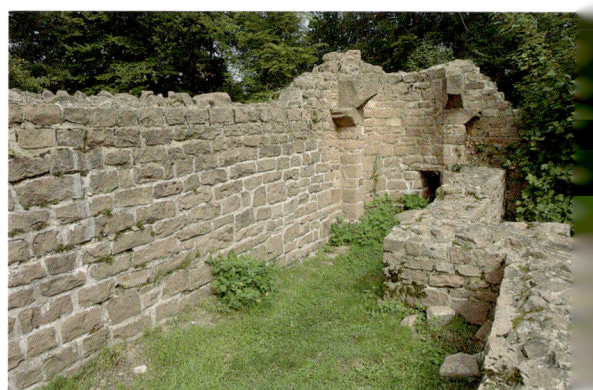

mehr oder weniger achtlos veräußert. Es begann ein allmählicher Verfall des klösterlichen Ansehens, der durch die politisch-territoriale Entwicklung forciert wurde. Konrad von Hohenstaufen, ein Halbbruder Kaiser Friedrich Barbarossas, wurde im Jahre 1156 zum neuen Pfalzgrafen bei Rhein ernannt. Er begründete an Rhein und Neckar das Territorium der Kurpfalz – im Jahre 1196 wird erstmals die neue Residenz Heidelberg urkundlich erwähnt. Konrad gelang es, der Lorscher Abtei eine Besitzung nach der anderen zu entwenden, die er teilweise zur Stärkung seiner eigenen Hausmacht benutzte, teilweise seinem Leibkloster Schönau zuwandte, das eine wormsische Gründung war und somit in Konkurrenz zu Lorsch stand.

Mit der Übertragung der Benediktinerabtei Lorsch an den Mainzer Erzbischof im Jahre 1232, der ein Jahrzehnt später an die Stelle der Benediktiner Prämonstratenser setzte, führte das Michaelskloster ein nurmehr geduldetes Dasein, abhängig von der Gunst der Pfälzer Kurfürsten, die den Heiligenberg nur zu gerne ihrem Machtbereich einverleibt hätten. Dies geschah dann im Jahre 1460, als der südliche Teil der Bergstraße, die „Herrschaft Schauenburg", an Kurpfalz fiel. Zu dieser Zeit lebten kaum noch Mönche auf dem Heiligenberg. Zu einem endgültigen Erlöschen des Klosterlebens kam es im Jahre 1503. Auslöser war ein Unglücksfall, über den ein Schreiben an den damaligen Kurfürsten berichtet: „Nunmere so ist der glockenturn uff dem allerheiligenberg umbgefallen und ist in die schlaftammer gefallen und hat voll try hem erschlagen." Nach dem Tod der drei Mönche wurde das Kloster nicht mehr besiedelt, die Anlage wurde gegen Ende des 16. Jahrhunderts zum Teil abgebrochen, danach war sie dem allmählichen Verfall preisgegeben. Wie die Ruine noch zur Mitte des 17. Jahrhunderts ausgesehen haben dürfte, mag ein Kupferstich Matthäus Merians aus der „Topographia Palatinatus Rheni" veranschaulichen.

rechts: Stephanskloster, Ansicht von Norden mit dem Querhaus und den Apsiden der ehemaligen Klosterkirche

Stephanskloster

Unterhalb des Michaelsklosters stehen auf der südlichen Kuppe des Heiligenberges die Ruinen des ehemaligen Stephansklosters (ehemals Kloster St. Stephan und St. Laurentius), das um das Jahr 1090 von einem Diakon namens Arnold errichtet wurde. Das Kirchlein hatte die Form einer kleinen dreischiffigen Säulenbasilika mit durchgehendem Querschiff und drei Apsiden. Im Jahre 1094 wurde mit Unterstützung von Propst Anselm von Lorsch ein kleiner Klosterbau von U-förmigem Grundriss angefügt, den man zusammen mit der Kirche dem Patrozinium der Märtyrerdiakone St. Stephan und St. Laurentius unterstellte. Gleichzeitig setzte man, um die Versorgung mit Wasser zu gewährleisten, die alte, 55 Meter tiefe und bereits von den römischen Signalposten benutzte Zisterne, das sogenannte „Heidenloch", wieder instand. Ein Förderer des neuen Klosters war ein Ritter namens Ricfried, der vermutlich auf dem ersten Kreuzzug (bis 1099) ums Leben gekommen war. Er hatte sein Vermögen dem Kloster Lorsch zu treuen Händen überlassen, um es, im Falle seines Ablebens, für den weiteren Ausbau von St. Stephan zur

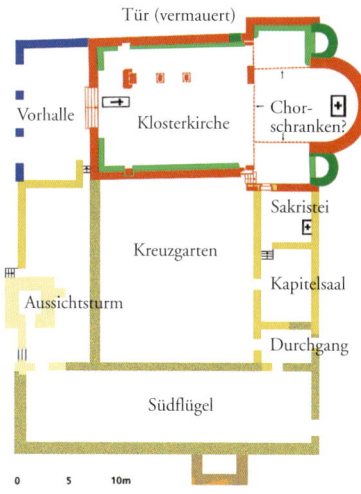

Grundriss des Stephansklosters mit Baualtersplan

- 🟥 Kirche, 12. Jahrhundert
- 🟩 Umbauten, Phase I
- 🟩 Umbauten, Phase II
- 🟦 Vorhalle, 13. Jahrhundert
- 🟨 Konventbauten, 14. Jahrhundert
- 🟧 Anbau
- 🟨 Aussichtsturm 1885/86
- 🟫 Rekonstruktion

oben: Basis eines Pfeilers am Portal der ehemaligen Vorhalle der Klosterkirche

oben: Basis eines Pfeilers am Portal der ehemaligen Vorhalle der Klosterkirche

unten: Ansicht von Süden mit den Resten der ehem. Klosterkirche und dem Ostflügel der Konventsgebäude

Verfügung zu stellen. Somit besaßen die Benediktiner nun zwei Klöster auf dem Heiligenberg (später kam noch kurzzeitig als dritte Lorscher Gründung das Stift Neuburg im Neckartal hinzu), was ihnen beträchtliche Einkünfte und Gefälle, besonders aus den Orten am Fuss des Berges, sicherte.

Die Reste der heutigen Bebauung dürften aus dem 12. Jahrhundert stammen. Mitte des 13. Jahrhunderts übernahmen Prämonstratenser aus Allerheiligen im Schwarzwald das Stephanskloster und errichteten ab dem 14. Jahrhundert südlich der dreischiffigen Kirche mit Querhaus und großer Mittelapsis eine Klausur, von der gleichfalls Teile – insbesondere der Ostflügel – erhalten sind.

Das Stephanskloster ereilte ein ähnliches Schicksal wie St. Michael. Im Jahre 1559, als sämtliche Klöster in der Pfalz aufgehoben waren, lebte hier noch ein Laienbruder. Seit dem Ende des 16. Jahrhunderts dann diente das Kloster als Steinbruch. Schwerer Schaden

entstand der Anlage zum Ende des 19. Jahrhunderts, als für die Errichtung eines Aussichtsturms im Bereich des westlichen Flügels das Steinmaterial des romanischen Klosterbaus verwendet wurde. Im Zuge von Ausgrabungsarbeiten in den 1930er-Jahren konnten die Grundmauern bis in eine Höhe von eineinhalb Metern rekonstruiert werden, sodass der heutige Besucher wieder einen ungefähren Eindruck von der Gestalt des Klosters hat.

Heidelberg-Handschuhsheim

St. Vitus

Im Heidelberger Stadtteil Handschuhsheim steht die kleine Pfarrkirche St. Vitus, die auf eine lange Geschichte zurückblicken kann: So wird eine erste Kirche in der Siedlung Handschuhsheim in den Jahren zwischen 774 und 778 erwähnt, sie lag schon an gleicher Stelle wie der Nachfolgebau. Vermutlich wurde sie mit einem Adelshof an das Kloster Lorsch übertragen, denn anfänglich war der Kirchenpatron der Lorscher Klosterpatron St. Nazarius. Im Südwesten der am Rande des Ortes gelegenen Kirche stand der Lorscher Hof, der als zentraler Verwaltungssitz alle Besitzungen und Güter des Klosters in einem weiten Umkreis zu kontrollieren hatte. Der Lorscher Besitzstand in Handschuhsheim konnte noch vermehrt werden, als im Jahre 870 unter Abt Dietrich das Michaelskloster auf dem Heiligenberg erbaut wurde, dem 200 Jahre später das kleinere Stephanskloster folgte.

Vom karolingischen Gründungsbau ist nichts mehr stehen geblieben. Abt Arnold von Lorsch ließ zur Mitte des 11. Jahrhunderts eine neue Kirche in Handschuhsheim errichten, die sich noch in einigen Resten erhalten hat. So stammen von diesem romanischen Bau die ehemalige Nikolauskapelle mit dem darunter liegenden Beinhaus (dem „Karner"), der Triumphbogen am gotischen Chor und die unteren Partien der anschließenden Chormauern; fernerhin Teile der westlichen Giebelwand mit einer nach außen durch den quadratischen Turm verdeckten Doppelarkade sowie, als wahrscheinlich ältestem Bauteil, die Ostwand des an der Südwestecke liegenden Turmes. Die auf dem Würfelkapitell einer Fenstermittelsäule eingeritzte Inschrift IOHANNES PISTOR MISCHENHEIM mag als Hinweis auf einen möglichen Baumeister gedeutet werden.

Um 1200 wurde das Langhaus in eine dreischiffige Basilika umgewandelt, deren Rundpfeiler mit Würfelkapitellen, die später überarbeitet wurden, im Bereich des jetzigen südlichen Haupteingangs stehen. In dieser Zeit kam es – im Zuge des Niedergangs der

Lorscher Abtei – zur Ablösung des Nazariuspatroziniums durch die Heiligen Vitus und Georg (Letzterer ist heute ganz zurückgetreten).

Westfassade mit romanischem Westturm und teilweise romanischem Westgiebel

Dem frühen 15. Jahrhundert gehören die teilweise verblassten Wandmalerein an der Ost-, Süd- und Westwand der romanischen Vituskirche an, die in zyklischer Form die Lebens- und Leidensgeschichte Christi vorstellen, sowie die in der Mitte des vorigen Jahrhunderts entdeckten Heiligenbilder in den Laibungen der Südwand.

Zwei Umbaumaßnahmen der Nachfolgezeit veränderten das Aussehen der Kirche grundlegend: Gegen Ende des 15. Jahrhunderts wurde das nördliche Seitenschiff niedergelegt und durch eine Nonnenempore ersetzt. Das südliche Seitenschiff wurde aufgestockt, gleichfalls erhielt das Chorpolygon mit 5/8-Schluss, zweiteiligen Maßwerkfenstern und Netzgewölbe seine heutige Gestalt.

Während die spätgotischen Veränderungen noch den ursprünglichen Grundriss berücksichtigten, kam es in den Jahren 1933/34 unter dem Architekten Franz-Sales Kuhn im Zuge einer Erweiterung zu einer totalen Umorientierung, die den Baukörper als ganzen, vor allem im Inneren, ziemlich entstellt. Der gotische Chor wurde zur Nebenkapelle, nach Norden wurde die Kirche durch einen Anbau vergrößert, der die Gestalt eines flachgedeckten Saals mit seitlichen Anbauten hat. So präsentiert sich die St. Vituskirche dem heutigen Besucher als ein dreigeteiltes Gotteshaus mit romanischem Turm, gotischem (ehemaligem) Langhaus, das heute wie ein Anbau wirkt, und einem um 90° gedrehten (neuzeitlichen) Kirchenschiff.

oben links: Ehemaliges Seitenschiff und Turm

oben rechts: Ostchor

unten: Grundriss, die mittelalterliche Bausubstanz ist dunkel markiert

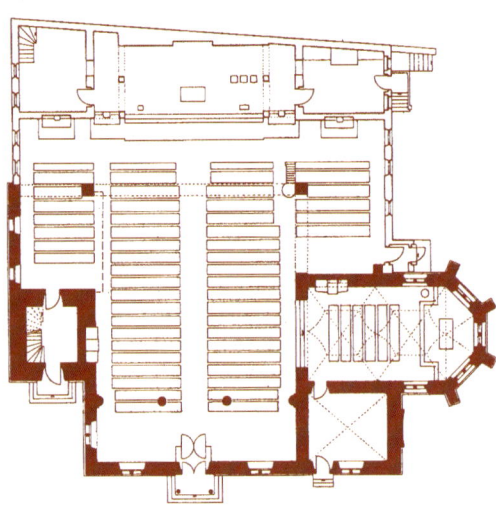

oben: Blick nach
Osten entlang des
ehemaligen Langhau-
ses zum romanischen
Chorbogen und ehe-
maligen Chor

unten links: Turm-
obergeschoss

unten rechts und
Mitte: Wandmalerei-
en des 15. Jahrhun-
derts an der Süd-
wand des ehemaligen
Seitenschiffs (heute
Eingangshalle)

Heppenheim

Ruine Starkenburg

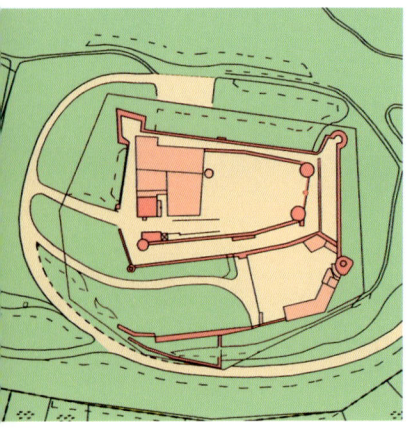

Grundriss der Burganlage

rechts: Ansicht der Burganlage von Westen

Starkenburg, Kupferstich aus dem Politischen Schatzkästlein, 1639

Oberhalb von Heppenheim erhebt sich an der Bergstraße die Ruine Starkenburg. Als Kernstück der Lorscher Befestigungen beherrschte die auf der Spitze eines fast 300 Meter hohen Berges errichtete Burg weithin den Odenwald und die Bergstraße, die schon von alters her eine Völker- und Handelsstraße war. Ihr ursprünglicher Name „Burcheldon" lässt vermuten, dass hier bereits eine keltische bzw. frühgermanische Fliehburg bestanden hat. Im Jahre 1065 begann dann die eigentliche Geschichte dieser ältesten Höhenburg an der Bergstraße, die zusammen mit der Mark Heppenheim zum Besitz des Klosters Lorsch gehörte. Nur selten sind der Anlass, der Zeitpunkt der Gründung und die Entstehungsgeschichte einer mittelalterlichen Befestigungsanlage so genau überliefert wie in diesem Fall.

Seit 1056 leitete Abt Udalrich das Kloster Lorsch, das ein knappes Jahrzehnt später, zusammen mit der Benediktiner-Reichsabtei Corvey (bei Höxter), durch einen Schenkungsakt an Erzbischof Adalbert von Bremen übertragen werden sollte. Adalbert war ein äußerst ehrgeiziger und machtbewusster Kirchenfürst,

der in seiner Diözese eine herzogähnliche Stellung einnahm. Er hatte die Absicht, die Bremer Kirche zur Metropole des gesamten Nordens auszubauen. Als Vormund des jungen Königs Heinrich IV. versuchte er seine Position zu stärken, indem er die beiden großen Reichsklöster von Corvey und Lorsch in seinen Besitz zu bringen trachtete. Doch der Lorscher Abt Udalrich widersetzte sich – gemeinsam mit den Lehnsträgern des Klosters – der von König Heinrich verfügten Schenkung seiner Abtei an den Bremer Erzbischof und folgte auch nicht einer Vorladung nach Goslar. Daraufhin übersandte ihm der über diesen Ungehorsam zutiefst erzürnte König einen Brief, der in lateinischer Sprache im Lorscher Kodex überliefert ist: „Heinrich, König von Gottes Gnaden, entbietet Abt Udalrich seine Gnade einstweilen. Wir wundern uns, dass wir dich, für den mehr als allen sich Gehorsam schickt, ungehorsam finden, und dass du nicht bedenkst, was du bist, und was du nicht ungestraft tun kannst. Wir haben nämlich gehört, dass du einen Aufstand verursachen willst. Nicht verständig überlegst du, was der Zweck dieses Aufstandes sei. Daher ist es unser Wille und ausdrücklicher Befehl im Hinblick auf unsere Gunst, dass du, wenn du etwas in unserem Reich behalten willst, nicht zögerst, am Feste Allerheiligen zu uns nach Goslar zu kommen." Der inzwischen erkrankte Abt – er war vom Pferd gefallen – fand Unterstützung beim Erzbischof von Mainz, der ein Gegner Adalberts war. Zur gleichen Zeit hatten auch die Lehnsträger, die Ministerialen und Fröner, sowie die Mönche gehandelt. Da sie eine offene Schlacht nicht riskieren konnten, erbauten sie innerhalb von zwei Monaten eine starke Festung aus Holz, um sich und einen großen Teil der Klosterschätze vor den heranrückenden Truppen des Bremer Erzbischofs in Sicherheit zu bringen. „Sie besetzten", so die weiteren Ausführungen im Lorscher Kodex, „also einen vom Kloster nicht weit entfernten Berg, Burcheldon genannt, errichteten eine Festung, bauten Türme, umgaben sie mit einem Wall, befestigten sie mit einer Schutzwehr und legten Wachen

*Burgruine Starkenburg, Stahl-
stich von E. Willmann nach
einer Zeichnung von R. Höfle,
19. Jahrhundert*

Bergfried

hinein". Adalbert belagerte die Trutzburg vergebens und musste wegen der vorangeschrittenen Jahreszeit vorzeitig aufgeben. Sieger dieser letztlich unblutigen Auseinandersetzung war der Lorscher Abt Udalrich, der im Januar 1066 mit 1200 bewaffneten Mannen auf dem Reichstag in der Pfalz Trebur bei Darmstadt erschien und nur wenige Wochen später unbehelligt und frei jeglicher Sanktionen in sein Kloster zurückkehren konnte. Der Bremer Bischof war somit nicht nur am Widerstand der Lorscher Ministerialen und Vasallen gescheitert, sondern auch an der Ablehnung seiner Politik durch die in Trebur versammelten Reichsfürsten, die seine Entlassung durchsetzten.

Dies war also die Gründungsstunde der Starkenburg, die als ein Bollwerk der Reichsabtei Lorsch angelegt worden war. Schon bald traten an die Stelle der Holzkonstruktionen steinerne Gebäude, als erstes wurde noch vor 1100 der frei im Gelände stehende Bergfried erbaut. Der mächtige Turm war von quadratischem Grundriss und hatte eine Seitenlänge von 9 Metern, seine Höhe betrug 28 Meter. Er war nicht im rechten Winkel zu den Ringmauern ausgerichtet, sondern etwas übereck gestellt, sodass er Angreifern gegenüber eine größere Abwehrfläche bieten konnte. Der Bergfried wurde im Jahre 1924 wegen angeblicher Einsturzgefahr gesprengt, dafür entstand an der Eingangsseite der Burg ein neuer „mittelalterlicher" Turm von annähernd gleicher Höhe, der als Jugendherberge genutzt wird. Mit dem Bergfried zusammen wurde eine Umfassungsmauer errichtet, die sich an der Stelle der jetzigen befand. Die Ecken flankieren vier in der Gotik angebaute Rundtürme, von denen drei noch zu sehen sind. Die Kernburg war trapezförmig angelegt, etwa 70 Meter lang und zwischen 20 und 30 Meter breit. Eine spätere Mauer mit dem Palas und den übrigen Wohnhäusern entstand wohl erst nach der Besitzübergabe an den Erzbischof von Mainz im Jahre 1232, sodass eine genauere Datierung der oftmals an- und umgebauten Gebäude im geräumigen Innenhof der Anlage, auch aufgrund fehlender Quellen, kaum möglich ist.

Im Zusammenhang mit der Übergabe der Lorscher Abtei an Kurmainz stand die Starkenburg noch einmal im Brennpunkt des regionalen Geschehens. Sowohl der Mainzer Erzbischof als auch der letzte Lorscher Abt erhoben ihre Ansprüche auf die Burg, und so kam es im Laufe dieser Rivalität zu einem Aufstand der Ministerialen.

In einem Gedicht des um 1190 geborenen Vaganten, Heinrich von Avranches – eines Scholaren bzw. Klerikers, der als Angehöriger eines im 12. Jahrhundert entstandenen Bildungsproletariats durch die Lande zog, um als Versdichter seinen Lebensunterhalt zu verdienen – wird diese Rebellion geschildert: Mit Äxten, Knüppeln und Dolchen bewaffnet drangen die Aufständischen auf den Burgherrn ein, der gerade die Frühmesse zelebrierte, und vertrieben ihn aus der Burg. Ob es sich bei diesem um den Lorscher Abt gehandelt hat, ist ungewiss; auch weiß man nicht mehr, ob die Rebellen einen Auftrag des Erzbischofs ausführen sollten. Jedenfalls wurde über die Aufrührer der Kirchenbann und die Acht verhängt, ihre Güter wurden für verfallen, sie selber für vogelfrei erklärt, was zur Folge hatte, dass sie die umliegenden Dörfer plünderten und schließlich auch das Kloster überfielen, wo sie sich sakrilegisch am kirchlichen Gerät, am Altarschmuck, an Reliquienschreinen und an Kelchen vergriffen.

Noch bis zur Mitte des 13. Jahrhunderts diente die Starkenburg als Refugium für aufständische Ministerialen und vertriebene Benediktinermönche aus dem Kloster Lorsch, bis es zu einer Regelung der Besitzverhältnisse zugunsten von Kurmainz kam.

Ladenburg

Am rechten Ufer des Neckars, zwischen Heidelberg und Mannheim, liegt die malerische Fachwerkstadt Ladenburg, die auf eine lange Geschichte zurückblicken kann: So bestand bereits im fünften vorchristlichen Jahrhundert im Norden der heutigen Stadt eine große keltische Siedlung namens Lokwodunum, was Seeburg oder auch Sumpfburg hieß. Den Namen wandelten die Römer in Lopodunum um, als sie dort zur Sicherung der Handelsstraße, die das obergermanische Hauptquartier Mainz mit Rätien in der heutigen Schweiz verband, ein Erdkastell anlegten. Das Erdkastell wurde bald durch ein Steinkastell ersetzt und rasch entwickelte sich Lopodunum zu einem Mittelpunkt der römischen Verwaltung. Die römische Stadt war weitaus größer als das mittelalterliche Ladenburg. Am Forum, dem Marktplatz, stand die mächtige Marktbasilika, ein öffentliches Gebäude, das als Markthalle und Bürgertreff diente und das, obwohl nie vollendet, als eines der monumentalsten römischen Bauwerke nördlich der Alpen galt. Handel und Wirtschaft erlebten eine Blüte, Kalkbrennereien, Ziegeleien und Töpferwerkstätten verarbeiteten die Rohstoffe der Umgebung.

Das goldene Zeitalter Ladenburgs endete in der Mitte des 3. Jahrhunderts, als die Alemannen den Limes durchbrachen und das rechtsrheinische Gebiet eroberten. Gut 100 Jahre dauerte die alemannische Herrschaft, bis die Römer unter Kaiser Valentian I. den Burgus wieder zurückerobern konnten, den sie dann um das Jahr 400 aber endgültig verlassen mussten. Für wenige Jahrzehnte haben vermutlich Burgunder in der Stadt residiert, bevor die Hunnen einfielen. Ihnen folgten in kurzen Abständen weitere Volksstämme, die in der stark zerstörten Siedlung einen Unterschlupf suchten.

Zu einer Konsolidierung der Macht- und Besitzverhältnisse kam es im Zuge der fränkischen Landnahme um das Jahr 500. Ladenburg wurde nun als Kö-

Römisches und mittelalterliches Mauerwerk der Stadtmauer

Unter der Stadtpfarrkirche St. Gallus liegen die Reste der 72 Meter langen römischen Basilika (Ausgrabungsbefunde oben, Grundriss unten). Westlich lag das Forum mit Marktplatz, Wandelhalle, Büro- und Ladenräumen.

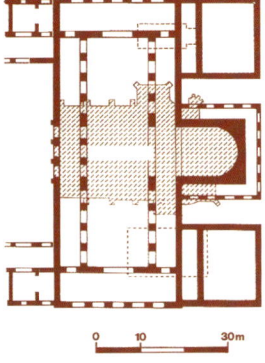

0   10   30m

rechts: St. Gallus, Grundriss Seite 67: St. Gallus, Chor und Chorflankentürme (oben), Inneres nach Osten (unten links) und Fassade (unten rechts)

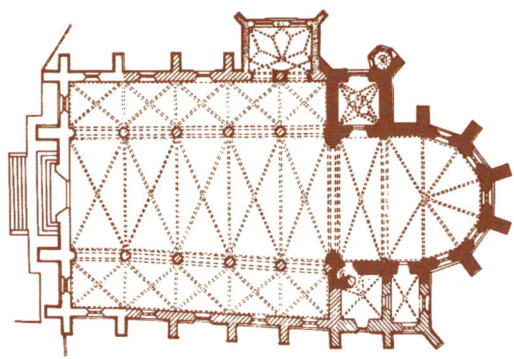

nigsgut zur Haupstadt des nach ihm benannten Lobdengaus, der sich von Worms bis nach Wimpfen und Würzburg erstreckte. Doch schon bald gelangte die Region in den Besitz des Bistums Worms. Die Wormser Bischöfe benutzten Ladenburg als Außenresidenz und errichteten hier, wahrscheinlich an der Stelle des fränkischen Königshofes, den Bischofhof.

Stadtpfarrkirche St. Gallus

In der wiederaufgebauten Stadt, die jedoch nur noch knapp die nördliche Hälfte der römischen Siedlung ausfüllte, entstand im Jahre 787 an der Stelle der römischen Marktbasilika eine Kirche, die dem irischen Missionar Gallus, dem Gründer des Klosters St. Gallen in der Schweiz, geweiht wurde. Die katholische Stadtpfarrkirche St. Gallus, der größte Sakralbau der Stadt, wurde unter teilweiser Benutzung der römischen Basilikamauern errichtet. Bis zum Bau der heute noch stehenden gotischen Kirche bestanden fünf Anlagen, die durch Ausgrabungen nachgewiesen werden konnten. Vom vorromanischen Bau des 8. Jahrhunderts ist nichts mehr stehen geblieben, dagegen hat sich von der einschiffigen Kirche aus dem frühen 11. Jahrhundert, die vermutlich auf den Wormser Bischof Burchard I. zurückgeht, die Krypta erhalten, die eine enge stilistische Verwandtschaft zur Bergkirche in Worms-Hochheim aufweist. Die Unterkirche, eine dreischiffige Halle von dreimal drei Jochen, wurde mitten in die Tribunalapside der Marktbasilika gestellt, deren Außenmauern man wiederverwendete. Über ihr erhob sich ursprünglich ein quadratischer Chor, der während des Kirchenneubaus im 13. Jahrhundert durch ein Chorpolygon im 7/12-Schluss ersetzt wurde. Aus dieser Maßnahme resultiert auch der ursprünglich nicht vorgesehene dreiseitige Umgang um die Krypta, während gleichzeitig die Zugänge zum Langhaus der dreischiffigen romanischen Basilika zugemauert wurden. Die Krypta mit einer Seitenlänge von knapp fünf Metern und einer Höhe von knapp drei Metern, die über eine Treppe auf der linken Seite des Altarraums zu erreichen ist, gilt als ein charakteristisches Beispiel für den im Oberrheingebiet seit karolingischer Zeit vertretenen Vierstützentypus. Vier sich verjüngende Säulen mit attischen Basen und einfachen kämpferlosen Würfelkapitellen tragen über sichelförmigen Gurten die Gratgewölbe. Neben den Kapitellen weisen vor allem die während des gotischen Umbaus durchbrochenen Rechtecknischen der Seitenwände auf die Erbauungszeit im frühen 11. Jahrhundert hin. Die auf den rechteckigen Stützen der Erweiterungsbögen aufgemalten Heiligenfiguren stammen – ebenso wie die Deesis-Dar-

oben: St. Gallus, Krypta
unten: St. Gallus, romanisches
Kryptenfenster

unten: St. Gallus, Treppenzu-
gang zur Krypta

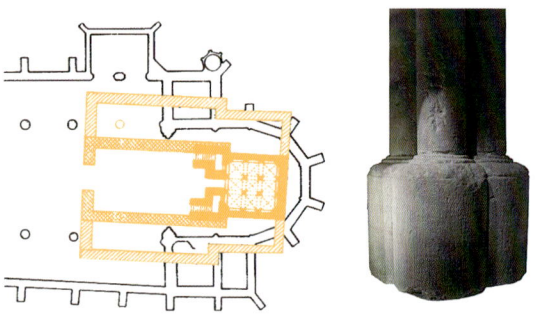

oben links: St. Gallus, Grundriss der Krypta
oben rechts: Romanische Säulenbasis im Bereich des Trep-
penzugangs zur Krypta

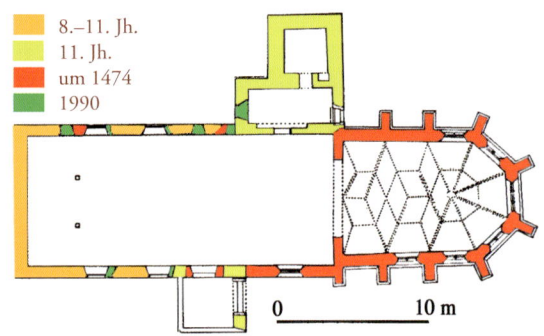

8.–11. Jh.
11. Jh.
um 1474
1990

0   10 m

oben: St. Sebastian, Grundriss, heutiger Zustand mit
Baualtersangaben
unten: Grundriss-Rekonstruktion des Bischofshofs Anfang des
11. Jahrhunderts nach B. Heukemes: 1. Querhaus der Kirche
mit Apsis, 2. Kirchenschiff, 3. Kapelle unter der Empore mit
dem Bischofssitz, 4. Saal (Aula), 5. Anbau, 6. Treppenhaus,
7. Torhalle, 8. Hof (Atrium?), 9. Wohnbau (späterer Bischofshof)

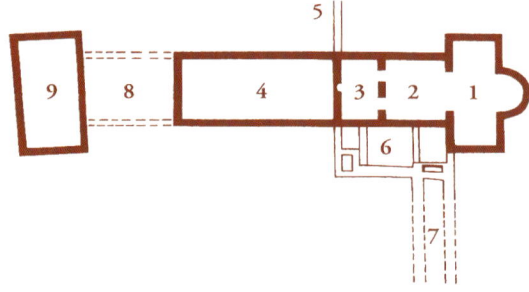

stellung auf dem Gewölbe über dem kleinen Altar –
aus der Frühgotik.

St. Sebastian – Ehemalige Hofkapelle der Bischöfe von Worms

Die unweit der St. Galluskirche gelegene und heute
dem altkatholischen Gottesdienst vorbehaltene Kirche St. Sebastian war einstmals die Kapelle des karolingischen Königshofes, später des Bischofshofs, der
sich an die Westwand der Kirche anschloss und der
im Jahre 1866 abgerissen wurde. Zudem lag bis zum
18. Jahrhundert südlich der Kirche eine breite früh-
mittelalterliche Torhalle.

Vom karolingischen Bau des 8./9. Jahrhunderts sind
die Fundamente und Teile der Außenmauern sowie
der nördliche Querhausarm erhalten. Der Turm an
der Nordseite wurde um 1050 errichtet und um 1270
mit einem orientalisch beeinflussten Pyramidendach aus Stein bekrönt. Aus romanischer Zeit (12.
Jahrhundert) stammt zudem die Blendengliederung
am nördlichen Querhausarm.

oben: St. Sebastian (linker Bau) und Bischofshof (rotes Gebäude)

oben: St. Sebastian, romanischer Glockenturm
unten: St. Sebastian, Ansicht von Südosten mit Chor

oben: Bischofshof um 1230 mit Wohnbau, Saal, Hofkapelle; St. Sebastian mit zugehörigem
Friedhof und Torhalle sowie der neu erbauten Stadtmauer
unten: Bischofshof um 1620 mit erweitertem Wohnbau, St. Sebastian mit gotischem Chor, dem
Lustgarten und dem zweiten Fürstenbau (heute Stadtbibliothek) rechts und der bischöflichen
Engelsburg, Rekonstruktionszeichnungen, Umzeichnung nach B. Heukemes

*oben: Bischofshof, Farbfassung
von 1620
unten: Stadtmauer bei
St. Sebastian*

Turmes sind gequadert; in einem Quader an der Nordwestecke ist ein Kopf mit herausgestreckter Zunge, in einem anderen ein Tier eingemeißelt. Bemerkenswert ist die Gliederung der westlichen Außenseite des Querhausarmes. Im Untergeschoss ist ein zugemauerter, rechteckig angelegter romanischer Zugang zu erkennen, das darüberliegende Rechteckfenster stammt aus späterer Zeit. Von der zweigeschossigen, flächigen Blendengliederung im oberen Teil der Wand ist die nördliche Partie alt, während die südliche eine jüngere Rekonstruktion ist. Die Rundbögen der unteren Blenden ruhen auf Konsolen bzw. dem Pilasterkapitell und stehen nicht, wie es eigentlich anzunehmen wäre, mit der Ecklisene in Verbindung. Der untere Pilaster setzt sich aus zwei kannelierten Steinen zusammen, die Spolien eines karolingischen Bauwerks sind. Die beiden oberen Blendnischen stehen über einem gekehlten Gesims, hier hat der Rundbogen in der Ecklisene sein Widerlager. Wie im Turm sind auch im Verbindungsbau figürliche Tierreliefs und wohl apotropäisch zu deutende Maskenköpfe eingemauert: auf dem Kämpfer, auf dem Pilasterkapitell, in dem querrechteckigen Wandfeld unterhalb des Satteldachs sowie auf der Ecklisene. Im oberen Teil der Ecklisene ist ein Pelikan dargestellt, der, sich selbst aufopfernd, seine rechte Brust öffnet, um mit seinem Blut seine toten Jungen zum Leben zu erwecken. Als bildhaftes Symbol der Eucharistie steht der Pelikan für die Liebe Gottes zu den Menschen und für die Erlösung durch den Opfertod Christi. In diesem Sinn versteht sich auch das Relief, das auf das Gotteshaus als den Ort der Eucharistiefeier hinweisen will.

Unterhalb der Sebastianskirche liegen römische Baureste, darunter die porta praetoria des um 90 n. Chr. erbauten Steinkastells, das wiederum ein älteres Lagertor des Holzkastells von 75 n. Chr. erhebt. Weiterhin wurden Reste von Wohnhäusern des 2. und 3. Jahrhunderts sowie Mauerreste des merowingischen Königshofs ergraben.

Das heutige Erscheinungsbild wird wesentlich durch den um 1474 unter Bischof Reinhard von Sickingen erfolgten Umbau geprägt. Er verfügte den Abriss der mit dem Saal (Aula) verbundenen Emporenkapelle im Westteil der Kirche, des südlichen Querhausarms und der runden Chorapsis und ersetzte diese durch den heutigen fünfseitigen Chor mit dem spätgotischen Sterngewölbe.Nach dem Abzug der Wormser Bischöfe 1705 erhielt die Kirche 1737 eine barocke Ausstattung.

Der Nordturm und der noch vorhandene nördliche Querhausarm sind im Osten nicht voneinander zu unterscheiden. Sie treten als ein einheitlicher Baukörper in Erscheinung. An der Westseite hingegen setzt sich der über einem quadratischen Grundriss errichtete Turm, der in der zweiten Hälfte des 13. Jahrhunderts einen achteckigen Aufsatz mit einem Steindach erhielt, deutlich von dem rechteckigen Zwischenbau ab. Die beiden freistehenden Ecken des

oben: Bischofshof mit römisch-mittelalterlicher Stadtmauer

oben und rechts: St. Sebastian, Westansicht von Nordturm und Querhaus
unten: St. Sebastian, Südwand mit Resten frühmittelalter-licher Wandgliederung und Fensteröffnung

Lobenfeld

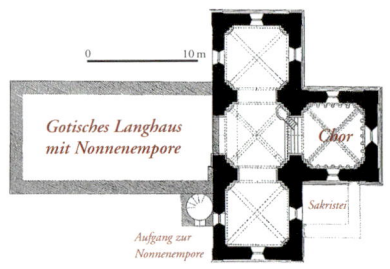

oben: Grundriss 1912
schwarz = romanisch (Chor,
Querschiff und Vierung)

unten: Ansicht von Westen mit
Blick auf das gotische Langhaus

Evangelische Pfarrkirche
(ehem. Augustiner-Chorherrenkloster)

Etwas abseits des Neckartals, im „kleinen Odenwald", liegt der Ort Lobenfeld mit seiner evangelischen Pfarrkirche. Über das Bauwerk mit seinen bemerkenswerten romanischen Wandmalereien existieren nur spärliche Nachrichten. Im Jahre 1145 gelangte das an der mittelalterlichen Straße Worms-Mosbach-Würzburg gelegene Gut Lobenfeld als Schenkung des staufischen Lehnsträgers Meginlach von Obrigheim in den Besitz des pfälzischen Klosters Frankenthal, das hier eine Propstei der Augustiner-Chorherren einrichtete. Erst ein halbes Jahrhundert später wurde mit dem Bau einer Kirche begonnen, die stark vom Formengut der Wormser Bauschule geprägt war. Um 1210/20 dürften der Chor und das Querschiff vollendet worden sein. Eine ursprünglich an die Vierung anschließende Basilika war zwar geplant, konnte aber nicht mehr ausgeführt werden. Das sorgfältig rekonstruierte und heute als geistliches Zentrum dienende einschiffige Langhaus entstand erst nach der Mitte des 15. Jahrhunderts. Schon bald nach der Weihe wurde Lobenfeld zum Konvent der Augustinerinnen umgewandelt, die im letzten Drittel des 13. Jahrhunderts die Zisterzienserregel annahmen. Die Leitung des Klosters lag in den Händen einer Meisterin, während der Propst des unweit Frankenthal gelegenen Klosters Höningen die Oberaufsicht führte.

Zahlreiche Elemente des aus groben Quadern errichteten romanischen Baus lassen sich auf den Einfluss wormsischer Architekturformen zurückführen, die sich bereits am Außenanbau der Kirche ankündigen. Ein bestimmendes Charakteristikum ist die Einfassung der Wandfelder durch kräftige Ecklisenen, zwischen denen unterhalb des antikisierenden Hauptgesimses reich verzierte Rundbogenfriese mit Deutschem Band verlaufen. Die romanischen Giebel sind nicht mehr erhalten. In jedem Wandfeld befindet sich ein Rundbogenfenster, das in den Querhäusern einfach, im ehemaligen Chor um so aufwendiger gestaltet ist. An den Ostchor des Wormser Domes erinnern die auf der Sohlbank liegenden Tiere, Löwe und Adler, während der den Rundbogen des Fensters umlaufende Bogenfries eine Entsprechung im Portaltympanon des ehemaligen Herrenrefektoriums in Schönau hat. Auch das Kircheninnere, das man durch ein zu Anfang des 19. Jahrhunderts in die Ostwand eingebrochenes, im neuromanischen Stil gehaltenes Portal betritt, bewahrt wormsische Bauformen. Die quadratische Vierung setzt das Maß, das in den beiden Querhäusern und im Chorschluss wieder aufgenommen wird. Die einzelnen Räume des romanischen Baus sind steil und durch die weit ausladenden Pfeiler und Bögen scharf voneinander abgesetzt. Auffallend ist die Wuchtigkeit der Rippen. Vier in feinem Quadermauerwerk ausgeführte Pfeiler, die durch Eck-

pilaster und Dienste gegliedert sind, tragen die leicht zugespitzten Gurtbögen. Ähnlich wie im Langhaus des Wormser Domes sind die Kapitelle als Polster ausgebildet und teilweise – gleiches gilt auch für die Kämpfer der Vierungspfeiler – mit schön gestalteten Palmettenfriesen, Schachbrett-, Zacken- und Diamantfriesen sowie mit Zahnschnitten verziert.

Reste von romanischen Wandmalereien aus der ersten Hälfte des 13. Jahrhunderts schmücken in mehreren Registern die drei Wände des rechteckig schließenden Chorhauptes im Osten. Dieser ursprünglichen Ausmalung lag ein System zugrunde, das Medaillonbilder von Aposteln, Bischöfen oder Päpsten mit historischen Darstellungen aus der Bibel und mit Vollfiguren von Propheten oder sonstigen heiligen Personen zu einem programmhaften Illustrationszyklus zusammenfasste. Ein solcher Zyklus, der seine Wurzeln in der altchristlichen Tradition hatte, war häufig oberhalb der Mit-

oben links: Chor und nördliches Querhaus
rechts oben: Chorostfenster mit figürlichen Darstellungen auf der Sohlbank
rechts unten: Nördliches Querhaus

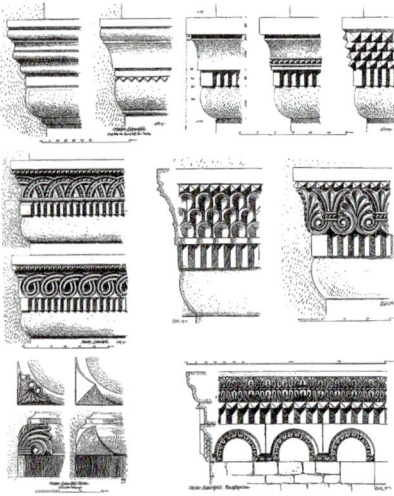

oben: *Romanische Zierformen der Kapitelle, der Basen und des Traufgesimses*

rechts: Innenansicht

unten links: Büstenreihe an der Südwand, Hl. Erzbischof
unten rechts: Büstenreihe an der Südwand, Hl. Abt

telschiffarkaden in drei übereinanderliegenden Zonen aufgemalt. In Lobenfeld aber musste er, in Ermangelung eines Langhauses, in den Chor übertragen werden – was geschickt gelöst wurde.

Die in Haustein belassenen Fenstergewände sind mit gelbem und rotem, schwarz konturiertem Band eingefasst, die Bogen- und Wandfelder mit einer im Scheitel ein Medaillon umschließenden Bordüre, deren Muster auf der Ostwand aus rot und grün gefärbten Rauten, auf der Nordwand aus roten und dunkelvioletten Scheiben mit Vierpassfüllungen und auf der Südwand aus roten und grünen Herzblättern bestehen. Rechts und links vom Ostfenster steht je ein nimbierter Heiliger bzw. Prophet mit einem Schriftband in der Hand. Der linke trägt eine kalottenartige Kopfbedeckung, während dem rechten eine Art Judenhut aufgesetzt ist. Beide stehen unter einem Baldachinbau, der aus einer von einem Kreuz überragten und von zwei Rundtürmen flankierten Mittelkuppel besteht. Die darunterliegende Bilderreihe ist bis auf wenige Reste vernichtet, noch schwach lassen sich nebeneinanderstehende Einzelgestalten mit Schriftbändern erahnen.

Auf der Nordwand hat sich in der oberen Reihe nur eine Figur rechts vom Fenster erhalten, die auf einem niedrigen, mit zwei Rundbogen ausgestatteten Schemel steht. Die darunter liegende Mittelzone, die durch ornamentale Bänder in acht Felder geteilt wird, ist zum größten Teil vernichtet. Wahrscheinlich war hier die Urgeschichte der Menschheit dargestellt, der jeweils in einem Rundmedaillon eine entsprechende Parallele eines Lebensalters gegenübergestellt war. Im frühen und hohen Mittelalter waren die Lebensalter häufig Symbolbilder der großen Phasen der Menschheitsgeschichte, die durch einzelne biblische Personen – etwa Adam, Noah, Abraham und Moses – repräsentiert wurden. So stehen sich rechts Adam und Eva gegenüber, über ihnen ist im Medaillon das Brustbild eines Engels zu sehen, der in seiner Hand ein füllhornartiges Instrument mit der Umschrift ADOLESCENCIA (Jugend) hält. Von dem Heiligenfries in der Sockelzone sind nur noch zwei der insgesamt zwölf Brustbilddarstellungen zu erkennen, die jedoch wegen fehlender schriftlicher Bezeichnungen bzw. repräsentativer Attribute nicht mehr zu identifizieren sind.

Weitaus besser konnten die Malereien auf der Südwand ihr ursprüngliches Aussehen bewahren. Gut erhalten sind die Propheten beiderseits des Fensters, insbesondere der linke, dessen Gesicht äußerst ausdrucksvoll gestaltet ist. Auf seinem Kopf trägt er eine Art Turban, er steht, ähnlich wie der Prophet auf der Nordwand, unter einer einfachen, von einem Kreuz bekrönten Baldachinkuppel. In der darunterliegenden, in acht Register aufgeteilten Mittelzone sind die obere sowie die linke Hälfte der unteren Reihe stark verblasst, sodass hier nur die aufragenden Schriftrollen und einzelne Figuren schematisch zu erkennen sind. Die beiden rechten unteren Bildfelder sind hingegen in einem relativ guten Erhaltungszustand. Das linke zeigt die alttestamentliche Szene von Daniel in der Löwengrube (s. auch das Relief im Wormser Dom). Die Löwengrube erscheint als ein

nach vorne geöffneter Rundbau, der oben in einer Rundbogengalerie abschließt, über der das Blau des Himmels sichtbar wird. Auf dem Boden kniet der betende Daniel, vor ihm liegt ein Löwe, zwei weitere lauern im Hintergrund. Rechts oben ist ein – heute allerdings stark abgescheuerter – Engel dargestellt, der Habakuk herbeiholt, links schwebt der Prophet in den Rundbau herein, um Daniel eine Schale mit Suppe zu bringen, die ihn vor dem Verhungern bewahren soll. Auf dem Bildfeld rechts außen wird eine Szene gezeigt, die sich mit keiner biblischen Begebenheit in Zusammenhang bringen lässt. Von einer Bildsäule schlägt eine teufelähnliche, nackte und dunkle Gestalt mit einem Stock ein Götzenbild herunter, dessen Haupt von einem Strahlenkranz umgeben ist. Rechts davon werden zwei Heilige, die sich offensichtlich geweigert haben, dem Götzen zu opfern, von zwei Henkersknechten mit Keulen zu Boden geschlagen. Unterhalb der mittleren Bildzone verläuft, wie auf der gegenüberliegenden Seite, ein Fries mit zwölf Brustbildern, die weibliche und männliche Heilige und Bischöfe vorstellen. Auch hier sind nur beschränkt Identifizierungen möglich, da die abwechselnd oben und unten angeschriebenen Namen schwer entzifferbar und auch die Heiligenattribute zu allgemein gehalten sind. So ist beispielsweise die zweite Halbfigur von links als die hl. Agnes ausgewiesen.

Deutlich später als die Chormalereien sind die Wandbilder im nördlichen Querschiffarm (auch das südliche Querhaus war wahrscheinlich mit Bilderschmuck ausgestattet, doch hat sich davon nichts mehr erhalten). Aus der ersten Hälfte des 14. Jahrhunderts stammt ein monumentaler Christopherus an der Ostwand, rechts davon befindet sich eine wohl erst in der Spätgotik entstandene Darstellung der Marter der Zehntausend, darunter zwei Heilige inmitten einer gotischen Architektur, darüber eine Deesis. Das nicht näher identifizierbare Martyrium auf der gegenüberliegenden Westwand dieses Querhausflügels dürfte ein Werk des beginnenden 16. Jahrhunderts sein.

Lorsch

Die Gründungsgeschichte des Klosters Lorsch führt in die Zeiten Pippins des Kurzen um die Mitte des 8. Jahrhunderts zurück. Sie ist zugleich Teil der fränkisch-karolingischen Ostexpansion. Neben Fulda und den Klöstern des Schwarzwalds gehörte Lorsch zu jenen wenigen Gründungen, die rechts des Rheins entstanden. Um das Jahr 760 stifteten der dem fränkischen Grafengeschlecht der Rupertiner entstammende Gaugraf Cancor und seine Mutter Williswinda an

der Stelle des Hofgutes Laurissa (oder Lauresham) ein Benediktinerkloster, das mit Mönchen aus dem Kloster Gorze bei Metz besetzt wurde. In der Gesamtanlage glich das „Altenmünster" genannte Kloster einem römisch-fränkischen Landgut. Zum ersten Abt wurde Erzbischof Chrodegang von Metz ernannt, der Primas der fränkischen Kirche war und in enger Verbindung zum römischen Papsttum und zum karolingischen Herrscherhaus stand. Da Chrodegang bereits in greisem Alter war, gab er den Hirtenstab bald an seinen jüngeren Bruder Gundeland weiter, der mit dem Bau eines größeren Klosters begann, das sowohl den kirchlich-liturgischen Vorschriften als auch der Ordensregel des hl. Benedikt entsprechen sollte. Etwa 600 Meter östlich der heutigen Anlage entstand eine dreischiffige, querhauslose Basilika, die am 1. September 774 den Apostelfürsten Peter und Paul sowie dem römischen Märtyrer Nazarius geweiht wurde. Die sterblichen Überreste des Heiligen, der als römischer Soldat unter der Regentschaft des Kaisers Diokletian zu Beginn des 4. Jahrhunderts den Märtyrertod erlitten hatte und in Mailand begraben worden war, hatte Chrodegang vom Papst selbst erhalten und in einer feierlichen Prozession nach Lorsch verbracht. Die Überlassung der Reliquien aus den römischen Katakomben diente zur Untermauerung des neugeschlossenen Bündnisses zwischen der Kirche und dem fränkischen Herrscherhaus; die Reliquien galten – in Lorsch wie auch in anderen Orten nördlich der Alpen, die sich um sterbliche Hüllen von frühchristlichen Märtyrern beworben hatten – als Symbole und Garanten der karolingisch-päpstlichen Allianz.

Das Bündnis der Karolinger mit dem Papsttum beruhte auf einer Überschneidung von Interessen: Der von den Langobarden bedrohte Papst suchte Schutz bei den Karolingern, während der Karolinger Pippin einer Legitimation seines Anspruchs auf das Königtum bedurfte. So bestätigte Papst Zacharius im Jahre 751 die Erhebung Pippins zum König, der von seinem Nachfolger Papst Stephan II. nur wenige Jahre später gesalbt wurde. Im Gegenzug zwang Pippin die

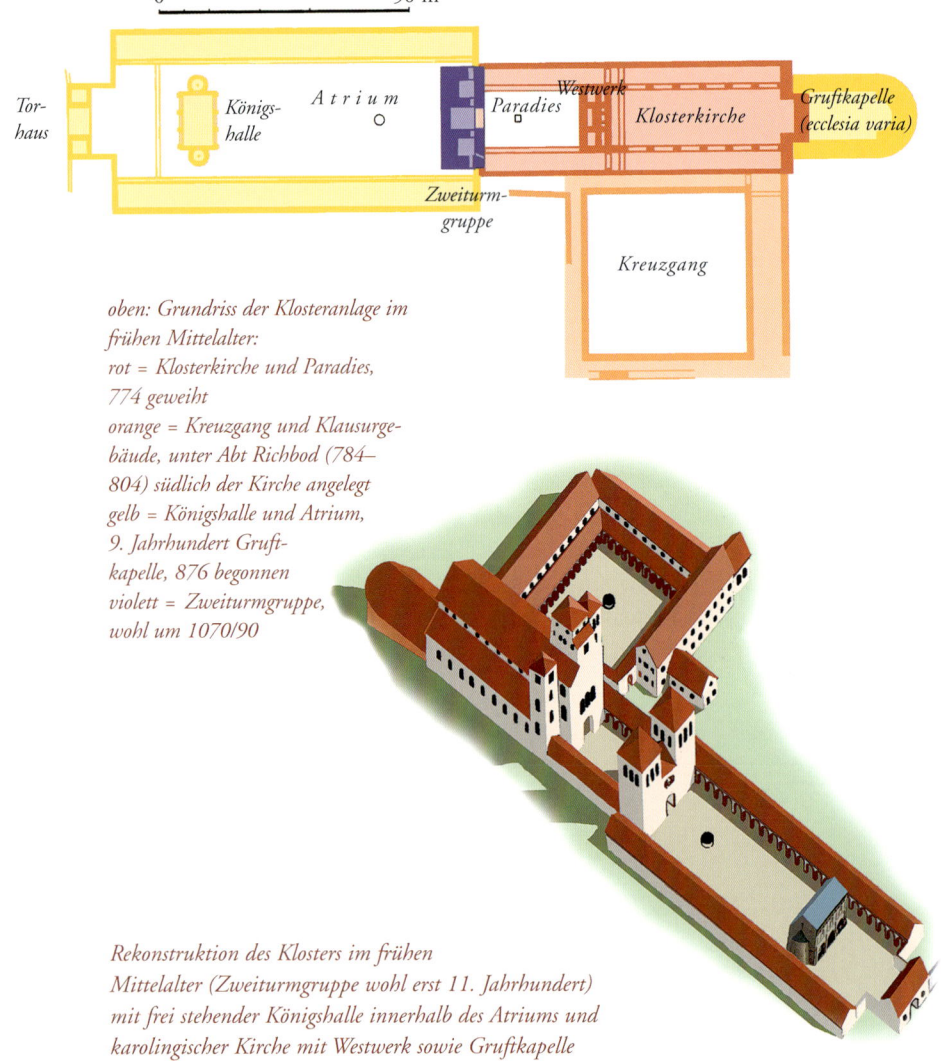

oben: Grundriss der Klosteranlage im frühen Mittelalter:
rot = Klosterkirche und Paradies, 774 geweiht
orange = Kreuzgang und Klausurgebäude, unter Abt Richbod (784–804) südlich der Kirche angelegt
gelb = Königshalle und Atrium, 9. Jahrhundert Gruftkapelle, 876 begonnen
violett = Zweiturmgruppe, wohl um 1070/90

Rekonstruktion des Klosters im frühen Mittelalter (Zweiturmgruppe wohl erst 11. Jahrhundert) mit frei stehender Königshalle innerhalb des Atriums und karolingischer Kirche mit Westwerk sowie Gruftkapelle

Langobarden, das Exarchat Ravenna und weitere Gebiete an den Papst abzutreten, wodurch der Grundstein zum Kirchenstaat gelegt wurde. Den Höhepunkt des Bündnisses bildete die Kaiserkrönung Karls des Großen am Weihnachtstag des Jahres 800.

Bereits zwei Jahre vor seiner Weihe war der Lorscher Benediktinerkonvent, den Abt Gundeland Kaiser Karl dem Großen geschenkt hatte, königliches Eigentum, Königskloster, also Reichsabtei. Der Herrscher revanchierte sich wahrhaft „fürstlich", indem er sein Eigenkloster in Königsschutz übernahm, ihm die Immunität, d. h. die Reichsfreiheit, und die Libertät, d. h. das Recht der freien Abtwahl, zugestand. Von diesem Zeitpunkt an diente das Kloster zugleich auch als Kaiserpfalz.

Die Bedeutung Lorschs als kulturelles, politisches und wirtschaftliches Zentrum, seine Macht und sein Reichtum wurden in der Folgezeit durch zahlreiche Schenkungen erweitert. Diese fast 3600 „Traditionen", die im Laufe des 8. und 9. Jahrhunderts erfolgten, sind alle in dem im 12. Jahrhundert zusammengestellten „Codex Laureshamensis", dem Lorscher Codex, aufgeführt. Von großer Bedeutung für das Kloster war die Schenkung des Königsdorfes Heppenheim mit der dazugehörigen Waldgemarkung, die den ganzen rheinwärts gelegenen Odenwald umfasste und somit eine Erschließung der östlichen Gebiete ermöglichte. Darüber hinaus erfolgten Gebietsüberlassungen aus dem südlich gelegenen Lobdengau und dem westlich gelegenen Wormsgau, was zu einer immer stärker werdenden Rivalität zum Wormser Bischof führte, in dessen Diözese und Besitzungen sich die Lorscher Herrschaft zunehmend hineinschob. Im ausgehenden 10. Jahrhundert kamen Ländereien aus dem Neckargebiet und seinen Seitentälern hinzu. In der näheren Umgebung erhielt Lorsch die Marktrechte in Bensheim, in Weinheim, in Wiesloch und in Oppenheim, was zweifellos einer klugen strategischen Überlegung entsprang, denn die Mehrzahl der Orte lag nicht nur an der verkehrsreichen Bergstraße, sondern auch an Talmündungen, die in

den Odenwald hineinführten. Die Besitzungen der Abtei wurden immer umfangreicher, sodass sich im Laufe der Jahrhunderte, insbesondere unter der Regierungszeit von Abt Udalrich (1056–1075), der Lorscher Güterkomplex von der Nordsee bis in die rätischen Alpen in der Schweiz erstreckte. Es entstanden zahlreiche Filialgründungen, darunter das Kloster Altenmünster in unmittelbarer Nähe der ersten fränkischen Gründung, das unter Abt Einhard, dem Biografen Karls des Großen, erbaute Kloster Steinbach im Odenwald, die Klöster St. Michael und St. Stephan auf dem Heiligenberg und das Kloster Neuburg, die letzteren drei unweit von Heidelberg gelegen. Zum unmittelbaren Schutz der Lorscher Abtei wurden im 11. und frühen 12. Jahrhundert die Starkenburg bei Heppenheim und die Burg Windeck bei Weinheim angelegt.

Als eine der großen karolingischen Reichsabteien hatte das Kloster Lorsch vielfältige Aufgaben zu erfüllen. So bemühte es sich um die Stärkung und die Intensivierung des christlichen Glaubens und der kirchlichen Organisation, es betrieb Rodung und Landesausbau vor allem im Odenwald und spielte eine wichtige Rolle bei der Einbeziehung der Gebiete östlich des Rheins in das Frankenreich. Dem Kloster oblag auch die Pflicht, sich im Kriegsfall am Heeresaufgebot zu beteiligen. Gleichzeitig war es ein bedeutendes kulturelles Zentrum, in dem das antike Bildungsgut und die Schreibkunst gepflegt wurden. Neben dem Vorhandensein einer repräsentativen Kirche galt für ein Kloster der damaligen Zeit – als Zeugnis einer rege gepflegten Wissenschaft und Kunst – der Besitz möglichst vieler Handschriften geistlichen und weltlichen Inhalts als eine Notwendigkeit. So war die Bibliothek von Lorsch, die, nach der Vereinigung mit der Heidelberger „Bibliotheca Palatina", im Jahre 1622 von Tilly der Vatikanischen Bibliothek in Rom einverleibt wurde, von außerordentlicher Qualität und Vielfalt. Der Bestand, dessen Grundstock vermutlich Chrodegang aus Metz mitgebracht hatte, umfasste in Gold und Farben geschriebene und in

Ehemalige Klosterkirche

Lorscher Evangeliar, fol. 13v/14r. Die berühmte Handschrift (Reproduktion nach dem Faksimile des Faksimile Verlags Luzern) wurde in Lorsch aufbewahrt.

oben: Reste der ehemaligen Klosterkirche

Elfenbein eingebundene Bücher, die für den gottesdienstlichen Gebrauch bestimmt waren, Werke antiker Schriftsteller, die durch Lorsch der Nachwelt überliefert werden konnten, sowie zahlreiche liturgische und kirchengeschichtliche Bücher, Homilien (Zusammenstellungen von Predigten), Ordensregeln und exegetische Schriften, Bücher der Kirchenväter, Lehr- und Predigtwerke und Heiligenleben. Als eine besondere Kostbarkeit der Bibliothek galt das Lorscher Evangeliar, dessen beide Elfenbeintafeln, die um 810 in der Aachener Hofwerkstatt Karls des Großen angefertigt wurden, die größten und qualitätsvollsten ihrer Art seit der Spätantike waren. Daneben enthielt die Bibliothek Schriften über Kaiser und Könige, über Äbte und Förderer des Klosters sowie zahlreiche medizinische Fachbücher. Auch das im 12. Jahrhundert abgefasste Nibelungenlied steht in einem engen Bezug zu der Benediktinerkirche, in dem das „kloster unde munster zu Lorse" als die Ahnengruft der Nibelungenkönige, als Ruhestätte der Königin Ute und des kühnen Helden Siegfried, der im sagenumwobenen Odenwald von Hagen erschlagen wurde, genannt wird. Während des Früh- und Hochmittelalters dienten das Kloster und die Pfalz Lorsch häufig den deutschen Königen und Kaisern als Reisestützpunkt auf ihren Ritten durch das Reich. Über Jahrhunderte blieb das Kloster die kaiser- und reichstreue Hofburg der weltlichen Herrscher am Oberrhein, während das im Schwarzwald gelegene Kloster Hirsau, das auf Lorsch lediglich in baugeschichtlicher Hinsicht Einfluss ausüben konnte, ein Zentrum der päpstlichen Richtung war und oftmals Gegenkönigen und Reichsgegnern Zuflucht gewährte. Der Niedergang der Reichsabtei Lorsch setzte im 12. Jahrhundert ein und erfolgte endgültig im Jahre 1232, als das geistliche Fürstentum mit seinem zuletzt nur noch bescheidenen Güterbesitz an den Mainzer Erzbischof Siegfried III. übertragen wurde. Mit Waffengewalt vertrieben die bischöflichen Truppen die Mönche, die sich bis zuletzt der Räumung widersetzten. Lorsch war von nun an nur noch eine Probstei, die nach der Reformation im Jah-

re 1555 aufgehoben wurde. Bereits früh erlosch der Stern der einst mächtigen Benediktinergründung, während manch andere Abtei bis zum Reichsdeputationshauptschluss im Jahre 1803 bestehen konnte. Dies hatte seinen Grund darin, dass Lorsch als ursprünglich karolingische Hausmachtgründung im Zeitalter der territorialen Gewaltenteilung – in dem die mittleren Territorien und insbesondere die immer zahlreicher werdenden Städte als neuer Machtfaktor auftraten – seine Funktion als Königskloster und Königspfalz aufgeben musste und somit seiner eigentlichen Bestimmung nicht mehr gerecht werden konnte.

Klosteranlage

Auf dem Gelände des ehemaligen Reichsklosters stehen heute noch zwei Gebäude: die Königshalle der karolingischen Klosteranlage und das Mittelschiff der romanischen Vorkirche aus dem 12. Jahrhundert. Die karolingische Kirche erhob sich, wie sich anhand von Ausgrabungen rekonstruieren lässt, als eine dreischiffige, flachgedeckte Basilika mit einem nach Osten wenig vorspringenden, gerade geschlossenen Altarraum. Auch die Seitenschiffe waren gerade geschlossen. Der Kirche lag im Westen ein hoher Baukörper, ein Westwerk vor, das im Erdgeschoss vermutlich als dreischiffige Vorhalle diente und wohl erst nachträglich als „ecclesia triplex" (dreifache Kirche) angebaut worden sein dürfte. Am östlichen Ende der Kirche schloss die um 880 errichtete Gruftkapelle Kaiser Ludwigs des Deutschen an, die „ecclesia varia" (bunte Kirche), ein einschiffiger, mit einer Apsis geschlossener Bau, der 6 Meter tiefer lag. Ihren Namen erhielt die Kapelle von der farbenprächtigen Ausstattung. Westlich vor der Kirche befand sich zunächst ein vermutlich kleineres Atrium in Langhausbreite, daran schloss ein breiterer, lang gestreckter Atriumhof an, der die Torhalle umfing. Das Kloster war mit einer Wehrmauer umgeben, die heute noch streckenweise erhalten ist. Die karolingische Anlage fiel am 21. März des Jahres 1090 einem verheerenden Brand zum Opfer, der

bei der Feier des Frühlings- und Benediktusfestes aus-
brach, als ein in die Luft geworfenes brennendes Rad
auf das Kirchendach fiel. Der Wiederaufbau erfolgte zu Beginn des darauffolgenden Jahrhunderts über
den alten Fundamenten. Man verzichtete jedoch auf
ein Westwerk und setzte an seine Stelle – nach Art
der Hirsauer Schule – zwei frei stehende, quadratische, viergeschossige Westtürme mit einem offenen
Vorhof zum Langhaus hin. Um diese Lücke zu schließen, wurde einige Jahrzehnte später über dem Vorhof eine dreischiffige, basilikal gestaltete Vorkirche
errichtet, von deren Mittelschiff heute lediglich drei
Joche als einziger Rest des gesamten Kirchenbaus aufrecht stehen. Während die Zweiturmgruppe, deren
Ansatzmauern man an der Westseite der Vorkirche
noch erkennen kann, bereits durch einen Blitzschlag
am 7. August 1358 schwer getroffen und danach abgebrochen wurde, erfolgte die Zerstörung der Gesamtanlage im Jahre 1621.

Die Räume der Vorkirche hatten flache Decken, die
Seitenschiffe trugen Pultdächer, deren Ansätze an den
Außenmauern sichtbar sind. Die Arkaden sind bis
über die Bogenzonen aus Quadern gemauert, unter
denen sich einige wiederverwendete römische Werkstücke befinden; die Arkadenpfeiler erheben sich über
attisch profilierten rechteckigen Basen. Von den ursprünglich mindestens drei Rundbogenfenstern pro
Seite sind je zwei vollständig erhalten, die originalen
romanischen Fenstergewände wurden im 19. Jahrhundert bedauerlicherweise durch neuere ersetzt. Bis
zur Mitte des vorigen Jahrhunderts diente das Innere der Vorkirche als Tabakscheune und Fruchtspei-
cher; nach Instandsetzungsarbeiten in den 1950er-
Jahren wurde hier ein Ausstellungsraum hergerich-
tet, der eine Auswahl von Fundstücken der Klosteranlage zeigt, darunter ornamentierte Steine aus der
karolingischen Bauperiode, Würfelkapitelle und andere bauplastische Fragmente der Romanik und Gotik sowie einen Steinsarg mit ionischer Pilastergliede-
derung. Die darin aufbewahrten Gebeine sind vermutlich die Ludwigs des Deutschen.

Königshalle

Von überragender kunstgeschichtlicher Bedeutung
ist die karolingische Königshalle, ein Weltkulturer-
be, der einzige und bemerkenswert gut erhaltene
Bauteil der ursprünglichen Klosteranlage und – mit

*Reste der ehemaligen
Klosterkirche*

*Korinthisches Kompositkapitell
der Lorscher Königshalle*

Königshalle von Nordwesten

seinem reichen Schmuck – einer der schönsten noch vorhandenen karolingischen Bauten überhaupt. Das zweigeschossige Bauwerk erhebt sich über einem rechteckigen Grundriss, dessen Obergeschoss über Wendeltreppen in den niedrigen Treppentürmen an den Giebelseiten zu erreichen ist. (Der nördliche Turm wurde, nachdem er im 19. Jahrhundert eingestürzt war, in den 30er-Jahren des vorigen Jahrhunderts wiederaufgebaut.) Die flach gedeckte Erdgeschosshalle öffnet sich an den beiden Langseiten mit drei Arkaden mit leicht gedrückten Rundbögen. Die mit Halbsäulen belegten Pfeiler liegen auf attischen Basen auf, die aus Sandstein gearbeiteten Kämpferplatten finden sich nur unter den Bogenlaibungen an den Innenseiten der Pfeiler – ein für die karolingische Zeit typisches Stilmerkmal, das gleichfalls in der im frühen 9. Jahrhundert errichteten Einhards-Basilika im odenwäldischen Steinbach, einem der Lorscher Abtei zugehörigen Kloster, wiederkehrt. Die den Pfeilern vorgelegten Halbsäulen enden in prächtigen ionisch-korinthischen Kompositkapitellen aus weißem Kalkstein, die in ihrer Feinheit, Ausgereiftheit und stilistisch-handwerklichen Perfektion einen Höhepunkt der karolingischen Kunst bilden. In ihrer bewussten Anlehnung an antike Vorbilder sind sie ein bedeutendes Beispiel für die Karolingische Renaissance, die von Karl dem Großen und seinen Nachfolgern im Rahmen des Anspruchs der „renovatio imperii romanorum" gefördert wurde.

Über den Kapitellen verläuft ein im flachen Relief gearbeitetes Gesims, das sich aus einem Blätterfries, als Abwandlung des römischen Lotos-Palmetten-Motivs, und einer darunterliegenden Perlschnur zusammensetzt. Die Wand des Obergeschosses ist durch zehn flache, kannelierte Pilaster in neun abgeschlossene Felder eingeteilt, von denen jeweils drei einer Arkade im Untergeschoss entsprechen. Über den Achsen in den drei Durchgängen sind nach Westen hin kleine Rundbogenfenster angeordnet, im Osten befinden sich zwei gleichartige Fenster neben einem ge-

schlossenen Mittelfeld. Über den ionisierenden Pilasterkapitellen setzen spitze Dreiecksgiebel an, deren eigentümliche Form an frühchristliche Sarkophage erinnert. Ein kräftiges, die Gebäudeecken umlaufendes Konsolgesims bildet den oberen Abschluss der Fassade. Das heutige Steildach, das anstelle eines flachgeneigten Satteldachs errichtet wurde, entstammt dem späten 14. Jahrhundert.

Die Schaufassaden der Königshalle, die ein eindrucksvolles Beispiel karolingischer Baukunst darstellen, sind in kunstvoller Mauertechnik gestaltet. Es handelt sich dabei um eine Inkrustierung aus abwechselnd roten und weißen Sandsteinplatten, die in der römischen Antike als „opus reticulatum" bezeichnet wurde – ein ähnliches, bescheideneres Beispiel dieser Technik hat sich in dem jedoch viel späteren Bogenfeld der Eingangspforte zur Speyerer Mikwe erhalten. Die Schmucksteine wurden nicht nur einfach vorgeblendet, sondern tief in das Mauerwerk eingearbeitet, sodass ein relativ guter Schutz vor Witterungseinflüssen gewährleistet war. Die Dekoration variiert in drei Zonen. In den Arkadenzwickeln sind die Platten rechteckig und quadratisch, in der darüberliegenden Kapitellzone erscheinen die auf die Spitze gestellten Quadrate als Rautenmuster, während sie im gesamten Obergeschoss als rote Sechseckisteine mit dazwischengefügten weißen Dreiecksisteinen ausgebildet sind. Diese im mittleren und nördlichen Europa unbekannte Mauertechnik, die eine hohe technische und handwerkliche Präzision voraussetzte, dürfte über italienische Steinmetze, die noch lange in der Tradition der Antike standen, an den Oberrhein gelangt sein. Insgesamt prägt ein Streben nach Geometrie und Symmetrie, dem die mystische bzw. göttliche Zahl Drei zugrunde liegt, die Fassaden: drei Arkaden im Untergeschoss, drei kleine rundbogige Fenster in neun Rechteckfeldern im Obergeschoss, die von Dreiecksgiebeln bekrönt werden, drei Zonen mit unterschiedlichen Mosaikmustern.

Auf Vorbilder der Antike gehen auch die Wandmalereien an der inneren Nordwand des Obergeschos-

ses zurück, die bei Restaurierungsarbeiten in den 30er-Jahren des vorigen Jahrhunderts entdeckt wurden. Unter den gotischen Kalk-Secco-Malereien aus der Zeit des Dachumbaus aus dem späten 14. Jahrhundert, die singende und musizierende Engel sowie eine Marienkrönung zeigen, kam ein farbiger karolingischer Wandschmuck zum Vorschein: Über einer Sockelzone aus Quadraten erheben sich ionische Pilaster, die ein kräftiges Gebälk tragen. Diese Architekturmalerei lehnt sich eng an Vorbilder der pompejanischen Wandmalerei an, sie dürfte in ihrer Monumentalität das Obergeschoss eher als einen Raum zur kaiserlichen Repräsentation denn zu sakralen Zwecken ausgewiesen haben.

Königshalle, Hauptansicht, 9. Jahrhundert

rechts: Königshalle, Fassadendetail des Obergeschosses

Königshalle, Ansicht von Norden

Königshalle, Ansicht von Osten

Die Königshalle entstand vielleicht kurz vor 800, also einige Jahre nach der Weihe der ersten Klosteranlage. Seit einigen Jahren wird aber auch von Werner Jacobsen die Meinung vertreten, die Torhalle sei in der zweiten Hälfte des 9. Jahrhunderts entstanden, da sie – so ein Argument – in ihrer Farb- und Ornamentgestaltung der ab 875 begonnenen Gruftkapelle für die ostfränkischen Herrscher, die als „ecclesia varia" (=bunte Kirche) in den Quellen bezeichnet wird, entsprach. Jedenfalls ist die Torhalle im Stil der sogenannten Karolingischen Renaissance errichtet, in der es zu einer Erneuerung der römisch-antiken Tradition kam. So wurde in der Architektur der Karolinger der Steinbau für Bauwerke, die Repräsentationszwecken dienen sollten, zur vorherrschenden Konstruktionsweise; die Pfalzen griffen für die Form ihrer Palastaulen auf römische bzw. byzantinische Vorbilder zurück. Auch die frühchristliche Basilika mit Zellenquerhaus, drei Apsiden, Chorrechteck und Vierung wurde zum Zweck der herrscherlichen Darstellung aufs Neue belebt. Die Übernahme antiker, vor allem römischer Bau- und Kunstformen diente den karolingischen Herrschern zugleich der Darstellung ihrer imperialen Ansprüche. In diesem Zusammenhang dürfte auch die Errichtung der Lorscher Königshalle zu sehen sein, deren Bestimmung als Wächterhaus, Gerichtshalle, Königskapelle oder Triumphbogen nicht eindeutig zu klären ist. Am wahrscheinlichsten ist jedoch, dass sie aus Anlass der Kaiserkrönung Karls des Großen im Jahre 800 erbaut wurde und in ihrer Verbindung einer germanischen Königshalle mit dem Gedanken des römischen Triumphbogens das Erneuerungsbestreben des Römischen Reiches durch den Kaiser symbolisieren sollte. Bezeichnete doch der 784 eingesetzte und aus Aachen stammende Abt Richbod Karl den Großen als „imperator et semper augustus" und griff damit also bewusst auf den Titel Konstantins, des ersten christlichen Kaisers von Rom, zurück. Und da Konstantin als Vermittler zwischen dem Römischen Reich und dem Christentum galt, dürfte der Konstantinsbogen in Rom, der besterhaltene Torbogen der Antike, das unmittelbare Vorbild für die Lorscher Königshalle gewesen sein. Die Königshalle diente so einerseits als herrschaftlicher Raum der Festkrönung und dem Königsempfang, andererseits war sie ein Triumphbogen, durch den die feierliche Prozession durch das Atrium wie über eine Prachtstraße in die „Gottesstadt", die Kirche, zog.

Mainz

Die „diadema regni", die Krone des Reiches

Bereits gegen Ende der Steinzeit, um das Jahr 1800 v. Chr., gab es im heutigen Mainzer Raum erste Siedlungen, deren Zeugnisse auf eine ausgeprägte bronzezeitliche Kultur schließen lassen. Um das Jahr 600 v. Chr. wurden die Kelten zur bestimmenden Macht am Oberrhein. Sie benannten die Siedlung nach „Mogon", einem ihrer Götter, ein Name, den die Römer später ins lateinische „Mogontiacum" umwandelten.

Nach den Kelten ließen sich für eine kurze Zeit die Germanen unter Ariovist in der Nähe von Mainz nieder, bis dann in der Folge des gallischen Krieges die Römer für lange Zeit – für fast 500 Jahre – die Herrschaft in den linksrheinischen Gebieten übernahmen. Die eigentliche Geschichte von Mogontiacum beginnt in den Jahren um 16 v. Chr., als Drusus, der Stiefsohn des Kaisers Augustus, hier ein Militärlager

Mainzer Dom, Ansicht von Nordwesten

FLUVIUS

Das frühneuzeitliche Mainz mit seiner noch mittelalterlichen Stadtmauer, St. Stephan, dem Dom und der davorstehenden Liebfrauenkirche sowie der Martinsburg (rechts außen), Kupferstich von Matthäus Merian, 1646

erbauen ließ, an das sich sehr bald eine Zivilsiedlung anschloss. Noch vor der ersten nachchristlichen Jahrhundertwende wurde eine steinerne Brücke über den Rhein geschlagen, etwa zeitgleich entstand der obergermanische Limes, und Mainz wurde zur Hauptstadt der neu gebildeten Provinz Obergermanien (Germania Superior). Die Provinz reichte vom Oberrhein bis nach Koblenz, das damals den Namen „Confluentes" (Zusammenfluss) trug; nördlich davon lag die Provinz Germania Inferior mit Colonia Claudia Ara Agrippinensum (Köln) als Provinzhauptstadt. Mainz erlebte in der Folgezeit eine wirtschaftliche wie auch kulturelle Blüte, obgleich es als Zivilsiedlung niemals den Status von Köln oder Trier erreichte.

Während der römischen Herrschaft, im vierten Jahrhundert, hielt das Christentum Einzug in die Stadt: So ist mit Martinus bzw. Marinus im Jahre 343 erst-

mals ein Bischof bezeugt. Unter der Herrschaft der den Römern nachfolgenden Merowinger wurde Mainz zum Teil eines fränkischen Großreiches und damit von einer Grenz- zu einer Binnenstadt. Ab dieser Zeit, vor allem unter dem Amt des Bischof Sidonius (534–547), erstarkte das Christentum in der Stadt weiter, es entstanden die ersten Kirchenbauten. Der große Reformer der ostfränkischen Kirche, der „Germanenapostel" Bonifatius, war von 747 bis 754 zunächst Bischof, dann Erzbischof von Mainz und begründete damit die Erhebung zum Erzbistum. So entwickelte sich die Stadt im Laufe der Jahrhunderte zur größten Kirchenprovinz nördlich der Alpen und wurde zugleich zu einem wichtigen Knotenpunkt des Reiches – sowohl in religiöser, kirchlicher wie auch wirtschaftlicher Hinsicht. Von hier aus wurde die Christianisierung der Slawen und anderen Ost-

Der Rhein

völker vorangetrieben, während zugleich die Zahl der in dem Gemeindewesen niedergelassenen Kaufleute stetig anwuchs. Darüber hinaus stand Mainz öfters im Blickfeld der weltlichen Herrscher, bot sich die Stadt doch aufgrund ihrer geografischen Lage und ihrer Baulichkeiten als idealer Tagungsort an – mit dem Stift St. Alban unmittelbar vor ihren Toren verfügte sie über eine große Räumlichkeit. So rief Karl der Große mehrfach zu Versammlungen nach Mainz auf (vermutlich gab es in der Stadt auch eine Kaiserpfalz) – eine Tradition, die noch mehrere Jahrhunderte fortgeführt wurde und unter Friedrich I. Barbarossa ihren Höhepunkt fand. Der staufische Kaiser lud im Jahre 1184 nach Mainz zur Feier des Pfingstfestes, ein Ereignis, das zu den großartigsten Hoftagen des gesamten Mittelalters zählt. Anlässlich der Schwertleite seiner beiden Söhne Heinrich und

Friedrich kamen neben nahezu allen Fürsten und geistlichen Eliten über 40 000 Ritter aus allen Teilen des Reiches in die Stadt am Rhein, welche die Menschenmassen kaum fassen konnte. Über das legendäre Fest schrieb seinerzeit ein Chronist: „Dat was de groteste hochtit en, da ie em Dudischeme lande ward" (Das war das größte Fest, das jemals in Deutschland gefeiert wurde). Vier Jahre später kehrte Friedrich Barbarossa nach Mainz zurück, um auf dem sogenannten „Hoftag Jesu Christi" zum dritten Kreuzzug (1189–1192) aufzurufen.

Mit den Kreuzzügen traten neben die historischen Glanzlichter auch die Tiefpunkte in die Stadtgeschichte. Wie in den anderen Städten am Rhein, so kam es auch in Mainz im Vor- und Umfeld der Kreuzzüge zu furchtbaren Judenpogromen, von denen sich die jüdische Gemeinde erst gegen Ende des Mittelalters

Dombereich im 13./14. Jahrhundert

wieder erholen sollte. Besonders grausam war der Pogrom vor dem ersten Zug ins Heilige Land im Jahre 1096. Der als Judenhasser berüchtigte Emicho Graf von Leiningen tauchte mit seinen Heerscharen vor den Stadttoren auf und konnte Teile der Bürgerschaft auf seine Seite ziehen – diese öffneten bei Nacht die Stadttore. Die Juden konnten zwar in die erzbischöfliche Residenz fliehen, doch Erzbischof Ruthard entzog sich durch Flucht der Verantwortung, sodass sie schutzlos ihren Häschern ausgeliefert waren. Um nicht in die Hände der gräflichen Truppen zu fallen, begingen die Verzweifelten rituellen Selbstmord. Nur 53 Juden konnten später von der bischöflichen Garde nach Rüdesheim verbracht werden, wo sie abermals von den Kreuzfahrern gestellt wurden. Am Ende waren 1094 Menschen ermordet worden, was 90 Prozent der jüdischen Bürgerschaft ausmachte.

Neben seiner Bedeutung als weltlicher Herrschaftssitz im Römischen Reich sollte Mainz im Laufe des Früh- und Spätmittelalters auch zu einem Zentrum des klerikalen Lebens werden. Nach den Normanneneinfällen begann im 10. Jahrhundert die Epoche, der die Stadt den Ehrennamen „Aurea Moguntia" (Goldenes Mainz) verdankt. Der Erzbischof trug von da an den Titel des „Erzbischofs des Heiligen Stuhles von Mainz", die Stadt wurde zum Sitz des Stellvertreters des Papstes nördlich der Alpen. Im Jahre 975 war Willigis in dieses herausragende Amt gewählt worden, das eng mit der Reichserzkanzlerschaft verknüpft war. Mainz avancierte zur erzbischöflichen Metropole – der Erzbischof war zugleich Stadtoberhaupt – und blieb es (mit Unterbrechung von 1244 bis 1462) bis zum Ende des Heiligen Römischen Reiches Deutscher Nation. Die Macht des Mainzer Erzbischofs erstarkte noch weiter, als sich dieser seit der Mitte des 13. Jahrhunderts auch Kurfürst nennen durfte, dem, gemeinsam mit sechs anderen weltlichen und geistlichen Fürsten, das Königswahlrecht, die Kurwürde zustand. Dies darf als eigentlicher Beginn der kurmainzischen Geschichte angesehen werden, die mit der Gewährung der Stadtfreiheit im Jahre 1244 ihren

glanzvollen Anfang nahm. Nur zehn Jahre später trat die Stadt dem Rheinischen Bund bei und verlieh diesem, vor allem gemeinsam mit Worms, politisches Gewicht. Mainz wurde zu einem Brennpunkt des kirchlichen und politischen Geschehens, wovon allein die zahlreichen Klostergründungen zeugen – so gab es im Hoch- und Spätmittelalter 26 Klöster in der Stadt.

Dom St. Martin und St. Stephan

Als weithin sichtbares Zeichen seiner Macht ließ Erzbischof Willigis unmittelbar nach seiner Ernennung im Jahre 975 durch Kaiser Otto II. den großen romanischen Dom errichten, der als Manifestation seines Selbstverständnisses zum „Staatsdom" des Reiches werden sollte; er wollte mit diesem Dombau völlig neue Maßstäbe setzen. Als erster der drei oberrheinischen Dome erhielt das Mainzer Gotteshaus mit seinem weit ausladenden Querschiff bereits damals seine heutige Größendimension. Unweit des ersten frühchristlichen Dombezirks aus der Zeit Kaiser Konstantins (der sich unter dem Westteil des heutigen Domes und der westlich gelegenen Johanniskirche befindet) entstand das neue Gotteshaus. Jedoch einen Tag vor der geplanten Weihe im Jahre 1009 brannte die Kirche ab, gerettet werden konnten lediglich die beiden runden Treppentürme und Partien des Westquerhauses. Das Langhaus des Willigis-Bardo-Domes, wie dieser Vorgängerbau nach den beiden Bauherren Willigis und einem seiner Nachfolger, Erzbischof Bardo (1031–1051), in der Forschung genannt wird, erstreckte sich in den gleichen Dimensionen wie das heutige Gebäude nach Osten, es war vermutlich flach gedeckt und folgte dem Typus einer Säulenbasilika.

Wie bei vielen ottonischen Großbauten entsprach dem westlichen Chor ein östlicher Gegenchor. Bei dieser Doppelchoranlage handelte es sich um eine für die damalige Zeit charakteristische Bauform; sie war wechselweise in Gebrauch und hatte nach heutigem Wissen wohl rein liturgische Funktion – vermutlich ist sie nicht, wie öfter angenommen, als symbolische

links: Dom, Kreuzgang

unten: Dom, Blick vom Kreuzgang zum Ostquerhaus mit Vierungsturm

Darstellung des Gegenübers von Kaiser und Papst zu verstehen. Nach Osten war der Willigis-Bardo-Bau durch einen Querriegel abgeschlossen, dem zwei runde Treppentürme vorgelagert waren. Diese haben sich als ältestes sichtbares Zeugnis des Ursprungsbaus bis zur Traufe im heutigen Dom erhalten.

Baugeschichte

Unter Erzbischof Bardo erfolgte recht bald ein auf den Grundmaßen des ottonischen Domes fußender Wiederaufbau, der im Jahre 1036 geweiht wurde. Doch schon ein halbes Jahrhundert später (1081) brannte er erneut. Nach diesem verheerenden Feuer entschied man sich für einen noch prächtigeren Neubau, der auf Geheiß Kaiser Heinrichs IV. im zeitgenössischen Stil der Romanik durchgeführt werden sollte. Auf seine Zeit geht vor allem der östliche Querbau zurück, der jetzt eine Apsis nach Speyerer Vorbild erhielt. Die Arbeiten gingen jedoch nur sehr langsam vonstatten, sodass beim Tode Heinrichs IV. im Jahre 1106 sein Biograf klagte: „Wehe, Mainz, welche Zierde hast du verloren,

da du den Künstler für die Wiederherstellung deines Domes eingebüßt hast. Hätte er gelebt, bis er den angefangenen Bau vollendete, so wäre dieser sicherlich dem berühmten Speyerer Dom ebenbürtig geworden."

Zwar konnte im Jahr 1137 die Gotthard-Kapelle am westlichen Querschiff geweiht werden, doch gingen die Um- und Ausbaumaßnahmen vor allem im Langhaus auch nach dem Tode des Kaisers nur schleppend weiter. So wird 1183 berichtet, der Dom sei ohne Dächer und eine Ruine. Eine grundlegende Wiederaufnahme der Bauarbeiten erfolgte dann um das Jahr 1200: Das Langhaus erhielt fast vollständig neue Seitenschiffmauern, das Mittelschiff seine heutigen Rippengewölbe, das alte Querschiff wurde niedergelegt und mit verkürzten Armen wieder aufgebaut. An die Stelle des alten Westabschlusses trat ein mächtiger, um ein Quadrat gruppierter Trikonchos mit zwei flankierenden Rundtürmen. Zum Abschluss dieser im spätromanischen Formengut erfolgten Baumaßnahme wurde über der Vierung ein hoher, achteckiger Turm errichtet. Die feierliche Schlussweihe durch Erzbischof

Siegfried III. von Eppstein fand im Jahre 1239 in Anwesenheit König Konrads IV. statt.

Die darauf folgenden Jahrhunderte brachten Erweiterungen, Ergänzungen und Erneuerungen einzelner Bauteile, die auf das Gesamterscheinungsbild des Gotteshauses zunächst noch wenig Einfluss hatten. Zwischen 1271 und 1329 wurden an den Seitenschiffen gotische Stifterkapellen angebracht, was dem zunehmenden Bedürfnis privater, familienbezogener Andacht im Rahmen der um die Mitte des 13. Jahrhunderts gewährten Stadtfreiheit entgegenkam. Der östliche Vierungsturm wurde 1361 in gotischen Formen neu errichtet, der westliche gegen Ende des 15. Jahrhunderts um eine spätgotische Glockenstube erhöht. So hatte gegen Ende des Mittelalters die Gotik den romanischen Bau zumindest in der äußeren Erscheinung weitgehend in ihrem Sinne umgeformt. 1767 zerstörte ein Blitzschlag die obere Partie des Westbaus. Für den Wiederaufbau berief man Ingenieurhauptmann Franz Ignaz Michael Neumann, den Sohn des Würzburger Baumeisters Balthasar Neumann, nach Mainz. In der Auseinandersetzung mit dem gotischen Korpus des Turmes entwarf er die originellen barocken Bekrönungen auf allen drei Türmen. Neumann war daran gelegen, die Einheitlichkeit des Gesamtstils zu wahren und er fand zu einer gelungenen historischen Rekonstruktion mit zeitgenössischen Zugaben.

Mainz, Dom,
Grundriss
(nach Winterfeld)

rot = um 1009
grün = um 1100–25
blau = um 1137
gelb = 1190–1239
violett = gotisch

Im Zuge der Französischen Revolution, die 1792 auch Mainz erfasste, brannte der Bau im Jahre 1793 erneut: Bei der Beschießung des von den Franzosen besetzten Mainz durch die preußische Armee fingen die Dächer des östlichen Vierungsturmes und des Langhauses Feuer. Zu weiteren Schäden kam es in der Folge der Profanierung des Domes, bei der große Teile der Ausstattung und des Domschatzes verloren gingen. Unter der seit 1797 wieder eingetretenen Fremdherrschaft wurde sogar ein Abbruch in Betracht gezogen, konnte jedoch von dem von Napoleon eingesetzten Bischof Joseph Ludwig Colmar geradezu in letzter Minute verhindert werden; 1804 wurde das Gotteshaus wieder seiner Bestimmung zugeführt. Doch noch ein zweites Mal wurde der Dom zweckentfremdet: In den Jahren 1813/14 diente er den napoleonischen Truppen als Kaserne, Viehstall und Lazarett.

Im Laufe des 19. Jahrhunderts kam es zu erneuten Veränderungen im Inneren wie am Außenbau. So malte Philipp Veit die großen, Fresken vortäuschenden Ölbilder auf den Obergadenfeldern des Langhauses im Stil der Nazarener, während der klassizistische Darmstädter Hof- und Oberbaurat Georg Moller über dem gotischen Glockengeschoss des Ostturmes eine eiförmige Eisenkuppel errichtete. Im Jahre 1870 begann als Folge der immer zahlreicher auftretenden Bauschäden eine umfassende Restaurierung, bei der zunächst alle Dächer der Ostpartie abgerissen wurden. Der mit der Bauleitung betraute niederländische Architekt Petrus Cuypers entwarf die neoromanischen Turmabschlüsse über dem Ostchor, während der achteckige Mittelturm im Prinzip dem vorgefundenen romanischen Chorturm folgte. In dieser Bauperiode wurde auch die wiederentdeckte Ostkrypta nach den ursprünglichen Plänen Heinrichs IV. rekonstruiert. Den Grund für die Bauschäden entdeckte man im frühen 20. Jahrhundert – war doch die gesamte Domanlage auf Eichenholzpfählen gebaut, die im Laufe der Zeit, als in der Folge der Rheinregulierung der Grundwasserspiegel absank, morsch geworden waren. Zwischen 1924 und 1928 wurden die Fundamente durch neue

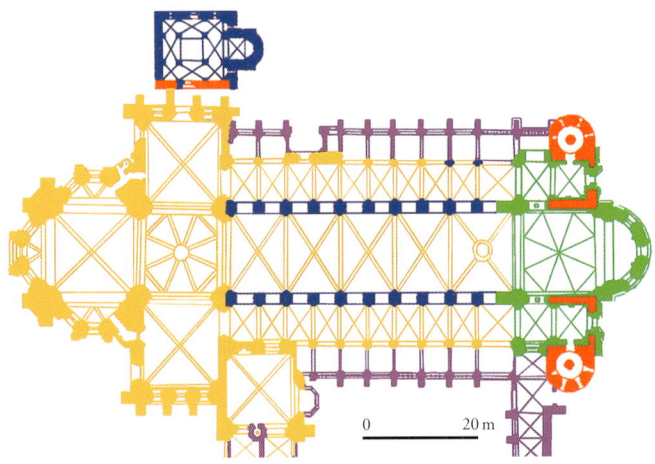

0   20 m

Baumethoden gesichert und die auseinanderstrebenden Steine wieder fest zusammengefügt.

Die Bombardements des Zweiten Weltkriegs richteten am Dom selbst glücklicherweise keine größeren Schäden an, lediglich die Dächer brannten ab; der Kreuzgang wurde schwer getroffen. Die Beseitigung der Kriegsschäden und umfangreiche Wiederherstellungsmaßnahmen in den 1950er-, 1960er- und 1970er-Jahren konnten den heutigen Baubestand weitgehend sichern, das Innere wurde behutsam den Erfordernissen der Liturgiereform nach dem II. Vaticanum angepasst. Zum 1000-jährigen Domjubiläum 1975 erstrahlte das Gotteshaus im Glanze neuer Schieferdächer und eines neuen braunroten Anstrichs, der auf dem Purpurrot des mittelalterlichen Kaiserdomes aufbaut und so der stilistisch heterogenen Baugestalt Homogenität verleiht.

Baugestalt

Der Dom zu Mainz ist eine dreischiffige gewölbte Pfeilerbasilika mit je einem Chor im Osten und im Westen, einem Querschiff im Westen sowie einem Querbau im Osten, der, im Inneren unterteilt, äußerlich einem Querschiff gleicht. Der lang hingestreckte Bau-

Südportal am Ostquerhaus, um 1100–25

körper wird im Westen und Osten über und neben den beiden Chören von sechs Türmen – zwei Vierungs- und vier Flankentürmen – überragt. Die Länge des Außenbaus beträgt 113 Meter, im Inneren sind es 109 Meter. Das Mittelschiff erstreckt sich in einer Länge von 53 Metern mit einer Gewölbehöhe von 29 Metern. Der Westturm misst als höchster Gebäudeteil eine lichte Höhe von 83 Metern, die östlichen Treppentürme sind 55 Meter hoch. Der Ostchor diente als Pfarrchor, der Westchor als Kapitelchor. Während in anderen Doppelchoranlagen, beispielsweise in Worms, der Ostchor das liturgische Zentrum darstellt, erscheint die doppelchörige Anlage in Mainz sozusagen umgekehrt. Der durch das Querschiff hervorgehobene Hauptchor, der Priesterchor, liegt hier im Westen, der Gegenchor (Pfarrchor) im Osten. Bereits der ottonisch-frühsalische Vorgängerbau von Erzbischof Willigis hatte Chor und Querschiff im Westen, womit der Mainzer Dom ausdrücklich dem durch Bonifatius eng mit ihm verbundenen Kloster Fulda folgte, dessen Kirche nach dem Vorbild von St. Peter in Rom nach Westen gerichtet und mit einem westlichen Querschiff versehen war. Sehr schön spiegelt sich hier der Unterschied zwischen der schlichten und zugleich monumentalen Bauweise der ottonischen Herrscher im Osten und der reich gegliederten Architektur des Westchors aus der Zeit der Staufer.

Außenbesichtigung

Anders als die Großbauten von Speyer und Worms konnte der Mainzer Dom das spätmittelalterliche und barocke Bild seiner Umgebung bewahren, auch wenn die Gebäude in ihrer Substanz nach dem Zweiten Weltkrieg neu errichtet wurden. Auf der Nordseite erhebt sich neben dem Westquerhaus die Gotthard-Kapelle, die einstmals zur erzbischöflichen Pfalz überleitete (an ihrer Stelle steht heute ein Geschäftshaus aus den 1950er-Jahren). Den nördlichen Abschluss des Marktplatzensembles bilden die nach dem Zweiten Weltkrieg rekonstruierten barocken Markthäuser, Nachfolgebauten der ehemals hölzernen Buden des Marktes.

Dem Westbau direkt vorgelagert ist das neoromanische Kaufhaus von Georg Moller, während im Süden der Kreuzgang und die Gebäude des Domkapitels direkt angrenzen. Einzig im Osten, zum Rhein hin am Liebfrauenplatz, steht der Dom heute ganz frei.

Hier im Osten soll auch der Rundgang beginnen – vor dem mächtigen, nahezu ungegliederten Querriegel, den ein Satteldach bekrönt. Diesem war ursprünglich ein großes Atrium mit einer gesonderten Eingangskirche – der späteren Liebfrauenkirche – vorgelagert. Die vertikale Mittelachse setzt sich, dem kaiserlichen Vorbild des Speyerer Domes folgend, aus der Apsis, dem darüberliegenden risalitartig vorspringenden Giebel und dem – ursprünglich deutlich niedrigeren – östlichen Vierungsturm zusammen, die beiden seitlich angesetzten runden Treppentürme bilden zwei parallele Nebenachsen. Das kleinteilige Mauerwerk in der Sockelzone legt die Vermutung nahe, dass dieser Baukörper dem ältesten Baubestand aus der Zeit Willigis' um das Jahr 1000 zuzuweisen ist. Das Mauerwerk wird nach oben hin immer großformatiger, was zusammen mit den reich profilierten Fenstern auf die 100 Jahre später erfolgte Wiederherstellung unter Heinrich IV. hindeutet.

Zum ältesten Baubestand gehören auch die beiden Portale links und rechts der Apsis, die in verstärkte Wandflächen eingetieft und deren Tympana leer geblieben sind. Sie gehören zu den frühesten Säulenportalen der deutschen Romanik und wurden vermutlich von italienischen Steinmetzen – wie im Dombau Heinrichs IV. in Speyer – ausgeführt. Besonders das südliche Portal, das Liebfrauenportal, ist eindrucksvoll ausgebildet, mit reichem Schmuck antikisierender Kapitelle nach Speyerer Vorbild ausgestattet, bereichert durch Tierdarstellungen symbolischen Gehalts. Man findet dort zwei Widder, die einen Löwen schlagen, einen Greifen und einen Mann, der einen Löwen bändigt.

Dem Ursprungsbau zuzurechnen sind ebenfalls die beiden runden Treppentürme, im Gegensatz zum Querriegel sehr reich gegliedert. Sie erheben sich in vier Geschossen, jeweils von Gesimsen abgetrennt, die

*Blick auf den
Ostchor des
Doms vom
Liebfrauen-
platz aus*

ihrerseits von Pilastern in dichter Abfolge getragen werden. In ihrer Ausformung als flache Steinbänder ähneln sie denen an den Westtürmen des Wormser Domes und an den Querhausapsiden der Klosterruine Limburg bei Bad Dürkheim. Im Giebelbereich stammen die Türme vermutlich aus dem 12. Jahrhundert, während die beiden Obergeschosse mit ihren unterschiedlichen Fensteröffnungen Zutaten der Restaurierung ab 1870 sind.

Das dominierende Bauelement in der Ostpartie bildet zweifellos die halbrunde Apsis. Ihre Gliederung mit Blenden, Rundbogenfenstern sowie der bekrönenden Zwerggalerie lehnt sich eng an das Speyerer Vorbild an. Als Resultat einer Umbaumaßnahme des 13. Jahrhunderts sind hier die drei Fensteröffnungen erheblich nach unten verlängert, die offenbar eine Replik der größeren Fenster des Westchors sind. Die Zwerggalerie folgt mit ihren profilierten Bögen und dem vorspringenden Fußgesims in einfacher Form den jüngeren Galerien am Speyerer Quer- und Langhaus, erweitert durch einen abschließenden Sägefries. Auch der Giebel mit seinen fünf steigenden, nach oben größer und breiter werdenden Nischen lehnt sich an das Speyerer Vorbild an. In seiner Substanz wurde er ab 1870 vollständig erneuert, folgt aber genau der alten Form. Eine historistische Zutat bilden lediglich die mit Löwen bekrönten akroterartigen Aufsätze an den Seiten. Auch der achteckige Vierungsturm ist eine Ergänzung des 19. Jahrhunderts; sein zu hoher und zu spitzer Helm wirkt störend auf die Bauproportionen ein. Vermutlich hatte man sich für diese Höhe entschieden, um ein Pendant zu dem von Franz Ignaz Michael Neumann im 18. Jahrhundert erhöhten Westturm zu erhalten.

Der Rundgang führt weiter auf die Nordseite, von der sich die Gesamtanlage des Gotteshauses am besten erschließen lässt. Der Obergaden des Mittelschiffs wird durch breite Lisenen mit einem abschließenden Rundbogenfries gegliedert, die gestuften Rundbogenfenster sind paarweise zusammengerückt. Die Mauerzone oberhalb der Fenster ist relativ hoch, da dahinter die ansteigenden Kappen der Gewölbe lie-

gen. Dem Untergeschoss des romanischen Baukörpers ist eine Reihe gotischer Kapellen vorgelagert, die durch kraftvolle Strebepfeiler gegliedert wird. Als Abschluss tragen die Strebepfeiler – in diesem Kontext originell anmutende – barocke Vasen, aufgesetzt im Verlauf der 1767 eingeleiteten Bauphase. Den linken Abschluss bildet der Ostbau, der auf dieser Seite wie ein kurzes Querhaus von gleicher Höhe wie das Mittelschiff wirkt. Rechts antwortet der gewaltige Westquerriegel; dieser springt nicht nur weiter vor als sein östliches Pendant, sondern ist auch erheblich breiter. Die mächtigen Strebepfeiler an den Kanten, das große Radfenster in der Stirnseite sowie die mehrschichtige, unterhalb des Traufgesimses verlaufende Blendarkatur deuten darauf hin, dass dieser Bauteil im frühen 13. Jahrhundert entstanden ist.

Dem nördlichen Teil des Westriegels vorgelagert ist die 1137 dem hl. Godehard geweihte Gotthard-Kapelle, die als kubischer Baukörper in Erscheinung tritt. Quasi als ein Gebäude am Gebäude folgt sie dem Speyerer Vorbild der Doppelkapelle, hier aber in der eindeutigen Funktion einer erzbischöflichen Palastkapelle. So wurde bereits Erzbischof Adalbert I. kurz vor der Weihe in ihr bestattet. An ihrer Ostseite tritt das kleine Altarjoch mit der vorgelagerten Apsis aus dem Baukörper hervor. Das relativ kompakte Untergeschoss wird durch Lisenen und Blendbogen gegliedert, während das Obergeschoss an seinen sichtbaren Seiten im Norden und Osten durch eine Zwerggalerie strukturiert ist. Diese gleicht in ihrer – wenn auch vereinfachten – Form derjenigen der Ostapsis. Wie ältere Ansichten belegen, ragte einst aus ihrem Walmdach ein achteckiger belichteter Mittelturm in der Art eines kleinen Vierungsturms hervor. Besonderes Augenmerk verdient das Marktportal, das sogenannte Willigisportal am nördlichen Eingang links neben der Gotthard-Kapelle. Das Gewände mit seiner gleichmäßigen Abfolge schlanker Säulchen und der entsprechenden Zahl von Wulsten in den Archivolten war nicht Bestandteil des ursprünglichen Baus, sondern wurde im 19. Jahrhundert vom Heilig-Geist-Spital

*Blick auf
Vierungsturm
und Westchor*

hierher versetzt. Das Tympanon zeigt Christus als Weltenrichter inmitten einer Mandorla, von Engeln getragen. Aufgrund ihrer expressiven Darstellungsweise, insbesondere der stilisierten Gewänder, verweist die Darstellung in die Spätromanik. Zu den ältesten Ausstattungsstücken des gesamten Domes gehören die beiden bronzenen Türflügel, die ein Meister Berengerus – so die Inschrift – im Jahre 998 für Erzbischof Willigis gegossen hatte. Sie sind nach den Bronzeflügeln des Aachener Domes, die Karl der Große dort hatte anbringen lassen, die ältesten erhaltenen ihrer Art in Deutschland. Ihre Rahmenleisten tragen die Inschrift: „Nach dem Tode des großen Kaisers Karl hat Erzbischof Willigis als erster Türflügel aus Metall machen lassen. Berenger, der Meister dieses Werks, bittet dich, Leser, für ihn beim Herrn zu beten." In die oberen Füllungen sind die den Mainzer Bürgern 1119 von Erzbischof Adalbert geschenkten Freiheitsprivilegien eingelassen, während die unteren Felder von zwei Löwenköpfen geschmückt werden.

Der Rundgang führt weiter in den südwestlich gelegenen Leichhof, von dem aus man den besten Überblick über die eindrucksvolle Anlage des Westbaus hat. Gewaltig und monumental erscheint auch heute noch die spätromanische Anlage, die, im Gegensatz zum Osten, eine reiche plastische Bauzier aufweist. Sie setzt sich aus einem hohen Querhaus, dem monumentalen oktogonalen Vierungsturm und dem erhöht gelegenem Chor mit drei Konchen und zwei kleineren flankierenden, ebenfalls oktogonalen Nebentürmen zusammen. Ähnlich wie am Wormser Dom begegnet man auch hier der Tendenz, die Apsis in einen Zentralbau umzuwandeln. Den Kern der Anlage bildet ein quadratisches Joch, das an seinen drei Außenseiten von Giebeln bekrönt wird. Auf der Durchkreuzung der Dächer steht seit 1770 die Reiterstatue des Kirchenpatrons St. Martin, womit zugleich die Bedeutung der Westpartie gegenüber dem Ostteil betont wird. In den Winkeln zwischen den Konchen erheben sich die beiden Seitentürme, bei denen es sich nicht wie sonst üblich um Treppentür-

Innenansicht in Richtung West-chor, Langhaus mit Kanzel, 1834 von J. Scholl neugotisch umgestaltet, im Kern älter

me handelt; es sind im Grunde gewaltige Strebepfeiler, deren Stellung auf das innere Quadrat des Kernbaus bezogen ist. Eine Zwerggalerie umzieht alle drei Westkonchen, ist aber gänzlich anderen Charakters als im Osten und an der Gotthard-Kapelle: Über einem hohen, kassettenartig angelegten Plattenfries öffnet sich die Wand in einer Reihe kleiner gekuppelter Doppelfenster, die in einen dunklen Hintergrund führen. Zusammen mit der Profilierung der Übergreifungsbögen, den ornamentierten Gesimsen am Fuß und den Säulchen vor den Kassetten des Plattenfrieses fügen sie sich zu einem reichhaltigen Schmuckprogramm, wie es für den Stil der Spätromanik charakteristisch ist.

Beherrschend erhebt sich der Vierungsturm, der sich von dem in Speyer geprägten Typus und dessen Nachfolgern in Worms, Straßburg und über dem Mainzer Ostchor grundlegend unterscheidet. Die unteren Geschosse gehören noch zum ursprünglichen Bestand. Während das untere nur wenig gegliedert erscheint, ist in das mittlere jeweils eine gestaffelte Dreiergruppe von gekuppelten Öffnungen eingelassen, im obersten und zugleich niedrigsten der drei Geschosse befinden sich nur Doppelöffnungen, die von einer zusätzlichen Wandverschalung überfangen werden. Dieses Motiv griff Neumann in seiner pyramidenartig geformten Laterne wieder auf. Auch hier ist in beiden Geschossen das Motiv der von Säulchen geschmückten Fensteröffnungen das dominierende Gestaltungselement: Während die hohen, „gotisierenden" Fenster der unteren Etage die Gewölbezone des Vierungsturms mit Licht versorgen, verdeckt das obere lediglich den stark ansteigenden Rücken des Gewölbes. Ursprünglich schloss der Turm mit einem achtseitigen Holzhelm; er wurde später durch einen steinernen Aufbau ersetzt. Mit dem Turm gelang dem Architekten Franz Ignaz Michael Neumann zweifellos sein Meisterstück, ein Beispiel einer gelungenen frühen Denkmalpflege. Mit ihm passte er sich im Geiste des Barock dem spätromanischen Stil des Westbaus an. Obwohl unverkennbar barock (trotz goti-

sierender Details) erscheint die Turmkrone nicht als Fremdkörper, sondern wie ein selbstverständlich gewachsenes Architekturglied. Man könnte fast meinen, mit der Mainzer Doppelchoranlage zwei unterschiedliche Baukörper vor sich zu haben, die sich, durch das gewaltige Langhaus miteinander verbunden, in ihrer einheitlich braun-roten Farbgebung zu einem organischen Bauganzen zusammenfügen.

Die Außenbesichtigung endet an der Südseite. Hier führt das sogenannte Leichhofportal in den Querarm, das erst im Jahre 1925 wieder freigelegt wurde. Sein Tympanon zeigt den thronenden Christus zwischen den Fürsprechern Maria und Johannes dem Täufer, flankiert von den Halbfiguren zweier heiliger Bischöfe. In ihrer Körperlichkeit und ihrer Gewanddarstellung, in ihrem Bemühen um eine plastische, „organische" Bildsprache atmen sie bereits den Geist der frühen Gotik. Gotischen Ursprungs ist auch die an die Memorie im Süden anschließende Nikolauskapelle, erbaut kurz vor 1382, die als Begräbnisstätte für Prälaten und Domherren genutzt wurde.

An der Südseite des Domes erstreckt sich weiterhin der dreiflügelige, doppelgeschossige Kreuzgang. Er wurde zwischen 1397 und 1410 anstelle eines romanischen Vorgängerbaus unter Leitung von Madern Gerthener errichtet. Im Obergeschoss befand sich einstmals die Dombibliothek. Heute beherbergen die dem Kreuzgang im Süden angegliederten Stiftsgebäude der Domherren, die sogenannten Kapitelbauten, das 1925 eröffnete Dom- und Diözesanmuseum. Zu den herausragenden Exponaten des Museums gehören das Hattofenster (um 900 entstanden), ein karolingischer Priesterstein, die frühgotischen, dem Naumburger Meister zugeschriebenen Plastiken vom ehemaligen Westlettner sowie eine Fülle von Grabdenkmälern. Die Domschatzkammer zeigt liturgische Geräte (Silber- und Goldschmiedearbeiten wie Monstranzen und Messkelche, Kreuze und Buchdeckel) sowie wertvolle Bildteppiche, darunter die „Jungfrauenteppiche" mit der Darstellung der fünf klugen und der fünf törichten Jungfrauen.

Innenbesichtigung

Wie bei Doppelchoranlagen häufig, betritt man auch in Mainz das Kircheninnere von der Seite, hier durch das Marktportal im Norden. Zur Linken im Ostbau bildet der zentrale Raum unter dem Turm im Zusammenspiel mit der halbrunden Apsis einen mächtigen, stark erhöhten Chor. Zu diesem führt eine gewaltige Treppenanlage mit zwei liegenden Löwen an ihrem unteren Ende hinauf, die ebenso wie das Altarziborium im Jahre 1928 eingebaut wurde. Interessanterweise zeigt der Ostchor, der aus einem quadratischen Joch besteht, nichts von der Form des äußeren Querriegels. Die Apsis selbst ist mit ihren drei einfachen, die Fester rahmenden Blenden sehr schlicht gestaltet, während die dreigeschossigen Seitenflügel des Querriegels vom Chorraum durch Wände abgetrennt sind, die sich oben in Bogenstellungen öffnen. Jeweils zwei große Rundbogenöffnungen unter den Schildbögen führen in die zu beiden Seiten angeordneten, hoch liegenden Kapellen im Ostbau. Die Schmuckformen in diesem Baubereich – die sich verjüngenden Säulen mit Würfelkapitellen (ähnlich der Afra-Kapelle in Speyer), die Basen mit Ecksporen sowie die reich profilierten Öffnungen – verweisen auf die Entstehungszeit um das Jahr 1100. Über dem gesamten Chorhaupt erhebt sich der achteckige Chorturm mit Klostergewölbe, der, als Resultat der Umbaumaßnahmen nach 1870, im Kontext der Gesamtproportionen insgesamt zu steil aufsteigt.

Unter dem Chor liegt die Krypta, die in ihrer Anlage zwar ursprünglich, in ihrer Ausführung jedoch Resultat der ab 1870 erfolgten Rekonstruktion ist. Damals entdeckte man Reste der Umfassungsmauern, die man in relativ gedrückten Proportionen ergänzte, um das darüberliegende Chorhaupt nicht zu sehr ansteigen zu lassen. Der Raum präsentiert sich als eine dreischiffige Hallenanlage, ihre Wandgliederung folgt dem sehr viel älteren Speyerer Vorbild. An die ursprüngliche Funktion der Krypta als Heiliges Grab, eine Nachbildung der heiligen Stätte in Jerusalem, erinnert die

in der gegenüberliegenden „Nassauer Kapelle" angebrachte spätgotische Skulptur des toten Christus.

Das einem dreigeschossigen Aufrisssystem folgende Langhaus erstreckt sich als eine in allen Teilen gewölbte dreischiffige Basilika im gebundenen System, es bezieht seine Raumwirkung aus der Schwere des Mauerwerks, dem klaren, strengen Rhythmus seines Gefüges und seiner Schmucklosigkeit. Es hat zehn Arkaden, von denen je zwei im Mittelschiff zu einem querrechteckigen Joch zusammengefasst sind. Die Zwischenpfeiler sind glatt, während zum Seitenschiff hin sämtliche Pfeiler Halbsäulenvorlagen tragen. Mit 13 Metern Spannweite erreicht das Mittelschiff fast die Breite seines Pendants im Speyerer Dom, ist aber mit 28 Metern Scheitelhöhe um 5 Meter niedriger. Jedem zweiten der annähernd quadratischen Pfeiler liegt eine Halbsäule vor, die an der Hochwand emporsteigt, auf einfachem Würfelkapitell mit breitem Kämpfer Gurt- und Schildbogen trägt und in die Rippen des Gewölbes überführt. Das Fehlen von Diensten für diese Rippen ist Indiz da-

für, dass für den ursprünglichen Bau keine Kreuzrippengewölbe vorgesehen waren. Stilistisch lassen sich die Kreuzrippengewölbe des Hochschiffs mit ihren mandelförmigen Wulsten und leicht zugespitzten Gurtbögen in die Zeit um oder kurz nach 1200 einordnen. Die Blenden im oberen Mauerbereich fassen nicht wie in Speyer die hoch liegenden Fenster ein, sondern verlaufen unter ihnen. Sie enthalten neutestamentliche Szenen darstellende Wandmalereien nach Entwürfen des Nazareners Philipp Veit (1793–1877), Reste einer umfangreicheren Ausmalung des 19. Jahrhunderts.

Als Resultat des gebundenen Systems entsprechen jedem Mittelschiffsjoch zwei gratgewölbte Joche in den Seitenschiffen. Infolge des Durchbruchs ihrer Außenwände zum Anbau der gotischen Kapellenreihen ist die Lichtführung nicht mehr die ursprüngliche, die Seitenschiffe sind viel heller geworden. Nur über dem Marktportal und im Bereich der Memorie finden sich noch einige Reste der Außenmauern. Die gotischen Kapellen ihrerseits waren durch offene Maßwerkwände von-

Romanisches Portal (mit dem Relief des hl. Martin) in der Memorie

einander getrennt, erhalten hat sich jedoch nur noch eine von ihnen auf der Nordseite.

Den architektonischen Höhepunkt des Bauwerks bildet zweifelsfrei der spätromanische Westbau, der zwar außen eine reichhaltige Bauzier aufweist, im Inneren jedoch sehr streng in Szene gesetzt ist. Dies entsprang einer bewussten Entscheidung der damaligen Baumeister, denen an einer Angleichung an das Langhaus und vor allem an den mehr als 100 Jahre älteren Ostbau lag – Ziel war der Erhalt eines einheitlichen Raumcharakters. Der gesamte Westbau fügt sich aus dem hohen Querhaus, dem monumentalen Vierungsturm, dem – ähnlich wie im Osten – höher gelegten Chor mit drei Konchen sowie zwei Türmen zu einem eindrucksvollen Ensemble zusammen. Im Chorquadrat, unter dem sich die Lullus-Krypta befindet, ist an die drei freien Außenseiten je eine dreiseitige Apsis angelegt, wodurch sich, dem Vorbild der kölnischen Dreikonchenchöre folgend, der Charakter eines Zentralbaus einstellt. Der gesamte, die Vierung einschließende Westchor war ursprünglich gegen die Querschiffarme durch Chorschranken und gegen das Langhaus durch einen dem Naumburger Meister zugeschriebenen Lettner abgeschlossen, der um 1239 errichtet, gegen Ende des 17. Jahrhunderts jedoch abgerissen wurde (Teile des alten Lettners befinden sich heute im Dom- und Diözesanmuseum). Ersetzt wurde er durch die im Jahre 1682 errichteten frühbarocken Chorbühnen. Gleichzeitig mit dem Lettner wurden Verbindungsgänge vom Chor um die Vierungspfeiler herum in die Querschiffarme angelegt. Der südliche endet hier mit einem fein durchgestalteten Rundbogenportal, der nördliche in einer spitzbogigen Türöffnung.

Eindrucksvoll ist der Blick in den ungewöhnlich steilen Vierungsturm, der sich in zwei reich gegliederten Achteckgeschossen und der achtrippigen Kuppel erhebt. Wie am Außenbau, so bedienten sich die Baumeister auch im Inneren des gesamten Formenreichtums der damaligen Zeit, womit sie zu einer eigenständigen, sich vom Ostturm klar absetzenden Lösung fanden – so sind beispielsweise die Trompenrahmen und die Blenden reich profiliert, so werden die Rippen in den Winkeln von zweigeschossigen Säulchen mit reich geschmückten Kapitellen getragen, so dient der umlaufende Bogenfries einer alternierenden Blendarkatur als Auflager. Ganz offensichtlich ging es nicht um eine „historisierende" Angleichung an die vorhandene Architektur, sondern darum, bewusst einen Raum des 13. Jahrhunderts zu schaffen, mit dem der originäre Baugedanke fortgeführt werden sollte.

Dem letzten Bauabschnitt des Mittelalters gehört auch die Memorie aus dem frühen 13. Jahrhundert an, die nicht öffentlich zugänglich ist. Sie erhebt sich im Winkel zwischen Südquerarm und südlichem Seitenschiff. Einst der Kapitelsaal der Klosteranlage, diente sie in späterer Zeit den Domkapitularen als Begräbnisplatz. Dem quadratischen Raum mit seinen schweren Kreuzgewölben ist das im späten 15. Jahrhundert angebaute Ägidius-Chörchen mit seinem Sternenpokal anmutig entgegengesetzt. An der Nordseite der Memorie befindet sich ein heute zugemauertes Portal aus spätromanischer Zeit, dessen Tympanon von einem farbig gefassten Relief des hl. Martin geschmückt wird. Der Kirchenpatron hält in seiner Linken ein geöffnetes Buch, während er mit seiner rechten Hand ein Modell des Willigis-Bardo-Baus präsentiert. Die unterhalb des Bogenfeldes verlaufenden Säulen schließen in einer reich ornamentierten Kapitellzone ab, die in der Art eines breit angelegten Reliefs in Erscheinung tritt; sie birgt eine Fülle figürlicher Darstellungen von oftmals apotropäischem Gehalt. Verbunden wird die Memorie mit dem Dominneren durch ein spätgotisches Prachtportal, das in das romanische Mauerwerk eingelassen wurde.

Auf der gegenüberliegenden Seite, an der Stirnseite des Nordquerarms, führt ein mehrfach gestuftes Portal in die Gotthard-Kapelle. Im Jahre 1137 geweiht, folgt sie in ihrer Anlage dem mit der Emmeranskapelle des Speyerer Domes entwickelten Typus der zweigeschossigen Privatkapelle zu drei mal drei Jochen und gehörte zur bischöflichen Pfalz, die im Norden anschloss.

rechts: Gotthard-Kapelle mit Udenheimer Kruzifixus (7./8. und 12. Jahrhundert)

Marktportal mit den bronzenen Willigis-Türflügeln von 988

Vier mächtige Stützen bilden ein großes Quadrat, um das sich kleinere Seitenjoche in der Art eines Umgangs herumlegen; die weite Mittelöffnung nimmt die Quadratform wieder auf. Während das Untergeschoss auf mächtigen rechteckigen Pfeilern ruht, wird das höhere Obergeschoss von in Würfelkapitellen abschließenden Säulen getragen. Die durch die Öffnung hergestellte Verbindung hatte nicht nur eine architektonische Funktion, sondern diente darüber hinaus auch liturgischen Zwecken – der Bischof im oberen Geschoss und sein Gefolge im Untergeschoss konnten die Messe gemeinsam hören. Die rot-gelb-blaue Ausmalung von 1985 entspricht dem Zustand der Stauferzeit. Besonders sehenswert ist der große Holzkruzifix aus Udenheim (Rheinhessen), der nach Christian Beutler im 7. oder 8. Jahrhundert entstanden ist und im 12. Jahrhundert abgewandelt wurde.

Sehr reichhaltig ist die Ausstattung des Domes, die aufwendigste aller deutschen Bischofskirchen: Hier sind es neben Altären, Statuen und Taufbecken vor allem die mehr als 40 Grabdenkmäler des 13. bis 19. Jahrhunderts, die den Raumeindruck prägen. So stammt die älteste erhaltene Grabplatte aus dem Jahre 1249, während die jüngste im Jahre 1877 aufgestellt wurde. Und noch heute werden die Bischöfe (nach der Neugründung des Bistums von 1802) im Dom bestattet, und zwar in der zwischen 1928 und 1935 angelegten Bischofsgruft unter dem Westchor.

Der Dom zu Mainz zählt mit Speyer und Worms zu den drei großen rheinischen Kaiserdomen, er ist nach Speyer der früheste monumentale Gewölbebau in Deutschland. Während der Speyerer Dom – trotz der Rekonstruktion des 18. Jahrhunderts – relativ monolithisch wirkt und man in ihm noch den Geist der Romanik zu verspüren glaubt, der Wormser Dom in zahlreichen Partien bereits das Formengut der Gotik aufnimmt, erscheint der Dom zu Mainz wie ein „Stelldichein der Stilgeschichte", das von der Frühromanik über die Gotik und Renaissance bis hin zum Barock, Rokoko und Historismus alle großen Stilepochen der europäischen Kulturgeschichte vereint.

rechts: Innenansicht des Domes nach Osten. Der Ostchor stammt aus der Salierzeit (11. Jahrhundert) und ist dem hl. Stephan geweiht

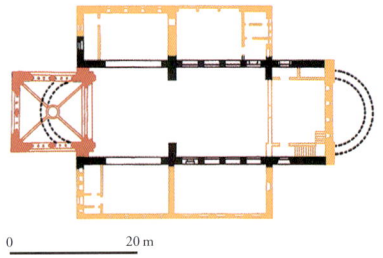

Johanniskirche, Grundriss
schwarz = um 900
rot   = um 1320–25
orange = jüngere Bauphasen,
*   vor allem 1952*

Evangelische Johanniskirche (ehem. Stiftskirche)

Die gegenüber dem Westchor des Domes gelegene, ursprünglich dem Patrozinium des hl. Martin geweihte Johanniskirche war vermutlich die erste Domkirche der Stadt, sie gilt als ältester Sakralbau von Mainz. Hier wurde Bonifatius aufgebahrt (seine Grabplatte befand sich bis ins 19. Jahrhundert in der Kirche), hier wurde der Salier Heinrich II. zum Kaiser gesalbt. Den heutigen Bau ließ Erzbischof Hatto I. (893–913) in Form einer dreischiffigen Basilika um das Jahr 900 errichten. Nach der Weihe des Domes im Jahr 1036, mit dem die Kirche bis ins 18. Jahrhundert durch ein Paradies verbunden war, erhielt sie das

Patrozinium St. Johann Baptist. An die Stelle der Westapsis trat um 1320/25 der Westchor, mit der

Johanniskirche, Innenansicht nach Westen (oben rechts), Ansicht von Südosten mit frühmittelalterlichen Obergadenfenstern (um 900, rechts) und Innenansicht der vermauerten frühmittelalterlichen Langhausarkaden (um 900, unten links)

Aufhebung des Stifts im Jahre 1802 wurde die im 18. Jahrhundert niedergelegte Ostapsis als Ostfassade neu aufgemauert. Nachdem die Kirche im Zweiten Weltkrieg ausgebrannt war, konnte im Rahmen von Sanierungsarbeiten in den 1950er-Jahren der romanische Zustand des Gotteshauses rekonstruiert werden. Durch den Einbau einer hölzernen Spitztonnenwölbung ist es gelungen, die verschiedenartigen Raumelemente des im Kern erhaltenen karolingisch-ottonischen Langhauses und des stark erneuerten hochgotischen Westchores zu einer stimmigen Raumeinheit zusammenzufassen.

St. Christoph

Die erstmals im Jahre 839 als Kapelle erwähnte Kirche hat in ihrem spätromanischen Nordturm ihren ältesten Bauteil. Die beiden Untergeschosse des quadratischen Turmes wurden vor 1240 errichtet, während die beiden oberen Stockwerke aus dem 14. und 15. Jahrhundert stammen. Die einzelnen, jeweils durch einen umlaufenden Blendbogenfries unterteilten Geschosse sind unterschiedlich gegliedert: Während in der Sockelzone zwei kleine frühgotische Fenster eingelassen sind, befinden sich im ersten Geschoss pro Seite zwei schmale Lanzettfenster. In den beiden Obergeschossen der Gotik werden die Fensteröffnungen zunehmend größer: Im dritten Geschoss erkennt man gekuppelte Schallarkaden mit eingestellten Doppelsäulen und darüberliegendem Blend-Dreipass, das oberste Geschoss öffnet sich pro Seite mit zwei großen spitzbogigen Öffnungen.

Das an den Turm anschließende dreischiffige Langhaus wurde zwischen 1280 und 1330 errichtet und im Barock stark umgestaltet. Erhalten hat sich im Chorraum, der als Kapelle diente, ein spätgotisches Taufbecken, in dem Johannes Gutenberg getauft worden sein soll.

rechts: St. Christoph, Ansicht des romanischen Turms

St. Emmeran, Ansicht von Nordosten mit dem romanischen Nordturm (Ende 12. Jahrhundert) und dem gotischen Chor (unten links), Chorgewölbe (um 1300, unten rechts)

St. Christoph, in den letzten Monaten des Zweiten Weltkriegs schwer zerstört, wurde, bis auf den wiedererrichteten Chor, als Ruine belassen, als ein „Mahnmal gegen Gewalt". So ist auf einer Gedenktafel zu lesen: „Den Toten zum Gedenken/Den Lebenden zur Mahnung". An die Stelle des zerstörten Seitenschiffs auf der Nordseite trat eine stützende Betonkonstruktion mit Reliefs. Auf dem Fries sind sowohl zerstörerische als auch flehende Hände dargestellt.

Ehem. Pfarrkirche St. Emmeran

Die dem Regensburger Bischof geweihte Pfarrkirche St. Emmeran wird erstmals im Jahr 1220 erwähnt. Als ältesten Baubestand besitzt die heute als italienisches Gemeindezentrum genutzte Kirche den gegen Ende des 12. Jahrhunderts errichteten fünfgeschossigen Turm, der in das um 1300 in den Formen der Gotik erbaute dreischiffige Langhaus integriert wurde; das Mittelschiffgewölbe zog man erst in der zweiten Hälfte des 14. Jahrhunderts ein. Das ursprüngliche Rautendach wurde im Jahr 1700 durch ein zusätzliches Glockengeschoss mit Haube und Laterne verändert. Beim schweren Bombenangriff vom 27. Februar 1945 brannte die Kirche aus, fast alle Gewölbe stürzten ein. In den 1960er- und 1970er-Jahren wurde das Langhaus wieder aufgebaut, der Turm von seinen barocken Aufbauten befreit und mit einem schlichten Pyramidendach abgeschlossen.

Der romanische Turm gliedert sich in fünf Geschosse, die in einem umlaufenden Blendbogenfries ihre jeweiligen horizontalen Abschlüsse haben. Während die beiden unteren Geschosse so gut wie keine Fensteröffnungen aufweisen, werden die Wände der oberen drei Geschosse durch gekuppelte Klangarkaden gegliedert, deren Mittelsäulchen von einem Würfelkapitell bekrönt werden. Die Mehrschaligkeit der Wand erfährt durch den geschickten Farbeinsatz zusätzliche Betonung: So treten die planen weißen Rechteckfelder in einen reizvollen Kontrast zu den vorkragenden und rückspringenden vertikalen und horizontalen Gliederungsformen.

Eisenturm

Der sechsgeschossige Eisenturm gegenüber dem Rathaus, der seinen Namen vom einst am Rheinufer abgehaltenen Eisenmarkt erhielt, wurde um 1240 erbaut. Zusammen mit dem Holzturm und dem Alexanderturm gehört er zu den drei noch erhaltenen Durchlässen der mittelalterlichen Stadtmauer, die einst 34 Tor- und Wachtürme zählte. Der romanische Urbau wurde in der ersten Hälfte des 15. Jahrhunderts erhöht, bis er dann zum Ende des 16. Jahrhunderts seine Funktion als Torturm der mittelalterlichen Befestigung verlor. Im 18. und 19. Jahrhundert diente der inzwischen umgebaute Eisenturm als Gefängnis, ein im Jahre 1900 beantragter Abriss konnte auf Grundlage des hessischen Denkmalschutzgesetzes verhindert werden. Nach dem Zweiten Weltkrieg wurde der zerstörte Turm wieder aufgebaut, er dient heute als Atelier und Ausstellungsraum.

Der Turm präsentiert sich als hochrechteckiger Baukörper, der mit einem schiefergedeckten Walmdach abschließt und von zwei niedrigen Anbauten flankiert wird. Zur Rheinseite öffnet er sich in einem großen romanischen Torbogen, einer Art säkularem Säulenportal. Er wird von zwei liegenden Sandsteinlöwen flankiert, die in ihren Klauen jeweils einen Widder und ein Fabeltier halten. Ihnen kommt, ähnlich wie an einem

keit der Stadt Mainz und ihrer Einwohner in spätstau-
fischer Zeit.

Heilig-Geist-Spital

Das Heilig-Geist-Spital (Rentengasse 2), das älteste
erhaltene Bürgerspital in Deutschland, wurde ab
1236 als Nachfolgebau eines 1145 erstmals erwähn-
ten domstiftischen Spitals errichtet. 1244 städtisch
geworden, ab dem 15. Jahrhundert Altersstift für
Frauen, hatte es im 19. Jahrhundert viele Funktionen und ist seit 1863 Gaststätte. 1975 rekonstruierte man unter Verlust originaler Bausubstanz den
vermeintlich mittelalterlichen Zustand. Das Ost-
portal befindet sich seit 1862 im nördlichen Querhaus des Doms und wurde durch eine Kopie ersetzt.
Im Inneren sind vom ursprünglichen Krankensaal
drei Schiffe der kreuzgewölbten Pfeilerhalle erhalten,
über der die ehem. Kapelle liegt, die an der Fassade
mit ihrer Apsis erkerartig auskragt. Kurz nach 1462
wurde der eingeschossige Krankensaal im nördlichen
Teil zugunsten des heutigen gotischen zweigeschossigen großen Saals aufgegeben.

Haus „Zum Stein"

Ein seltenes Beispiel urbaner Wohnkultur des Mittelalters und der älteste erhaltene Profanbau in Mainz ist
das Haus „Zum Stein" in der Weintorstraße, das gegen Ende des 12. Jahrhunderts erbaut wurde. Der

oben rechts und links: Eisen-
turm, um 1240 und erste
Hälfte 15. Jahrhundert

mittelalterlichen Kirchenportal, eine apotropäische
Funktion zu. Aufgrund ihrer angespannten Körper ver-
stehen sich die Löwen als Symbole abwehrbereiter
Wachsamkeit, Symbole zugleich für die Unabhängig-

Turm wurde zu Beginn der 1980er-Jahre grundlegend saniert und in Teilen „romanisierend" wiederhergestellt – eine insgesamt gelungene Restaurierung, die sich weitestgehend am Original orientiert und auf historisierende Zutaten verzichtet.

Der wehrhafte Wohnbau, den sich die Patrizierfamilie Judeus de Lapide (Judeus zum Stein) errichten ließ, hatte seine Vorbilder in den toskanischen Geschlechtertürmen des Hochmittelalters, die durchweg wehrhaften Charakters waren. So war auch das Haus „Zum Stein" mit seinen 1,40 Meter starken Mauern Teil der mittelalterlichen Wehranlage. Die Fenster begannen erst in 9 Meter Höhe über dem damaligen Straßenniveau, während sich im Sockelgeschoss lediglich kleine Schlitzfenster befanden, von denen auf der Ostseite heute noch zwei in Straßenhöhe erhalten sind. Aufgrund seiner Höhe ließ sich vom Turm aus das Umland gut beobachten, andererseits diente er auch als Wegweiser für Ritter, Kaufleute und fahrendes Volk.

oben und links: Heilig-Geist-Spital, um 1236 und 1462

unten: Haus zum Stein, Weintorstraße 1, Ende 12. Jahrhundert

„Vierburgenstadt" Neckarsteinach

oben: Hinterburg mit 20 Meter hohem Bergfried

unten links: Grundriss der Hinterburg
unten rechts: Hinterburg: Blick vom Bergfried auf den Hof und den Wohnbau zum Oberen Zwinger und dem Eingangs-Torbau

Auf halber Strecke zwischen Heidelberg und Eberbach im Osten liegt Neckarsteinach, auch die „Vierburgenstadt" genannt. Die Geschichte der vier Burgen ist eng mit der Geschichte der 1653 ausgestorbenen Herren Landschaden von Steinach verbunden, denen es in planmäßiger Burgen- und Territorialpolitik gelang, bis zum 16. Jahrhundert alle vier Burgen, die zeitweise zu Speyer, Worms und Mainz sowie den Herren von Handschuhsheim, Hirschhorn u. a. gehörten, in ihren Besitz zu bringen. Die ersten drei Burgen, die Vorder-, Mittel- und Hinterburg, liegen als Ausläuferburgen auf einem gestreckten, zum Ort hin abfallenden Berggrat zwischen Neckar- und Steinachtal. Die vierte Burg, Schadeck, die aufgrund ihrer Lage auch „Schwalbennest" genannt wird, wurde als Hangburg steil über dem Neckar gebaut.

Hinterburg

Mit der Hinterburg begann der Ahnherr der Edelfreien von Steinach auf dem fortifikatorisch günstigsten Punkt des Höhenrückens um 1100 den Bau der vier Burgen. Im Grundriss bildet die Anlage ein Fünfeck, in deren dem Berg zugewandter Spitze der quadratische, aus feinen Buckelquadern errichtete Bergfried des späten 12. Jahrhunderts übereck eingestellt ist. An der Südseite zum Fluß steht noch die Außenmauer eines Palas mit drei verschieden gestalteten Fenstergruppen aus der Übergangszeit zwischen Romanik und Gotik (etwa um 1250). Aus gleicher Zeit stammt auch das anstoßende rundbogige Burgportal mit einem ausgeprägten Birnstabprofil. Um die Kernburg legen sich zwei Zwinger, deren innerer, im 14. Jahrhundert errichtet, die östlich vorgelagerte kleine Vorburg umschließt, während der äußere Bering aus dem 15. Jahrhundert die Anlage mit einer Halbkreisbastion im Südwesten zusätzlich verstärkt. Der Ausbau dieser Stammburg der Herren von Steinach gegen Ende des 12. Jahrhunderts fand unter Bugger II. von Steinach statt, der auch als Minnesänger in die Geschichte eingegangen ist. Über die Person und die näheren Lebensumstände des Dichters ist nur wenig bekannt; sicher ist, dass er eng mit dem staufischen Kaiserhaus verbunden war und dass er unter den zeitgenössischen Dichtern wie Gottfried von Straßburg und Rudolf von Ems hohe Anerkennung gefunden hat. Wahrscheinlich nahm er auch am Kreuzzug unter Kaiser Barbarossa teil, der ihn ins Heilige Land führte. Der Sarazenenhelm, der dem Bildnis Bliggers in der kurz nach 1300 in Zürich angefertigten Großen Heidelberger Liederhandschrift, der sogenannten Manessischen Liederhandschrift, beigefügt ist, mag an die Kreuzfahrt des Dichters er-

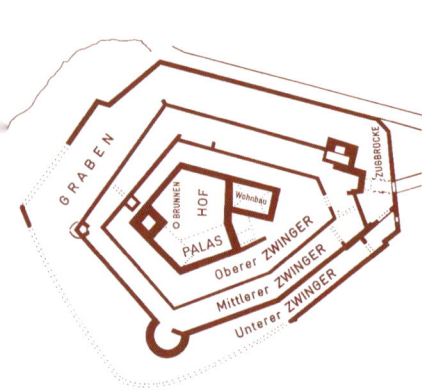

oben: Hinterburg mit Bergfried und Palas

unten links: Palas

unten Mitte: Spitzbogiges Zwillingsfenster am Palas

unten rechts: Gestaffeltes Drillingsfenster mit seitlichen schlüssellochähnlichen zusätzlichen Fensteröffnungen am Palas

innern, ebenso wie die schwarze Harfe im goldenen Feld den Minnesang, die höfisch-ritterliche Dichtkunst der Stauferzeit, symbolisiert.

Mittelburg

Um 1165 entstand als ursprünglicher Allodialbesitz der Herren von Erbach die Mittelburg. Die regelmäßige rechteckige Anlage nahm einst den schmalen Bergrücken in voller Breite ein und lag ganz im Schutz der benachbarten Hinter- und der Vorderburg. Vom Gründungsbau stammen der schlanke quadratische Bergfried mit Eckbuckelquadern und dem hoch gelegenen rundbogigen Eingang sowie ei-

links: Bergfried der Hinterburg
unten: Hinterburg, Portal zur Kernburg mit dem Palas

nige Teile der ehemaligen Außenmauer. Der wehrhafte Charakter der stauferzeitlichen Anlage als ganzer konnte sich jedoch nicht erhalten, da die Burg in der zweiten Hälfte des 16. Jahrhunderts zu einem Renaissanceschloss umgebaut wurde, das in der Mitte des 19. Jahrhunderts noch durch gotisierende Bauelemente ergänzt wurde. So erhielt beispielsweise der Bergfried anstelle des Pyramidendaches einen Zinnenkranz mit einer Bekrönung durch Ecktürmchen.

Vorderburg

Als dritte der Steinacher Burgen wurde um 1200 von Ulrich I., dem Sohn des Minnesängers Bligger, die Vorderburg unmittelbar über dem Ort erbaut, mit dem sie durch eine gemeinsame Wehrmauer verbunden war. Die kleine etwa rechteckige Anlage mit Ringmauer und Zwinger wird von einem quadratischen Bergfried überragt, an den ein mehrfach umgebauter Wohnturm anschließt, der an seiner Ostseite einzelne romanische Fensterreste aufweist. Die jüngste der vier Burgen ist die im 14. Jahrhundert auf einem Steilhang errichtete **Burg Schadeck**, ein hervorragendes Beispiel gotischer Festungsarchitektur.

oben links: Neckarsteinach mit der Mittel- und Vorderburg (links im Bild) und dem Neckar
oben rechts: Burg Schadeck
rechts: Hinter-, Mittel- und Vorderburg auf einem historischen Stich und Lageplan (unten)
unten links: Mittel- und Vorderburg

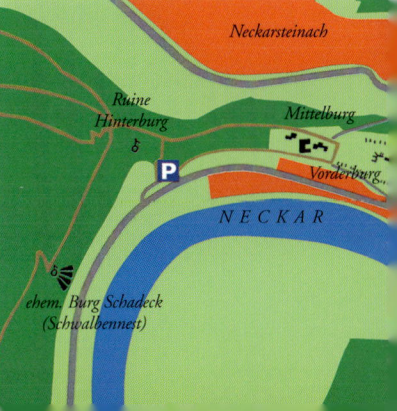

Oppenheim

Katharinenkirche

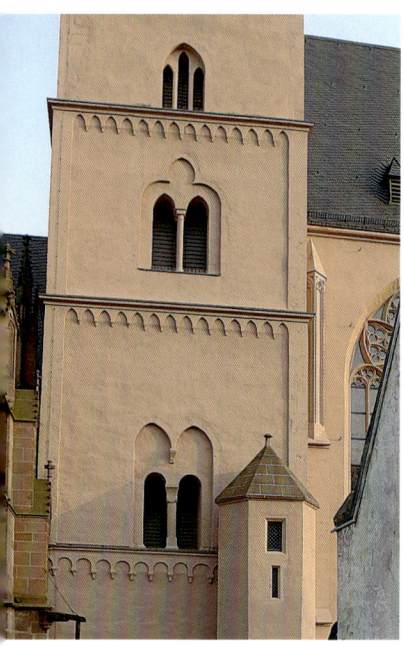

Zwischen Mainz und Worms liegt auf einem Hügel oberhalb des Rheins die malerische Weinstadt Oppenheim, die, weithin sichtbar, von der Katharinenkirche überragt wird. Das in seiner Gesamterscheinung gotisch anmutende Gotteshaus geht auf einen spätromanischen Vorgängerbau aus der ersten Hälfte des 13. Jahrhunderts zurück. Von der vor 1234 begonnenen Kirche stehen heute noch die beiden Westtürme, während der Vierungsturm, das Langhaus sowie der Ost- und Westchor zwischen 1275 und 1439, also in der Formensprache der Gotik, entstanden. Das Patrozinium gilt einer der am Anfang des 13. Jahrhunderts nach der Muttergottes Maria am meisten verehrten Heiligen, der hl. Katharina von Alexandria, die sich, zu den 14 Nothelfern gehörend, vor allem wegen ihrer Tugenden der Weisheit und „Wohlredenheit" großer Beliebtheit erfreute. Heute dient das Gotteshaus als evangelische Pfarrkirche.

Vom romanischen Gründungsbau haben sich als westlicher Abschluss einer dreischiffigen Basilika noch die beiden Türme in ihren unteren vier Geschossen erhalten, während die oberen Stockwerke als Folge der Errichtung des sehr hohen Westchors in spätgotischer Zeit aufgestockt wurden. Auf leicht längsrechteckigem, schiefwinkligem Grundriss errichtet, sind die vier würfelförmigen Kuben durch Stockwerkgesimse über schön profilierten Rundbogenfriesen getrennt, die in den Obergeschossen Spitzbogenformen annehmen. Hier durchbrechen Schallarkaden in Form von Zwillingsfenstern das Mauerwerk. Diese Blendbogengliederung hat sich auch im Inneren des Westchors erhalten, der den Türmen vorgesetzt wurde. Vom Portal der ursprünglich frei stehenden Doppelturmfassade hat sich nichts mehr erhalten, heute füllt diesen Mauerbereich zwischen Stiftschor und Pfarrkirche ein prachtvoll gestaltetes spätgotisches Portal. Die Untergeschosse der Türme öffnen sich in je zwei Arkaden zum jetzigen Langhaus, über dessen romanischen Vorgängerbau trotz der im späten 19. Jahrhundert durchgeführten Restaurierungsarbeiten keine genaueren Kenntnisse vorliegen, sodass die spätromanische Kathedrale in ihrer Gesamtgestalt im Verborgenen bleibt.

oben: Nördlicher romanischer Chorflankenturm

unten: Gotischer Westchor von Nordwesten mit romanischen Chorflankentürmen, am linken Bildrand das Ostquerhaus und der gotische, im 19. Jahrhundert während einer Restaurierungsmaßnahme erneuerte Vierungsturm

Ansicht der nördlichen Bauteile der Kirche mit den Chorflankentürmen und dem Westchor sowie dem spätgotischen Langhaus mit seinen herausragenden Maßwerkfenstern

Ansicht von Norden mit dem spätgotischen Ostchor, Langhaus, Querhaus und Vierungsturm (im 19. Jahrhundert erneuert) sowie den romanischen Chorflankentürmen und dem gotischen Westchor

St. Ilgen

Ansicht von Süden

Fassade

Katholische Pfarrkirche

Einige Kilometer südlich von Heidelberg liegt der Ort St. Ilgen mit seiner katholischen Pfarrkirche, die der Nachfolgebau einer früheren Klosterkirche ist, die ursprünglich zu der kurz nach 1150 in St. Ilgen gegründeten Propstei des Benediktinerklosters Sinsheim gehörte. Sie zeigt in ihren Umfassungsmauern noch die Anlage des romanischen Baus, der vermutlich die Form einer dreischiffigen, wahrscheinlich flachgedeckten Pfeilerbasilika mit Querschiff und Chorquadrat hatte. Der jetzige Chor bildete ursprünglich die Vierung der kleinen, im 18. Jahrhundert in einen Saalbau umgestalteten Basilika; im Langhaus lassen sich noch die Stümpfe des westlichen Pfeilerpaares aus der Erbauungszeit erkennen, die nun als Emporenstützen dienen.

Zum romanischen Bau gehört auch die westliche Giebelwand mit einem Säulenportal aus rotem Sandstein, dessen Gewände mit ihren ornamentierten Kapitellen aufgrund späterer Ausbesserungen bedauerlicherweise gelitten haben. Einstmals waren den beiden äußeren Pfeilern ebenfalls Säulen vorgelegt, worauf die noch vorhandenen Kapitelle hinweisen. Das gut erhaltene Tympanon zeigt als Relieffigur einen auf einem Sessel sitzenden Heiligen, wahrscheinlich den Kirchenpatron Ägidius. Seine Rechte streckt er im Segensgestus über einen knienden Mönch aus, vermutlich den Stifter, während zu seiner Linken ein Abt mit einem leicht beschädigten Stab kniet. Die drei Personen tragen das Ordensgewand der Benediktiner. Über dem Portal haben sich noch zwei kleine romanische Rundfenster mit tiefen schrägen Gewänden erhalten, die der Westfassade einen zusätzlichen Gliederungsakzent verleihen.

Portal

Schönau

Ehem. Zisterzienserkloster
(heute Evangelische Stadtkirche)

Nordöstlich von Heidelberg liegt in einem schmalen, vom Wald eingeschlossenen Wiesental, der „schönen Aue", das ehemalige Zisterzienserkloster Schönau, das eine Stiftung aus der Frühzeit dieses Ordens ist. Die „schoenaugia" war im Mittelalter Eigentum des Wormser Bischofs, zugleich aber Lehen des Grafen Poppo von Lauffen, der dieses wiederum an einen Bugger von Steinach als Afterlehen weitergegeben hatte. Im Jahre 1142 konnte Bischof Burkhard II. das Lehen zurückerwerben und noch im gleichen Jahr begannen vermutlich aus der Wormser Dombauhütte herbeigerufene Bauleute mit der Errichtung des Klosters. Bereits zwei Jahre später ließen sich die ersten Mönche aus dem Mutterkloster Eberbach im Rheingau nieder, doch sollte es noch bis zum Jahre 1211 oder 1220 dauern (ein genaues Weihedatum ist nicht bekannt) bis die Gesamtanlage ihrer Bestimmung übergeben werden konnte. Die Wahl des Ortes entsprach genau den Baubestimmungen der Zisterzienser, die für ihre Neugründungen Waldtäler mit fließenden Gewässern fernab von Dörfern und Städten bevorzugten. Die stattliche Kirche, die starke Ähnlichkeiten mit der wenige Jahre später begonnenen Abteikirche in Otterberg in der Pfalz aufwies, hatte die Form einer kreuzförmigen, dreischiffigen Basilika zu sechs Langhausjochen im gebundenen System, an die ein weit ausladendes Querschiff und ein rechteckiger Chor anschlossen. Der an der Außenseite gerade vermauerte Chor besaß in seinem Inneren einen Kapellenkranz, je zwei halbkreisförmige Kapellen lagen an der Ostseite der Querhäuser. Die 84 Meter lange Kirche erstreckte sich in Ost-West-Richtung, im Süden grenzte der Kreuzgang an. Das Herrenrefektorium lag am südlichen Teil des Kreuzgangs, der Ostflügel beherbergte den Kapitelsaal mit dem darüberliegenden Schlafsaal der Mönche, während sich das Konversengebäude, der Bau der Laienbrüder, im Westen außerhalb der eigentlichen Klosteranlage befand. In der Blütezeit Schönaus wäh-

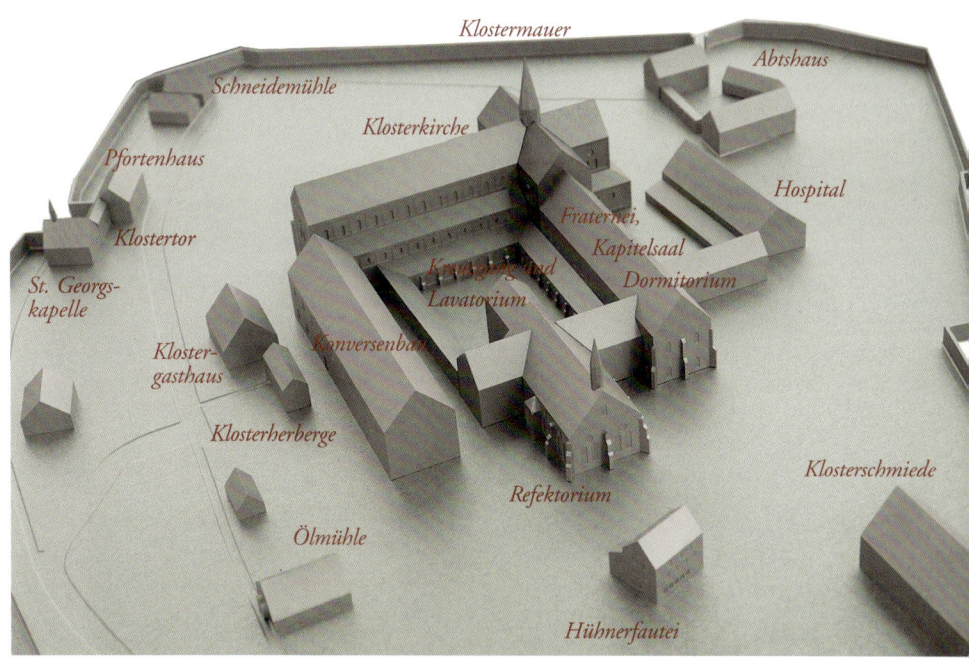

oben: Modell der ehemaligen Klosteranlage mit Nebengebäuden, Rekonstruktion

links: Grundriss der Kernbauten der Klosteranlage, Rekonstruktion nach R. Edelmaier, orange = erhaltener Bau (Refektorium)

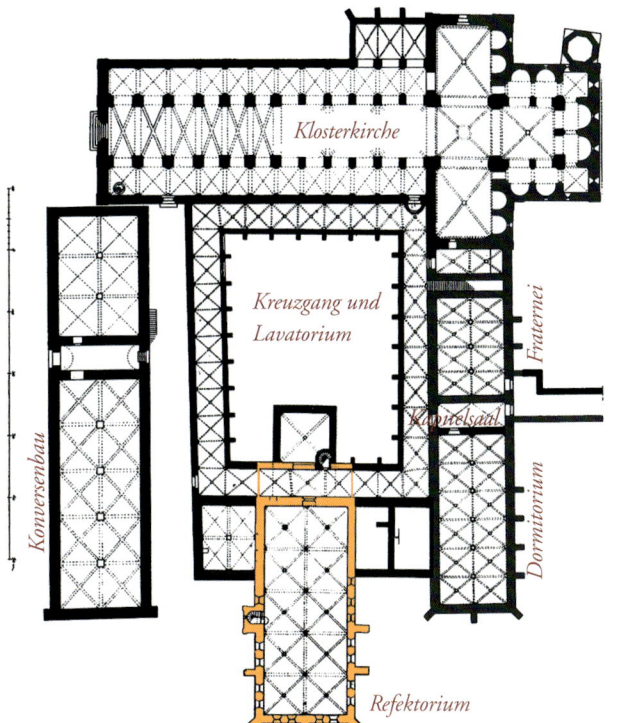

rend des 13. Jahrhunderts dürften etwa 300 Mönche und Laienbrüder im Kloster gelebt haben.

Die Kirche ist leider gänzlich zerstört. Nach seiner Aufhebung in der zweiten Hälfte des 16. Jahrhunderts wurde das Kloster ein Opfer des Dreißigjährigen Krieges, worüber die von Matthäus Merian illustrierte und verlegte „Topographia" der Rheinischen Pfalzgrafschaft berichtet: „Besagtes Closter aber ist jetzo alles sampt den Grabschriften verwüst, verderbt, zerstört". Doch lassen alte Ansichten, wie die Federzeichnung eines unbekannten Frankenthaler Malers aus dem Jahre 1580, und Grabungsergebnisse aus dem vorigen Jahrhundert eine Rekonstruktion der ehemaligen Anlage zu.

Ehem. Herrenrefektorium

Als einziges der innerhalb der Klausur liegenden Gebäude hat sich das ehemalige Herrenrefektorium, heute evangelische Stadtkirche, erhalten. Es wurde vermutlich um 1230/40, also etwas später als die Kirche, erbaut. Zusammen mit dem kleineren Refektorium in Maulbronn bildet dieser Hallenraum, in dem spätromanische und frühgotische Bauformen und Stilelemente zu einer gelungenen Synthese finden, einen Höhepunkt monastischer Baukunst der Stauferzeit. Von Norden her betritt man den ehemaligen Speisesaal der Mönche, in dem täglich bis zu 90 Patres aßen, durch eine kreuzgewölbte Vorhalle, dem letzten erhaltenen Joch des einstigen Kreuzgangs. Beachtenswert ist das schön gestaltete Stufenportal mit frühgotischen Knospenkapitellen und dem bogengerahmten Tympanon.

Das Innere des Refektoriums ist sehr schlicht gehalten: Drei Rundpfeiler und ein achteckiger Pfeiler im Norden teilen den Raum in zwei Schiffe zu je fünf Jochen, wobei die ersten beiden Joche rechts vom Eingang, mit denen der Bau vermutlich begonnen wurde, etwas niedriger liegen als die restlichen. Die Pfeiler haben attische Basen und mit Blättern geschmückte Kelchblockkapitelle, die in dieser Ausprägung auf französische Vorbilder schließen lassen. Auffallend ist die unter-

rechts: Ostseite
des ehem. Her-
renrefektoriums

links: Südan-
sicht des ehem.
Herrenrefekto-
riums

Ehem. Herrenrefektorium: Portal und Erschließungsgang (oben), Kapitell (unten) und Innenansicht nach Südern (rechts)

schiedliche Ausbildung der Wandkonsolen, auf denen die Kreuzrippen sowie die Gurt- und Schildbogen aufliegen – ein für die Zisterzienserarchitektur im Übrigen typisches Gestaltungselement. An der Ostwand setzen sie sich aus in die Wand eingebundenen Säulendiensten und Deckplatten über weit ausladenden Kapitellen zusammen; an der Nord-, Süd- und Westwand hingegen laufen sie unter dem Abakus in Form dreier nach unten ineinander übergehender Säulchen mit Kelchkapitellen zusammen. Eine ähnliche Gestaltung wie an der Ostwand weisen die Eckkonsolen auf, die Mittelsäule ist hier jedoch stark verkürzt. Reich verziert und unterschiedlich gestaltet sind die Schlusssteine in den etwas mehr als 10 Meter hohen Scheitelpunkten der Gewölbe, ihre Schmuckformen sind – wie auch alle anderen dekorativen Formen in der Halle – vegetabilischer Art. Im Bogen zwischen den beiden südlichen Jochen erkennt man eine mit Palmetten verzierte Scheibe mit einer Bohrung, durch die einst der Glockenstrang lief. Die Rankenmalereien, die bei der letzten Restaurierung vor 30 Jahren wieder freigelegt und teilweise ergänzt wurden, sind gotischen Ursprungs – eine Ausmalung des Raumes war ja nach dem strengen Baureglement der Zisterzienser, zumindest während der Frühphase des Ordens, nicht vorgesehen.

Am Außenbau dominieren wuchtige, zweimal abgetreppte Strebepfeiler, die zusammen mit den tief eingeschnittenen Fenstern zu einer starken Betonung der Vertikalen führen. (Die nördlichen Strebepfeiler der West- und Ostseite, die dortigen Fenster sowie der Dachreiter sind Zutaten des 19. Jahrhunderts.) Eine horizontale Gliederung erfolgt lediglich durch das das Sockelgeschoss umlaufende Kaffgesims, das auch die Strebepfeiler einbezieht. Auf der Westseite werden die beiden südlichen Fenstergruppen von Spitzbogenblenden überfangen, die bereits ein gotisches Formendenken ankündigen. Zugleich tritt hier der wiederum mehr der Romanik verpflichtete rechteckige Anbau des Lektoriums, des Lesesaals der Mönche, hervor. Dieser wird von zwei Ecklisenen eingefasst, die unter dem Giebelgesims in einen Rundbogenfries

oben links: Westseite des ehem. Refektoriums mit dem Anbau der Lesekanzel
oben rechts: Joch mit dem Portal und der Öffnung der Lesekanzel

unten: Detail des spätgotischen Dreisitzes aus der ehem. Klosterkirche

übergehen. An der Südseite trennt ein Gesims den leicht zurückgesetzten Giebel, der durch zwei in der Achse übereinanderliegende Rundbogenfenster gegliedert wird, von der unteren Wandfläche. Die Eckpfeiler sind diagonal ausgerichtet, der mittlere Strebepfeiler teilt die Wandfläche in zwei symmetrisch angeordnete Hälften, in denen je zwei Fensterpaare mit einer darüberliegenden Rosette eingelassen sind.

Noch erhaltene Architekturfragmente der romanischen Anlage sind das zweibogige Obere Tor im Westen, der einstmals einzige Zugang zum Kloster, und das Becken des Lavatoriums, des Waschhauses, das zum unteren Teil des heutigen Marktplatzbrunnens umfunktioniert wurde.

Alte Hühnerfautei

Im Süden des Herrenrefektoriums liegt die alte Hühnerfautei, das Haus des Hühnervogtes. (Der Hühnervogt war der Zinsmeister, der die Gefälle einsammelte und verrechnete.) Der großzügig angelegte repräsentative Bau war vermutlich der Amtssitz des vom Heidelberger Pfalzgrafen eingesetzten Klostervogtes, der seit dem Beginn des 13. Jahrhunderts die Verwaltung über das Kloster Schönau innehatte. Das Gebäude, das in seinem Kern aus der Zeit um 1250 stammt, ist eines der wenigen gut erhaltenen Beispiele mittelalterlicher Profanarchitektur, das aber im Laufe der Jahrhunderte, vor allem durch die Fenstereinbrüche, stark verändert wurde. Es erstreckte sich als ein dreigeschossiger, aus Bruch- und Hausteinen gemauerter Bau von 13,5 Meter Länge und fast 9 Metern Breite mit einem ehemals im 45°-Winkel geneigten Satteldach. Das Erdgeschoss, das wahrscheinlich als Amtsraum des Vogtes diente, bestand aus einem großen Saal, der an seiner Südseite eine Reihe von sechs Doppelfenstern aufwies. Zwei weitere Fenster gliederten die Westwand, während im Norden und Osten jeweils eine rundbogige Tür ins Innere führte. Über eine Außentreppe an der Nordseite erfolgte der Zugang zum ersten Obergeschoss, das vermutlich, wie auch das darüberliegende, in mehrere Zimmer eingeteilt war. Die Raumteilungen bestanden aus leichten Fachwerkkonstruktionen, die Räume, die wahrscheinlich dem Aufenthalt des Pfalzgrafen gedient haben, waren verputzt und teilweise ausgemalt.

Über die Geschichte des Klosters Schönau berichten zehn Federzeichnungen, die sich heute im Besitz des Germanischen Nationalmuseums in Nürnberg befinden. Es sind zwar keine originalen Zeitzeugen, stellen sie doch, wahrscheinlich mit einer nicht unbeträchtlichen zeitlichen Distanz und mit zahlreichen Anachronismen behaftet, aus dem Blickwinkel der Epoche von Reformation, Renaissance und Humanismus das Leben und die Verhältnisse im 12. Jahrhundert dar; dennoch handelt es sich hierbei um äußerst interessante Bilddokumente, die die Erbauung des Klosters, aber auch historische Ereignisse aus seiner Geschichte illustrieren.

Die ersten vier Blätter dieser Zeichenfolge, die vermutlich als Entwurf für Glas- oder Wandmalereien konzipiert war, behandeln die Grundsteinlegung, den Bau der Kirche (s. S. 36), die Weihe und die Privilegierung.

Die folgenden drei Blätter erzählen die merk- und denkwürdige Geschichte der Hildegund von Schönau, die hier verstarb. Auf einer Pilgerreise nach Jerusalem, die Hildegund zusammen mit ihrem Vater, einem Bürger aus Neuss, unternahm, legte sie aus Gründen der Sicherheit Männerkleider an und nannte sich von nun an Joseph. Als der Vater plötzlich starb, blieb sie allein mit ihrem Diener zurück. Dieser beraubte sie, sodass sie nicht mehr die Überfahrt in die Heimat zahlen konnte. Bald trat sie als weit gereister junger Mann in die Dienste eines Klerikers, für den sie in geheimer Mission Briefe des Kölner Erzbischofs zum Papst nach Verona brachte. Unterwegs wurde sie jedoch des Diebstahls bezichtigt und zum Tode verurteilt. Durch ein Gottesurteil trat ihre Unschuld zutage und der wahre Dieb wurde mit dem Strick hingerichtet. Aus Rache entführten daraufhin die Angehörigen des Übeltäters Hildegund alias Joseph und hängten sie auf. Durch ein Wunder wurde sie gerettet und trat wenig später, immer noch in ihrer „Hosenrolle", in das Kloster Schönau ein. Ein Jahr lebte sie als Novize Joseph in Mönchskleidern unter den anderen, ohne dass man ihr wahres Geschlecht entdeckte, trotz des gemeinsamen

Hühnerfautei, um 1250/51, südlich des ehem. Refektoriums außerhalb des ehem. Klausurbereichs gelegen, eines der wenigen gut erhaltenen Profangebäude des Hochmittelalters. Große Teile der bauzeitlichen Deckenbalken sowie Putz- und Malschichten sind erhalten.

oben links: Ansicht von Süden

oben rechts: Ansicht von Norden

links Mitte: Obergeschoss

links unten: Erdgeschoss

Ehem. Ern, d. h. Flur im Konversenbau, der den Durchgang durch das 66,5 Meter lange Konversengebäude (Gebäude der Laienbrüder, die für die Klosterwirtschaft zuständig waren und eine eigene Gemeinschaft bildeten) zur Konversengasse ermöglichte. Durch Türbögen, die noch heute erhalten sind, konnte man von diesem Flur aus den nördlichen und südlichen Teil des Gebäudes betreten. Der Konversenbau bestand im Erdgeschoss aus dem Refektorium der Laienbrüder und Kellerräumen, im Obergeschoss aus dem Dormitorium (Schlafraum) der Konversen.

rechts Mitte und unten: Oberes Tor des Zisterzienserklosters, 13. Jahrhundert, 1514 und 1523 umgestaltet

unten links: Vita der hl. Hildegund, Kloster Schönau, Zeichnung aus dem frühen 16. Jahrhundert, Germanisches Nationalmuseum Nürnberg

Schlafsaals und der täglichen kollektiven Reinigung am Brunnen im Kreuzgang. Am 20. April 1188 starb sie ihren vorhergesagten Tod. Als man den Leichnam zum Waschen entkleidete, ging ein erstaunter Aufschrei durch das Kloster: „Femina fuit hic homo – Eine Frau war dieser Mann." Später wurde Hildegund jahrhundertlang als Heilige verehrt.

Die Blätter 8, 9 und 10 der Bilderfolge stellen eine sozialgeschichtlich bemerkenswerte Verschwörung der Laienbrüder dar, die zu Ende des 12. Jahrhunderts stattgefunden haben soll und durch Abt Konrad von Eberbach überliefert worden ist. Ein Teil der Konversen hatte sich der Anwendung strengerer Sitten widersetzt, die eine Rationierung der Kleider und der Schuhe vorsah. Angestiftet vom Teufel beschlossen die Verschwörer, nächtens die sich der neuen Anordnung fügenden Brüder, die „Streikbrecher", im Schlafsaal zu überfallen. Diese konnten jedoch den Angriff abwehren, wobei sich der Anführer der rebellischen Mönche zu Tode stürzte. Nach der Erzählung soll ihm Satanas selber – als Erfüllungsgehilfe der klösterlichen Obrigkeit und als Bewahrer der klerikalen Autorität! – das Genick umgedreht haben.

Fundamente der Westfassade der ehem. Klosterkirche, die zwischen 1167 und etwa 1215/20 als dreischiffige romanische Basilika von 84 Metern Länge erbaut wurde. Die Westfassade besaß vermutlich eine Giebelhöhe von 23 Metern.

Schriesheim

Strahlenburg

Oberhalb des Weinorts Schriesheim erhebt sich auf einem Ausläufer des Odenwalds weithin sichtbar die Ruine der Strahlenburg. Die Herrschaft in Schriesheim entstand aus der Immunität des Klosters Ellwangen. Zu Beginn des 13. Jahrhunderts traten die Edelfreien von Strahlenberg als Grundherren in Erscheinung, die als Vögte über den klösterlichen Grundbesitz an der Bergstraße eingesetzt waren und zudem die Vogtei der Lorscher Güter in Schriesheim innehatten. Der aus diesem Geschlecht abstammende Konrad I. von Strahlenberg erbaute ohne Erlaubnis der Abtei in Ellwangen um 1230/35 die Strahlenburg. Daraufhin erwirkte der Ellwanger Abt beim Kaiser die Verhängung der Acht über Konrad, die nach einigen Jahren jedoch wieder aufgehoben wurde, als es zu einem Vergleich zwischen weltlicher und geistlicher Macht kam. Die Übereinkunft sah vor, dass der Strahlenberger die Ellwanger Lehenshoheit auch über sein bisheriges Eigengut anerkannte, dafür aber im Besitz der Burg verbleiben durfte. Kurz darauf gründete Konrad am Fuße der Festung die Stadt Schriesheim.

Aus der Gründungszeit der Burg stammen der noch gut erhaltene runde, ca. 27 Meter hohe Bergfried in Bruchsteinmauerwerk und die Schildmauer, die in einem spitzen Knick davorgelegt ist. Ursprünglich verlief auf der Mauer, etwa 15 Meter über dem Innenhof, ein Umgang, der auf Kragsteinen um den Bergfried herumführte; auf gleicher Höhe befindet sich der ehemalige rundbogige Zugang des Turmes. Die Bauten der Strahlenburg sind fast ganz aus Granit- und Porphyrmauerwerk ausgeführt, das aufgrund seiner Härte und Sprödigkeit für eine weitergehende Bearbeitung durch Steinmetze nicht geeignet war, sodass die Burg so gut wie keine architektonischen Gliederungselemente bzw. Schmuckformen aufweist. Der viergeschossige Palas, dessen südliche und westliche, durch große spitzbogige Fenster gegliederte Außenwand noch aufrecht steht, wurde erst im Laufe des 14. Jahrhunderts angebaut. Als Reste eines älteren Bestandes – vermutlich des Vorgängerbaus sind unter dem Hauptgeschoss der Westmauer zwei Reihen mit je drei Biforien angebracht, deren untere stauferzeitlichen Ursprungs sind. Um die Innenburg, welche die Form eines lang gestreckten Fünfecks einnimmt, legen sich gegen Osten und Norden die Vorburg und die Unterburg, gegen Süden, zwischen Schildmauer und Halsgraben, ein Zwinger.

Die Burganlage wurde im Landshuter Erbfolgekrieg von 1504 in Brand gesetzt, danach nicht wieder aufgebaut und im 18. Jahrhundert zu großen Teilen abgebrochen, da man für die Errichtung des herrschaftlichen Schlossweinberges Baumaterial benötigte. Auf den Resten der Vorburg und teilweise in der Innenburg sind gegen Ende des 19. Jahrhunderts und in den 50er-Jahren des vorigen Jahrhunderts Gaststättengebäude entstanden, die den Charakter der Ruine zu ihrem Nachteil verändern.

Strahlenburg, Ansicht von Südwesten

unten: Strahlenburg, Baualterplan, Umzeichnung nach Thomas Biller

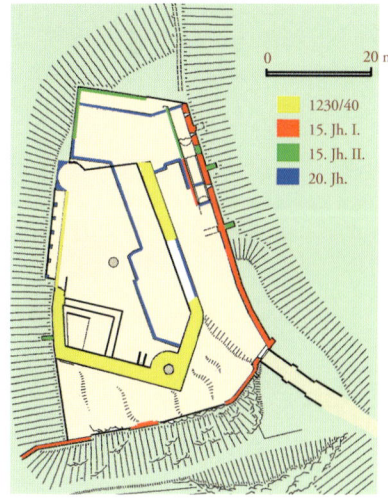

125

Speyer

Von der „Kühstadt" zur „Hauptstadt Deutschlands"

Die Geschichte Speyers beginnt mit den Kelten, die hier eine Siedlung mit dem Namen „Noviomagus" angelegt hatten, was soviel wie „Neustadt" heißt. Den Kelten folgte im ersten vorchristlichen Jahrhundert der germanische Stamm der Nemeter, der kurz vor Christi Geburt von den Römern vertrieben wurde. Noviomagus hieß von nun an „civitas Nemetum". Unter Kaiser Claudius wurde ein römisches Kastell angelegt, das die strategisch wichtige Handelsstraße Basel–Straßburg–Mainz–Köln flankierte. Der Name „Sphira" bzw. „Spira", also Speyer, erscheint zum ersten Mal unter den Franken im Jahre 614.

Obwohl bereits in der Römerzeit ein Bischof bezeugt ist, kann man von einem Bistum Speyer nicht vor dem 7. Jahrhundert sprechen. Eine erste Kirche wurde vermutlich im 6. Jahrhundert errichtet, der im ersten Drittel des nächsten Jahrhunderts ein größerer Bau mit einem Kloster folgte. Diese Kirche hatte ein Marienpatrozinium; das Kloster, das seine Gründung wahrscheinlich der Initiative fränkischer Adliger zu verdanken hatte, war dem hl. German von Auxerre geweiht. Vermutlich waren irische Mönche die ersten Klosterinsassen, die mit dem hl. Columban ins Frankenreich gekommen waren.

Einen ersten Dombau, dessen Existenz jedoch nicht eindeutig nachgewiesen ist, soll der Frankenkönig Dagobert II. unter dem Doppelpatrozinium der hl. Maria und des hl. Stephan initiiert haben. Sicher ist hingegen, dass um 850 unter Bischof Gebehart ein karolingischer Dom errichtet wurde, den mehrere Kaiser mit reichlich ausgestatteten Güterschenkungen und kostbaren Weihegaben bedachten. Dieser später dem Abriss zum Opfer gefallene karolingische Mariendom befand sich bereits auf dem außerhalb des alten Stadtkerns gelegenen Domhügel, also an der Stelle, an der Konrad II. seinen Neubau errichten ließ.

Speyer, Stadtplan mit romanischen Gebäuden bzw. Objekten

1. S. Marcus. 2. S. Iacob. 3. S. Marx thor.
12. Weid thor. 13. Widenberg. S. Guidon. 14. S. M

Als Bischofssitz wurde Speyer im 10. Jahrhundert zum kirchlichen und wirtschaftlichen Zentrum der Region. Der Salierherzog Konrad der Rote, Schwiegersohn Kaiser Ottos des Großen, schenkte im Jahre 946 Bischof Reginbald sein väterliches Erbe in Speyer. Gegen Überlassung eines lebenslangen Nutzungsrechtes an Gütern in Deidesheim, Rödersheim und Erpolzheim vermachte er dem Bischof alle seine Hörigen, das Münzrecht, die Hälfte des Zolls (die andere Hälfte war bereits im Besitz des Bischofs), die Marktaufsicht sowie die Gerichtsrechte – was einer nicht unempfindlichen Machteinbuße der Salier in

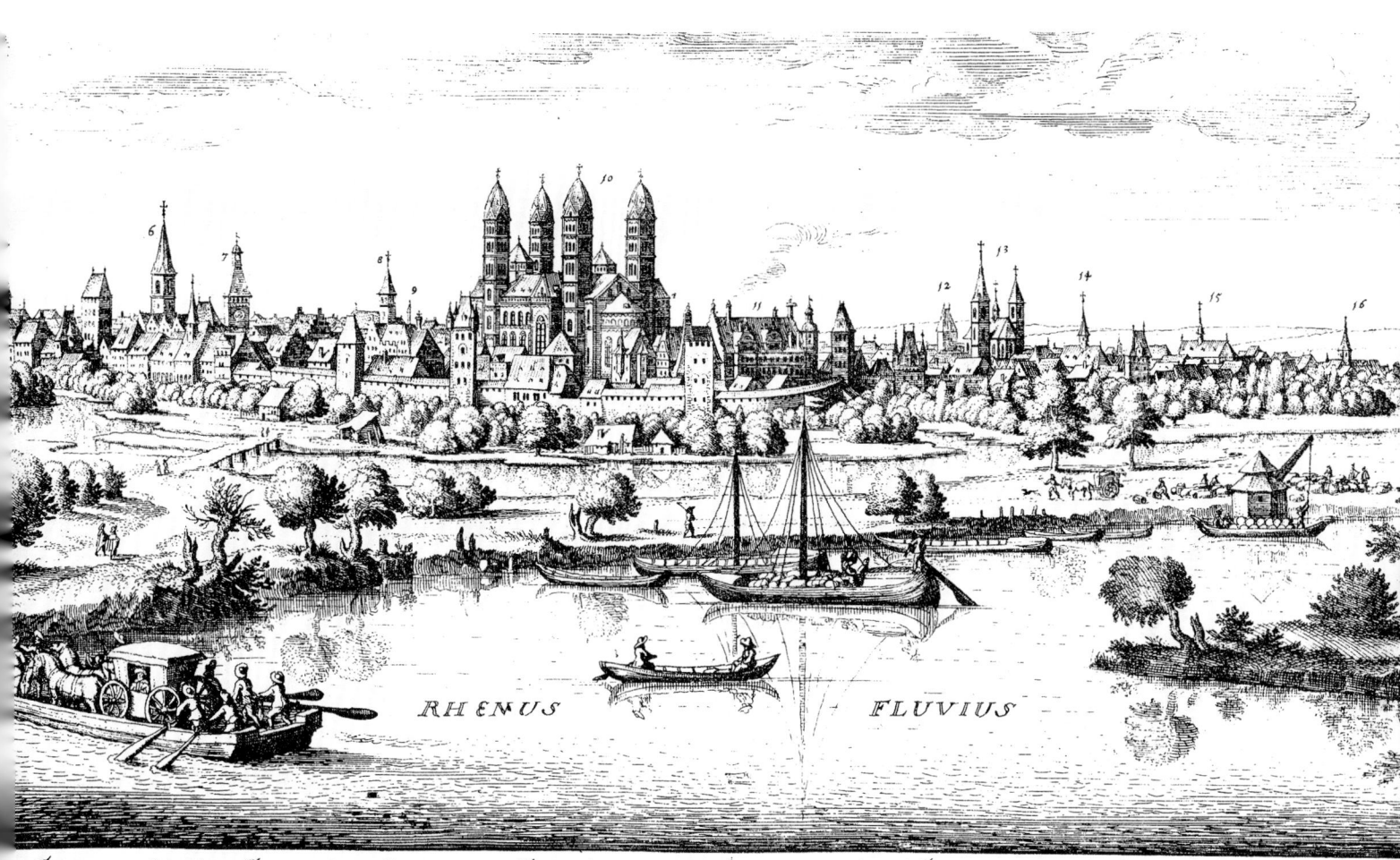

RHENUS   FLUVIUS

r Closter. 5. Capuciner Closter. 6. S. Gernan. 7. Alt Portlein. 8. S. Iohannes. 9. Iesuiter Coll. 10. Die Domkirch. 11. Des Bischoffhofe.
5. Clara. 16. Lazaret.

Speyer gleichkam. Von Kaiser Otto erhielt die Speyerer Kirche ein Vierteljahrhundert später, anno 969, das Immunitätsprivileg, das die Stadt als einen Sonderbezirk mit eigenem Recht auswies. Der durch die Kaiserprivilegien garantierte, vom Umland abgehobene und dem Bischof unterstellte Sonderbezirk umfasste die bereits im 10. Jahrhundert ummauerte Bischofsstadt um den Dom im Osten (die „civitas"), ein westlich vorgelagertes Zwischenstück von unbekannter Ausdehnung und das Dorf Altspeyer („villa Spira") als zweites Siedlungszentrum im Nordwesten. Der Bischof trat die Nachfolge des karolingischen

Gaugrafen an, womit das Stadtgebiet dem unmittelbaren herrschaftlichen Einfluss der hochadeligen Grafen des Speyergaus entzogen wurde. Diese besonderen Herrschaftsrechte, die neben dem juristischen auch den wirtschaftlichen Bereich – die Münze, den Zoll – betrafen, wurden den Speyerer Bischöfen auch von Ottos Nachfolgern, letztmals von Heinrich IV. im Jahre 1061, garantiert.

Dennoch gelang es den Bischöfen nicht ganz, die bereits seit dem Immunitätsprivileg von einer Mauer umgebene Stadt frei von weltlichen Einflüssen zu halten. Denn als herrschaftliches Zentrum blickte die

Speyer, Kupferstich von Matthäus Merian, 1646

127

Konrad II. und seine Gemahlin Gisela, „Goldenes Evangeliar" Heinrichs III. für den Speyerer Dom – Codex Aureus Escorialensis, Real Biblioteca de San Lorenzo, El Escorial, Cod. Vitrinas 17, fol. 2v, Foto nach Faksimile

Stadt auf eine bereits unter den Karolingern einsetzende Tradition zurück: Wie die beiden anderen Bischofssitze des Mittel- und Oberrheingebiets, Mainz und Worms, beherbergte auch Speyer seit dem 8. Jahrhundert eine Königspfalz, die dem fränkischen Herrscher als Aufenthaltsort diente. Dies hatte eine stets enge Bindung zu König und Reich zur Folge, die bis ins Spätmittelalter andauern sollte. Neben seiner Eigenschaft als zeitweiliger Residenz des reisenden Herrschers war Speyer zugleich Vorort des gleichnamigen Gaus und somit als Sitz eines Grafen Mittelpunkt einer Grafschaft, eines Gerichts- und eines Verwaltungsbezirkes. Diese Funktion ging zwar nach der Schenkung Konrads des Roten für einige Zeit verloren, es erhielten und verstärkten sich dafür jedoch jene Beziehungen zum Königtum, die eine besondere Qualität erreichten, nachdem die Grafen des Speyergaus zur höchsten Herrscherwürde gelangt waren und es zu einer Gleichsetzung von Hausmachtpolitik und Reichslandpolitik kam.

Im 11. und 12. Jahrhundert wurde Speyer zu einem geistlichen und weltlichen Zentrum. Aus der ehemaligen „Kühstadt" („vaccina") – so Walther von Speyer, Bischof von 1004 bis 1031 – entwickelte sich die „metropolis germaniae" („Hauptstadt Deutschlands") – so der in einem Kloster der Normandie schreibende englische Mönch Ordericus Vitalis, der zwischen 1075 und 1135/40 lebte. Als Sitz der Bischofskirche, Ort der Kaisergräber und auch als Stätte besonderer Marienverehrung war die Stadt administrativer und kultischer Mittelpunkt des geistlichen Bistums und des weltlichen Herrschaftsgebietes des Speyerer Hochstifts.

Bereits im 13. Jahrhundert einsetzende Tendenzen zu einer bürgerlich-städtischen Selbstverwaltung führten im Jahre 1294 schließlich zu einer Teilung der Stadt in zwei Hoheitsgebiete: die Domimmunität und die freie Reichsstadt. Ein entscheidender Schritt zur Bildung einer Stadtgemeinde mit freien Bürgern war das Privileg Heinrichs V. gewesen, das der Kaiser am 14. August des Jahres 1111, dem Tag der feierlichen Beisetzung seines Vaters im nahezu vollendeten Dom, „seinen" Speyerer Bürgern verliehen hatte. Es befreite die Einwohner von einer Reihe drückender Abgaben, die bisher in die bischöflichen Kassen geflossen waren, und garantierte eine persönlich freie Bürgerschaft mit gesichertem Besitz. Seiner Bedeutung entsprechend wurde das in goldenen Lettern abgefasste Privileg zusammen mit einem Bildnis des Kaisers über dem Hauptportal des Domes angebracht. Heinrich VI. (1190–1197) erkannte die Bürgerschaft schließlich als eine politisch handelnde Einheit an, womit er ihr als einer der ersten Gemeinden nördlich der Alpen das Recht verlieh, einen eigenen Stadtrat zu wählen.

Dom St. Maria und St. Stephan

Mit der Stadtgeschichte Speyers eng verbunden ist die Geschichte der salischen Kaiser, die sich hier ihren Dom und ihre Grabstätte erbauen ließen. Als einer der mächtigsten romanischen Sakralbauten in Europa blickt der Dom – obwohl er heute mit Ausnahme des Westbaus und einiger Details nahezu in seiner ursprünglichen Gestalt aus dem 12. Jahrhundert erscheint – auf eine mehr als 900-jährige Baugeschichte zurück. Nach einer Einstellung der Arbeiten am noch nicht vollendeten Bauwerk um das Jahr 1110 kam es zu einer gut 500-jährigen Baupause. Ihr folgten nach dem großen Brand von 1689 mehrere Rekonstruktionsversuche, die in den Restaurierungsmaßnahmen anlässlich der 1961 begangenen 900-Jahr-Feier zwischen 1957 und 1971 ihren – vorläufigen – Abschluss fanden. Die gegenwärtig laufenden Baumaßnahmen versuchen dagegen, den überkommenen Baubestand zu konservieren.

Die Voraussetzungen für den Dombau zu Speyer waren machtpolitischer Art. Im Jahr 1024 starb das sächsische Kaiserhaus der Ottonen mit dem Tod Kaiser Heinrichs II. aus. Zu seinem Nachfolger wurde im gleichen Jahr in der Nähe von Oppenheim am Rhein Konrad der Salier gewählt, ein Ururenkel von Otto dem Großen, der, in Worms geboren, Herzog in Rheinfranken und Graf im Speyergau war. Oftmals hielt er sich mit seiner Ehefrau Gisela auf der Limburg auf, die nach seiner Wahl zum Kaiser in ein Kloster umgewandelt wurde. In seiner Funktion als abendländischer Herrscher wollte sich Konrad II. in der Tradition seiner Vorgänger einen Bischofsdom errichten lassen, der seinen weltlichen wie geistlichen Machtanspruch dokumentieren sollte. Kaiser Karl hatte sich in Aachen seine Palastkapelle erbaut, Heinrich I. seinen Dom in Quedlinburg, Otto der Große seinen Dom in Magdeburg und Heinrich II. seinen Dom in Bamberg; in Worms war wenige Jahre vor der Kaiserwahl ebenfalls ein Domneubau vollendet worden. Das Amt des Kaisers war seit Karl dem Großen von einem religiös-sakralen Anspruch bestimmt, der im Gottesgnadentum seinen prägnantesten Ausdruck fand. Der Kaiser war das Haupt der Christenheit, die Krone erhielt er zwar vom Papst, Würde und Amt kamen aber unmittelbar von Gott – „non a papa, sed a Deo coronatus" („nicht vom Papst, sondern von Gott gekrönt"). Im Zeitalter der Salier war die kaiserliche Machtstellung noch stark in der Vorstellung einer von Gott unmittelbar verliehenen Weltherrschaft begründet, in der dem Papst die Rolle eines Vermittlers zukam (was sich jedoch bald ändern sollte). Als Standort seiner neuen Haus- und Eigenkirche wählte sich Konrad II. das in seinem Machtbereich gelegene Speyer – ein Entschluss, den er vermutlich während der Kaiserkrönung in Rom im Jahre 1027 fasste. Die Stadt war ja schon seit Jahrhunderten Bischofssitz, konnte aber mit ihrer bescheidenen Kathedrale den imperialen Ansprüchen des Saliers kaum genügen.

Baugeschichte

Der Bau des Domes vollzog sich in zwei großen Abschnitten (Bau I und Bau II). Der Beginn der Arbeiten ist für das Jahr 1030 anzunehmen, ein genaues Gründungsdatum ist jedoch nicht bekannt. Es gibt eine Legende, die berichtet, der Kaiser habe im Jahr 1030 in aller Morgenfrühe den Grundstein zum Kloster Limburg gelegt, sei dann mit seiner Gemahlin und seinem Gefolge nach Speyer geritten, um dort den Grundstein zum Dom und zum St. Johannisstift, dem späteren Guidostift, zu legen. Diese Begebenheit dürfte wohl eher dem mittelalterlichen Hang zur Legendenbildung, die oftmals einsetzte, wenn historische Ereignisse hervorgehoben werden sollten, als der historischen Wahrheit entsprechen. Um die gewaltigen Stein- und Holzmassen nach Speyer zu transportieren, wurde eigens ein Kanal vom Haardtgebirge zum Rhein angelegt.

Der Dombau wurde im Osten mit der Krypta begonnen, der Unterkirche unter dem künftigen Altarhaus. Dieses sollte mit einer halbrunden Apsis abschließen, die nach außen hin jedoch als kantiger Körper, ähnlich wie am Ostschluss des Wormser Domes und des Straßburger Münsters, in Erscheinung treten sollte. Gleichzeitig mit der Krypta entstanden die Fundamente eines Turmpaares, das mit dem Altarhaus in die Höhe wuchs. Als nächster Bauabschnitt wurde das Querhaus in Angriff genommen, dessen Breite – in Abänderung der ursprünglichen Anlage – auch zum Raummaß für die nun erweiterte Krypta wurde, die zudem durch Pfeiler, Säulen und Wandnischen eine straffere Gliederung erhielt. Mit der Fertigstellung der Unterkirche in den 30er-Jahren des 11. Jahrhunderts konnten die Arbeiten an der Oberkirche fortgesetzt werden. Es entstand das Langhaus, das bei einer endgültigen Breite von 38 Metern zunächst jedoch in einer Länge von nur 55 Metern erbaut wurde. Seitlich an der geplanten Westfront wurden die Fundamente für ein zweites Turmpaar gelegt.

Bei diesem Stand der Arbeiten starb im Jahre 1039 der kaiserliche Auftraggeber. Er wurde in dem von ihm gestifteten Dom bestattet, doch nicht, wie anzunehmen, in der Krypta, dem einzig fertig gestellten Bauteil, sondern inmitten der Baustelle, also dort, wo das Grab im vollendeten Dom seinen Platz haben sollte: am Ostende des Mittelschiffs. Nach dem Tod Kon-

Heinrich III. und seine Gemahlin Agnes, „Goldenes Evangeliar" Heinrichs III. für den Speyerer Dom – Codex Aureus Escorialensis, Real Biblioteca de San Lorenzo, El Escorial, Cod. Vitrinas 17, fol. 3r, Foto nach Faksimile

rechts: Dom, Ostfassade

Speyer, Dom, Rekonstruktion des Zustands um 1756 nach der Zerstörung 1689 durch französische Truppen

rads II. setzten sich unter seinem Sohn Heinrich III. die Arbeiten zügig fort, der Plan des Langhauses wurde weiterentwickelt und mehrmals korrigiert. Das schon in der Krypta verwendete Gliederungssystem aus Wandpfeilern und Halbsäulen wurde auf das Langhaus übertragen, das Schiff um 15 Meter nach Westen verlängert, der Altarraum überwölbt. Gleichzeitig konnte der wuchtige Westbau mit seiner 6 Meter dicken Mauer begonnen werden. Auch Heinrich III. erlebte die Vollendung des Bauwerks nicht mehr. Er starb 1056 und wurde neben seinem Vater und seiner 1043 verstorbenen Mutter Gisela beigesetzt. Im Jahre 1061 fand die Weihe dieses ersten Baus statt, der im Grundriss und in großen Partien des Mauerwerks mit dem heutigen Dom übereinstimmt, jedoch im Mittelschiff eine flache Holzdecke und eine rechteckig ummantelte Apsis besaß. Der konradinische Bau war eine dreischiffige Basilika mit zweimal zwölf Pfeilern, die direkt zum erhöhten Querhaus führten und durch Halbsäulenvorlagen gegliedert waren. Vermutlich überspannte die von den beiden Türmen flankierte Ostpartie eine Vierungskuppel, während der Westbau in seiner ursprünglichen Gestalt nicht mehr

bekannt ist. (Die ersten Zeichnungen zeigen den Zustand um das Jahr 1600.)

Bei der Weihe war auch der neue König zugegen: Heinrich IV., der Enkel des Gründers, zu dieser Zeit ein elfjähriges Kind. 20 Jahre später ließ er den Dom verändern, anfängliche Reparaturmaßnahmen mündeten schließlich in einen Neubau (Bau II). Auslöser waren statische bzw. technische Mängel gewesen, die zur Abtragung des Altarhauses führten. Die Widerlager der Gewölbe hatten sich als mangelhaft erwiesen, es drohte unmittelbare Einsturzgefahr. Für diese Arbeiten berief der Kaiser zu Anfang der 80er-Jahre des 11. Jahrhunderts den erfahrenen und berühmten Bauherren Bischof Benno von Osnabrück, unter dessen Anleitung die Apsis mit ihrer Blendgliederung und der Bekrönung durch die umlaufende Zwerggalerie entstand. Während die Untergeschosse der Osttürme und der Anschluss des Langhauses unverändert blieben, erhielt die Krypta eine bis zu 4 Meter starke Mauerummantelung, die zusammen mit den alten Umfassungsmauern die neuen Querschiffmauern tragen sollte. Auch die beiden Querhausarme wurden abgerissen und bis auf die Höhe der im Winkel zwischen Langhaus und Südquerraum in der ersten Bauphase errichteten Doppelkapelle wieder aufgebaut. Während die Querarme zunächst ohne die vorgesehene Wölbung blieben, setzten sich die Umbaumaßnahmen im Langhaus fort, das anstelle der flachen Holzdecke ein Gewölbe erhalten sollte. Steinerne Gewölbe als Abschluss eines 30 Meter hohen Pfeilerbaus mit einer Spannweite von 14 Metern – das war in dieser Zeit und in diesen Dimensionen eine absolute Neuerung. Dazu mussten von den elf Pfeilerpaaren des Langhauses fünf Paare durch Vorlagen verstärkt werden, die dem lang gestreckten Raum nun ein rhythmisch gegliedertes Aussehen verliehen. Gleichzeitig wurde im Langhaus ein Architektursystem angewendet, das die technischen Möglichkeiten des Steinbaus voll ausnutzte und dem Bedürfnis nach einer klaren Gliederung und Ordnung nachkam: das sogenannte gebundene System, in dem mit einer quadratischen Gewölbeein-

oben: *Westansicht des Speyerer Doms, 1609, Kupferstich von Johann Jakob Ebelmann*

rechts: Dom, Ansicht von Südwesten mit Westfassade von 1854–57

unten: Dom, Ansicht um 1840 (kolorierte Lithografie) mit dem barocken Westbau von 1771–75

heit im Mittelschiff zwei rechteckige Gewölbeeinheiten in den Seitenschiffen korrespondieren.

In den 90er-Jahren des 11. Jahrhunderts gerieten die Baumaßnahmen ins Stocken. Für den Fortgang der Arbeiten berief der in Italien weilende Kaiser einen Geistlichen aus seiner Umgebung, den späteren Bischof Otto von Bamberg, zum Bauherren nach Speyer. Unter seiner Aufsicht wurden die Aufbauten der sechs Türme, die bis dahin zur Traufhöhe standen, fertiggestellt. Ein Element entwickelte sich zum Leitmotiv am gesamten Bauwerk: die Zwerggalerie, ein niedriger, nach außen offener, von Säulen getragener Laufgang unter dem Dachansatz, dem zwar ein starkes dekoratives und gliederndes Moment, jedoch keine nennenswerte statische Funktion zukommt. Die Zwerggalerie blieb nicht auf die Apsis beschränkt, sondern wurde auch am Querschiff, am Langhaus, an der Vierungskuppel und schließlich am Westbau fortgeführt. Um gleiches Niveau zu erreichen – die Höhendimensionen der Apsis waren geringer als die der übrigen Bauteile –, musste hier aufgestockt und eine zweite Galerie über der in der Apsishöhe liegenden angeordnet werden. In den ersten Jahren des 12. Jahrhunderts wurde dem Seitenportal auf der Nordseite des Domes eine Vorhalle vorgebaut, zusammen mit einer Kapelle, die der hl. Afra geweiht werden sollte. Noch vor der Weihe verstarb im Jahre 1106 Heinrich IV. Sein nach Speyer überführter Leichnam wurde hier und nicht im Dom bestattet. Nach seiner Unterwerfung in Canossa im Jahre 1077 war der Kaiser von Papst Paschalis II. erneut gebannt worden und durfte, da er im Kirchenbann gestorben war, nicht in einem geweihten Gotteshaus beigesetzt werden. So nahm die noch ungeweihte Afra-Kapelle den Sarkophag auf. Erst fünf Jahre später, bei der Kaiserkrönung seines Sohnes Heinrichs V. im Jahre 1111, wurde der Bann von ihm genommen, sodass er in der Kaisergruft beigesetzt werden konnte. Zu dieser Zeit war der Bau nahezu vollendet, bis auf die Wandgliederung des Langhauses und die Einwölbung der Querschiffe. Erst nach dem Tod Heinrichs V. konn-

Bauphasen des Doms: Grundriss und Ansicht,
Umzeichnung aus: Kaiserdom und Domschatz
(hg. v. Sabine Kaufmann), Speyer 2001

Bau I, um 1025–1061

Bau II, um 1082–1106

Bau IIa, östliches Joch
Altarhaus und Apsis

Bau IIb, Querhaus

Bau IIc, Afrakapelle

Spätromanisch

Gotische Sakristei, 1409

1700–1775

1854–1858

1959–1966

rechts: Dom, Blick auf das
Querschiff von Westen

Oppenheim und dem größten Teil der Pfalz wurde auch Speyer im Pfälzischen Erbfolgekrieg von den französischen Truppen niedergebrannt. Der Dom, der zunächst verschont bleiben sollte, wurde ebenfalls ein Opfer der Flammen. Das Mittelschiff fiel in sich zusammen, der Westbau ragte noch als Ruine in die Höhe, lediglich die Ostpartie blieb trotz der schweren Brandschäden stehen. Sie wurde abgeriegelt und für den Gottesdienst notdürftig wiederhergestellt. Erst um die Mitte des 18. Jahrhunderts dachte man wieder über einen Neubau nach. Zwischen 1772 und 1778 errichtete Ignaz Neumann, der Sohn Balthasar Neumanns, das Langhaus im Stil der Romanik, das sich anhand der noch erhaltenen Ostjoche rekonstruieren ließ. Der Westbau wurde hingegen abgetragen, Geldmangel zwang zu einer originellen Notlösung. Die Ecken des stehen gebliebenen Erdgeschosses erhielten Obelisken als Widerlager, statt des Obergeschosses schloss eine Apsis mit Kuppelbekrönung, von niedrigen Rundtürmchen flankiert, den oberen Teil des Mittelschiffs nach Westen ab. Nach der Besetzung durch napoleonische Truppen – ein 1804 verfügter Verkauf auf Abriss konnte durch den Mainzer Bischof verhindert werden – wurde der Dom nach dem Historismus-Verständnis des 19. Jahrhunderts restauriert. Man riss die Neumannsche Fassade ab und ersetzte sie durch einen reich geschmückten neuromanischen, wieder mit Türmen ausgestatteten Bau des badischen Architekten Heinrich Hübsch, der den romanischen Vorgängerbau nicht nur wiederherstellen, sondern sichtlich übertreffen wollte. Im Zuge einer romantischen Mittelalter-Begeisterung erfolgte um die Jahrhundertmitte im Auftrag König Ludwigs I. von Bayern auch eine Ausmalung des Inneren. Damit sollte an eine Auffassung der Romanik angeknüpft werden, die eine Belebung der großen Wandflächen durch Malereien ornamentaler oder figürlicher Art vorsah. Der Münchner Maler Johann Schraudolph, ein Vertreter der Nazarener-Schule, stattete den gesamten Kirchenraum mit Wandmalereien aus, die in ihrer Kleintei-

ten auch diese Maßnahmen abgeschlossen werden. Die Querarme erhielten statt der ursprünglich vorgesehenen Kreuzgratgewölbe Gurtrippen, eine damals neuartige Konstruktionsweise, die wahrscheinlich aufgrund der großen Spannweite notwendig geworden war. Zu Anfang des 13. Jahrhunderts wurden den Osttürmen ihre jetzigen Helme aufgesetzt. Damit endeten die Arbeiten des zweiten Bauabschnitts und es setzte eine Pause von knapp einem halben Jahrtausend ein, in der keine wesentlichen Veränderungen an der Bausubstanz vorgenommen wurden. Abgeschlossen war die Baugeschichte des romanischen Domes, wie er in seiner heutigen Gestalt erscheint, jedoch keineswegs. Mit Heidelberg, Worms,

134

ligkeit und Süßlichkeit jedoch kaum einem romanischen Kirchenraum entsprochen haben dürften.

Die Ernüchterung über diese baulichen Veränderungen erfolgte zu Beginn des 20. Jahrhunderts. Der Kunsthistoriker Georg Dehio bezeichnete die Fassade von Heinrich Hübsch als „weder archäologisch treu noch künstlerisch frei; unter den vielen Unglücksfällen, die den Dom betroffen haben, nicht der Kleinste". Der Westteil blieb, abgesehen von kleineren Details, bis in die heutige Zeit erhalten, während die Schraudolphschen Fresken, mit Ausnahme des Marienzyklus im Mittelschiff, entfernt wurden und somit der ursprüngliche Raumgedanke wieder zur Geltung gebracht werden konnte. Seit den Renovierungsarbeiten von 1957 bis 1966/71 – hier wurden unter anderem die Dächer abgesenkt, der Langhausboden tiefergelegt, die Ostkuppel „reromanisiert", die beiden Querhausgiebel erneuert und die südliche Langhausmauer gesichert – entspricht das Äußere des Domes, bis auf den Westbau und das barocke Dach des Vierungsturmes, im Wesentlichen wieder dem Zustand vor 1689.

Baugestalt

Die Gestalt des Domes basiert auf einem kreuzförmigen Grundriss. Darüber erhebt sich die gewaltige Basilika, die aus einem dreischiffigen Langhaus im gebundenen System, einem Westbau, einem Querhaus und einem Chorgeviert mit einer Apsis und einer unter den Ostteilen liegenden Krypta besteht. Jeweils drei Türme über der Vierung und über der Mitte der Vorhalle im Westen setzen zwei korrespondierende vertikale Akzente, wobei das Schwergewicht auf dem Ostwerk liegt. Die Länge des Bauwerks beträgt fast 134 Meter das in zwölf Achsen geteilte Langhaus misst im Lichten etwa 70 Meter, die Osttürme erreichen eine Höhe von 72 Metern. Diesen äußerlichen Maßen liegt jedoch eine tiefer gehende Zahlensymbolik zugrunde, die den weltlich-herrscherlichen Repräsentationsanspruch der salischen Dynas

Dom, Nordquerhaus, Osttürme und Vierungskuppel (rechts), Zwerggalerie des Nordquerhauses (oben) und Südquerhausfenster (unten)

ten in eine enge Verbindung zur christlichen Heilslehre setzt. Die Maßverhältnisse haben ihre religiöse Bedeutung: So entspricht die Länge des Domes von 134 Metern genau 444 römischen Fuß (der römische Fuß war das damalige Grundmaß). Die Zahl Vier galt als Symbol des irdischen Lebens – die vier Jahreszeiten, die vier Himmelsrichtungen, die vier Temperamente. Auch die einzelnen Bauglieder des Domes sind von einer derartigen Zahlensymbolik durchdrungen, einer mittelalterlichen Sprachform, deren Allgemeinverständlichkeit heute weitgehend verloren ist. So hat beispielsweise das Langhaus zwölf Fenster, womit auf die zwölf Apostel hingewiesen werden soll. Die Apsisfassade wird durch sieben Blendarkaden gegliedert; die Sieben ist die heilige Zahl, in der sich die Drei und die Vier die göttliche Dreifaltigkeit und die vier Elemente der Erde, vereinen. Insgesamt sind die Drei und die Vier das Dreieck und das Quadrat – ebenso wie der Kreis als das Symbol für die Unendlichkeit und die Vollkommenheit – bestimmend für die Proportionen des Bauwerks.

Außenbesichtigung

Die Besichtigung des Domes mag am Außenbau im Osten beginnen. Die Apsiswand zählt zu den bedeutendsten Gestaltungen romanischer Baukunst und ist zugleich ein Höhepunkt salischer Architektur. Aus dem Sockelgeschoss wächst in sieben durch Halbsäulen geteilten Rundbogenblenden ein mäch-

oben: *Dom, Halbsäulenrelief an der Apsis*

rechts: *Inneres nach Osten*

unten: *Dom, Innenseite des Westportals*

tiges Hauptgeschoss, dessen oberen Abschluss die Zwerggalerie bildet. Die mittlere Wandvorlage trägt in ihrem unteren Drittel ein Relief, das den Frieden im messianischen Reich veranschaulicht. Die Darstellung geht auf den alttestamentlichen Propheten Jesaja zurück, der eine Weltordnung vorhersagte, in der Mensch und Tier sich als Freunde begegnen würden. So zeigt das Relief Kinder unter Bäumen, die auf Löwen reiten und furchtlos ihre Hände in die aufgerissenen Mäuler von Schlangen halten, während Erwachsene Löwenhäupter umarmen.

Mannigfaltige Schmuckformen zieren auch die Kapitelle der Zwerggalerie, die Vorstufen in Trier und Italien hat. In dieser Form – als radial gestellte Tonnengewölbe auf Steinbalken, die vorne auf Säulen ruhen – tritt sie aber zum ersten Mal, nicht nur in Deutschland, auf. Vermutlich geht die Ausführung dieser bauplastischen Formen auf lombardische Steinmetze zurück. Der Giebel über der Chorapsis mit seinen aufsteigenden Laufgängen ist eine Zutat des 19. Jahrhunderts, die während der Restaurierungsarbeiten in der Mitte des vorigen Jahrhunderts modifiziert wurde. Die bis zur Höhenlinie der Chorgalerie aus der frühesten Bauzeit stammenden Osttürme sind bis auf die kleinen Treppenfenster ungegliedert. Über dem Niveau des Chordachs erfolgt eine Teilung in drei Geschosse mit Blendfeldern. In den beiden oberen sitzen unter einem Rundbogenfries die dreigeteilten Klangarkaden, hinter denen nie Glocken gehangen haben, sondern die einzig der architektonischen Gliederung dienten. Darüber erheben sich die vier Giebel und die niedrigen achtseitigen Helme aus der Zeit um 1200. Zusammen mit den beiden Gründungstürmen, die im Winkel zwischen Querhaus und Chor stehen, und dem dahinterliegenden achteckigen Vierungsturm entsteht ein architektonisches Ensemble, das sich nicht so sehr durch den Aufbau nahezu gleichwertiger Geschosse, sondern vielmehr durch das klare Dominieren des Hauptmotivs der hohen Blendbögen und der darüber verlaufenden Zwerggalerie hervorhebt.

Die Zwerggalerie setzt sich am insgesamt schlichter gegliederten Langhaus, an den beiden Querhäusern und am Westbau fort und ist auch dort ein dominierendes gestalterisches Element. Im Gegensatz zu der flach aufgesetzten Apsisgliederung erscheinen die Querschiffwände körperhaft und plastisch. Beide Fronten werden von gewaltigen Eckpfeilern gerahmt, die Gliederung der Wandflächen wirkt straff. Über dem Sockel mit den Kryptafenstern sind drei Fenstergeschosse in einer Art Kolossalordnung zusammengefasst, wobei der Hauptakzent auf den prunkvoll ausgestatteten oberen Fenstern liegt. Die vielfach gestuften Fenstergewände, die zudem auf die enorme Mauerstärke verweisen, sind mit reichhaltigen, mitunter antikisch wirkenden Schmuckformen versehen, mit Tierdarstellungen, mit Weinranken und Blattwerk. Der durch Kapellenfenster ausgehöhlte Strebepfeiler an der Südwestecke des südlichen Querschiffs, notwendig wegen der geringeren Stärke der Westmauer, besitzt in der romanischen Architektur keine Parallele. Einst nahmen die romanischen Vorgänger der Westtürme mit ihrem rechteckigen Grundriss die volle Seitenschiffbreite ein. An der Nordseite schließt die niedrige Afra-Kapelle an das Seitenschiff an, die heute mit einem Überrest des sogenannten „Kleinen Paradieses" zusammengefasst ist, das dem östlichen Nordportal vorgelegt war. Das antikisierende Hauptgesims des Querhauses setzt sich hier am Langhaus fort.

Man betritt den Dom durch den Westbau, das wohl bedeutendste Bauwerk des Historismus in der Pfalz. Im Gegensatz zu vielen anderen Domen hatte Speyer im Mittelalter keinen Westchor. Eine vom Altpörtel, dem Haupttor der Stadt, kommende, breit angelegte Straße – die „via triumphalis" – führte direkt zu den drei Portalen des Haupteingangs, der Eingangshalle für den Einzug des Kaisers. Das Erdgeschoss des salischen Westbaus ist zum Teil heute noch vorhanden, es wurde von Heinrich Hübsch lediglich mit Blendsteinen umkleidet. Die flankierenden Türme des Gründungsbaus hatten ursprünglich einen

querrechteckigen und nicht, wie heute, einen quadratischen Grundriss, sodass sie in ihren Dimensionen um 2,50 Meter stärker waren und somit, den Osttürmen entsprechend, der gewaltigen Baumasse ebenbürtig erschienen (was jetzt nicht mehr der Fall ist). Die neoromanische Fassade wird durch zwei Mittellisenen und zwei Ecklisenen vertikal gegliedert, das Mittelfeld und die beiden Seitenfelder entsprechen dem Hauptschiff und den Seitenschiffen im Inneren.

Emmeramskapelle

Innenbesichtigung

Die Vorhalle ist im Stil des 19. Jahrhunderts reich ausgestattet, aufwendig wirkt auch die Außenseite des Portals, während die Innenseite in der schlichten Architektursprache der Romanik erhalten ist. Die enorme Mauerstärke von 6 Metern bedingt innen wie außen einen tiefen Portaltrichter, der jeweils sechsfach gestuft ist. Der Blick fällt in das Mittelschiff und den tiefengestaffelten Chorraum, die beiden dominierenden Raumteile, die von hier aus in ihren Dimensionen am gewaltigsten und eindrucksvollsten erscheinen. Die Raumwirkung ist monumental, die strengen und klaren Formen bedingen eine gewisse Schlichtheit, Kargheit und Distanziertheit des Raumes, in der sich auch heute noch der einstige Herrschafts- und Repräsentationsgedanke des Kaiserdomes und des bischöflichen Gotteshauses widerspiegelt. Aufgrund der Kontrastwirkung der Quaderarchitektur und der hell getünchten Putzflächen fällt kaum auf, dass mehr als die Hälfte des Raumes der Rekonstruktion aus dem 18. Jahrhundert entstammt. Das hohe und lang gestreckte Mittelschiff hat eine alternierende Wandgliederung, die in zwei Geschossen aufsteigt. Jeweils zwei Joche werden durch den rhythmischen Pfeilerwechsel zusammengefasst und von einem der sechs großen Kreuzgratgewölbe überfangen, die durch kräftige Gurtbögen voneinander geschieden werden. Die zwölf Fenster im Obergaden des Mittelschiffs, die den Raum hell und gleichmäßig ausleuchten, sind über die ganze Länge des Schiffs in gleichen Abständen angeordnet und von einem einheitlichen Blendbogensystem umrahmt. Steile Arkaden, über denen sich die 24 verbliebenen Schraudolph-Fresken befinden, führen in die niedrigen, kreuzgratgewölbten Seitenschiffe. Diese lassen in der gleichmäßigen Reihung der zwölf Joche zwischen den kräftigen, dicht stehenden Mittelschiffpfeilern mit den dazugehörigen Wandvorlagen noch ganz den frühsalischen Baugedanken spüren. Von den Seitenschiffen aus öffnet sich je eine Tür in die romani-

schen Kapellen, die den Anspruch der salischen Herrscher auf eine Eigenkirche untermauern sollten. Sie liegen an exponierter Stelle, im Winkel zwischen Querschiff und Langhaus – im Norden die Afrakapelle, ein schmaler, langgestreckter Raum, der den erhaltenen Flügel des „Kleinen Paradieses" einschließt, jetzt Sakramentskapelle; im Süden die als Taufkapelle dienende St. Emmeramskapelle, ein quadratischer, durch vier Stützen gegliederter Raum, der sein Licht durch eine Mittelöffnung der darüberliegenden Katharinenkapelle erhält. Die Bauform der Doppelkapelle, sonst nur auf Burgen und in Kaiserpfalzen üblich, findet sich im romanischen Sakralbau relativ selten und ist im Oberrheingebiet außer in Speyer lediglich in der St. Godehardskapelle im Mainzer Dom zu finden.

Neben dem Eingang zur Taufkapelle erblickt man das älteste und wertvollste Denkmal aus der Erbauungszeit: die romanische Grabplatte des Bischofs Reginbald, vermutlich einer der Baumeister des konradinischen Domes. Die Restaurierung der Afrakapelle im Jahre 1970 wurde von einer wertvollen Entdeckung begleitet. Man fand eine Holzkiste, die Reliquien enthielt, deren Echtheit jedoch nicht nachweisbar war. Beim Umbetten dieser Reliquien in eine Kupfertruhe wurde ein Pergament entdeckt, das sich als das letzte Blatt des um 500 entstandenen und im schwedischen Uppsala aufbewahrten „Codex Argenteus" erwies, der Teile der Bibelübersetzung Ulfilas ins Gotische enthält.

In den beiden östlichen Jochen des Mittelschiffs liegt 2 Meter über dem Langhausniveau der Königschor,

Vierungskuppel

oben: Dom, Apsisbaldachin im Nordquerhaus

auf den 13 Stufen hinaufführen. Eine mächtige Krone – eine vergrößerte Nachbildung der Grabkrone Konrads II. – hängt dort genau über den Königsgräbern. Weitere acht Stufen führen vom Königschor hinauf zur Vierung, über der sich die 46 Meter hohe Kuppel wölbt. Die Vierungspfeiler sind in ihren unteren Partien noch frühsalisch, die beiden östlichen stehen in unmittelbarer Verbindung mit den beiden Osttürmen, die für die Kuppel als Widerlager dienen. Über die Vierungspfeiler spannen sich die gewaltigen Querbögen, die den Vierungsraum nach vier Seiten, in den Königschor, die beiden Querhäuser und in den Stiftschor, öffnen. Der Stiftschor wird im Osten durch die halbrunde Apsis und nach oben durch ein Tonnengewölbe begrenzt, was dem Raum den Charakter von Geschlossenheit verleiht, zumal die ehemals weite Öffnung zur Vierung durch die barocken Pfeiler eingeschnürt wird. An das Westjoch, das durch die Wände der Osttürme flächig gestaltet ist (hinter dem südlichen Turm befindet sich die Sakristei, der im Übrigen einzige gotische Bauteil), schließen das östliche Joch und die Apsis an. Sie sind durch ein Gesims, welches das untere Nischengeschoss vom oberen Fenstergeschoss trennt, zu einer Einheit verbunden. Die Apsis ist durch Halbsäulen in sieben Felder eingeteilt und nimmt somit die Gliederung des Außenbaus auf.

Am Ostende der Seitenschiffe liegen jeweils zwei Treppen nebeneinander. Sie führen hinunter in die Krypta und hinauf in die Querschiffe. In den Querschiffen, die eine ungemein reiche Gliederung aufweisen, wird das hohe Rippengewölbe an den Stirnseiten jeweils von zwei gestuften Eckpfeilern und je einer Mittellisene getragen. In der unteren Zone befinden sich je zwei Kapellen mit einer Mittelsäule und beiderseitigen Konchen, die aus der Mauer ausgespart sind. Die Kapellen und die beiden darüberliegenden Fensterreihen werden durch einen Bogen zusammengefasst, der sich von der Mittellisene zu den Eckpfeilern zieht. Die schlanken Säulen der vier Wandkapellen schließen in korinthischen Kapitellen ab, die,

abgesehen von kleineren Ergänzungen, noch aus der Gründungszeit stammen. In der nördlichen und der südlichen Ostwand befindet sich jeweils eine Konche mit einem vorgelegten Baldachin, der von hohen monolithischen Säulen mit stark antikisierenden Kapitellen getragen wird. Ein Relief mit einer bemerkenswerten Darstellung von Simsons Kampf mit dem Löwen hat sich am nordöstlichen Eckpfeiler erhalten. Simson, eine Gestalt aus dem Alten Testament, galt, wie Herkules, als ein Symbol der Stärke. Das Relief zeigt seine erste Heldentat: Mit seinen Eltern auf dem Weg zur Brautwerbung trifft er auf einen Löwen. Er schwingt sich auf den Rücken des Tieres und tötet es, indem er ihm den Rachen aufreißt.

Krypta

Die zweite Treppe führt in die im Jahre 1041 geweihte Krypta hinab, den eigentlichen Kern des Domes und ältesten Bauteil. Sie war niemals im eigentlichen Sinne eine Gruft, die ein Heiligengrab bzw. Reliquien aufbewahrte, sondern eine Unterkirche mit sieben Altären, deren Aufstellung durch kleine Apsiden markiert war. Die Krypta nimmt den ganzen Raum unter dem Querhaus, dem Stiftschor und der Apsis ein. Drei annähernd quadratische Räume reihen sich in der Querachse aneinander, jeder dieser Räume ist durch vier stämmige Rundstützen dreischiffig gestaltet; die Gewölbehöhe erreicht mehr als 6 Meter. Die Raumgliederung erscheint klar und durchsichtig, dennoch ist der Raum als ganzer von keinem Punkt aus zu überblicken. Die beiden seitlichen Räume sind gegen Osten durch drei Altarnischen erweitert, während sich im mittleren Raum die Chorkrypta öffnet. Ihr Grundriss entspricht in etwa dem der drei übrigen Räume, durch zwei Säulenstellungen wird er jedoch bis ins Apsisrund hinein verlängert. Überall fangen Halbsäulen an den Wänden die Grate und Gurte der Gewölbe auf, die wulstigen Basen und die streng geformten Würfelkapitelle verweisen ihre Entstehung in die Zeit um 1030. In unmittelbarer Nähe des Altars der Chorkrypta steht ein um 1100 entstandenes Taufbecken von quadratischem Grundriss mit abgerundeten Ecken, dessen ursprünglicher Aufstellungsort nicht mehr nachweisbar ist. Die Krypta überstand alle Zerstörungen und Restaurierungen relativ unbeschadet, sodass sich ihr ursprünglicher frühromanischer Zustand gut erhalten konnte.

An der Westseite der Querhauskrypta befindet sich der Eingang zur Kaisergruft, in der Angehörige von vier Dynastien – den Saliern, Staufern, Habsburgern und aus dem Hause Nassau – begraben liegen. Der Zugang zur Krypta erfolgte ursprünglich vom Mittelschiff – rechts und links der Gräber Konrads II., seiner Ehefrau Gisela und seines Sohnes Heinrich III. – durch zwei enge Treppen zu einer Vorkrypta, die auf gleicher Höhe wie die Krypta lag. Die Vorkrypta bestand nur wenige Jahrzehnte; wahrscheinlich noch vor der Weihe des ersten Baus 1061 schüttete man die Treppen zu, beseitigte die Vorkrypta und füllte das gesamte Niveau über den Gräbern auf. Als zu Beginn des 12. Jahrhunderts wieder neue Gräber benötigt wurden, hat man das Niveau über den Gräbern weiter erhöht und gleichzeitig nach Westen in das Mittelschiff vorgezogen. Über den Grabstätten der drei Domerbauer Konrad II. (†1039), Heinrich III. (†1056) und Heinrich IV. (†1106) und ihrer Ehefrauen Gisela (†1043) und Berta (†1087) wurden die Kaiser und Könige Heinrich V. (†1125), Philipp von Schwaben (†1208), Rudolf von Habsburg (†1291), Adolf von Nassau (†1298) und Albrecht von Österreich (†1308) sowie Beatrix, die zweite Gemahlin Friedrich Barbarossas (†1184), und ihre Tochter Agnes beigesetzt. So entstand der Königschor mit zwei großen Tumben, auf denen Grabplatten die einzelnen Grabstellen bezeichneten. Er wurde 1689 zerstört und ausgeraubt, wobei den plündernden Soldaten nur die obere Schicht zugänglich war, die untere blieb hingegen unberührt.

Lange Zeit waren die Gräber dieser Toten überhaupt nicht sichtbar, bis kurz nach 1900 der Königschor

freigelegt und die Gräber geöffnet wurden. Die heutige Gruftlage entstand im Anschluss an die Ausgrabung und wurde 1960/61 durch die zum Teil rekonstruierte Vorkrypta ergänzt. Die Grabreste aus den unbeschädigten Gräbern werden heute im Historischen Museum der Pfalz aufbewahrt. Zu einer nationalen Grablege – wie etwa Westminster Abbey in London oder St. Denis in Paris – wurde Speyer jedoch nie. Nichtsdestoweniger waren die Gräber der deutschen Kaiser und Könige, zumindest eine Zeit lang, eine Stätte der Verehrung und Huldigung. Durch Stiftungen verpflichteten insbesondere die salischen Kaiser Bischof und Domkapitel, aber auch die Speyerer Bürgerschaft, ihrer im Gebet zu gedenken und für sie zu bitten. Die Korporation der zwölf Stuhlbrüder, an die heute noch die Stuhlbrudergasse am Dom erinnert, hatte es zur Aufgabe, in ihren Sitzen im Königschor siebenmal täglich 200 Paternoster und Ave Maria für das Seelenheil der Kaiser zu beten.

Der Speyerer Dom nimmt in der Sakralbaukunst des Abendlandes eine besondere Stellung ein. Erstmals

Krypta

Krypta und Vorkrypta, romanischer Zustand, Umzeichnung nach Hans Erich Kubach

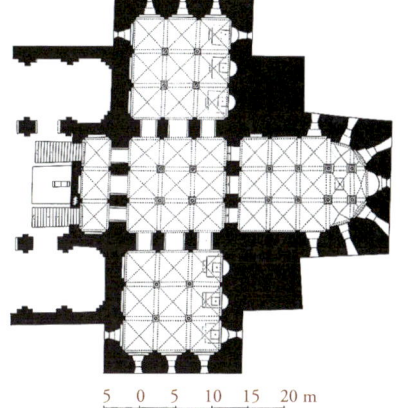

5 0 5 10 15 20 m

*Grabmal König Rudolfs I.,
Krypta*

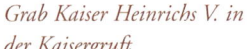

*Grab Kaiser Heinrichs V. in
der Kaisergruft*

gelingt die seit der Spätantike verloren gegangene Technik der Überwölbung größerer Räume – die der Seitenschiffe im konradinischen Bau und vor allem die des mächtigen Mittelschiffs unter Heinrich IV. Die Mauern sind nicht mehr reine Flächen, sondern reich gegliedert. Am Außenbau wird die Auflockerung der Steinmassen durch die Zwerggalerie erreicht, die anders als an den Domen in Worms und Mainz über den ganzen Baukörper verläuft. Reiche und mitunter an die Antike sich anlehnende Schmuckformen, die von vorzüglichen Steinmetzen angefertigt wurden, treten an der Zwerggalerie, den Fenstern des nördlichen und südlichen Querhauses, den Sechsecköffnungen der Krypta, den mächtigen Mittelschiffkapitellen und an den Kapitellen der Afra- und Emmeramskapelle auf. Doch trotz dieser architektonischen Besonderheiten und Neuerungen ist der Dom ein Bauwerk seiner Zeit. Die Art der Seitenschiffwölbung und die Anlage der Krypta verbinden ihn mit der gleichzeitig entstandenen Kirche St. Maria im Capitol in Köln, die Blendgliederung hat Parallelen in der Klosterkirche von Limburg an der Haardt, in den Apsiden der elsässischen Kirchen Eschau und Rufach, in Nivelles in Brabant und in St. Pantaleon in Köln.

Der Speyerer Dom konnte bis heute seine wesentliche Funktion behalten. Er ist nach wie vor Bischofskirche und zugleich Mutterkirche einer allerdings kleinen Diözese. Nur noch selten ist er ein Wallfahrtsziel für Pilger, dafür umso mehr – in seiner Verbindung von baulichem Denkmal und historischer Stätte – ein „Muss" für kunst- und geschichtsinteressierte Touristen.

Relief in der Kaisergruft mit den Darstellungen der hier bestatteten Herrscher des Salierhauses Konrad II., Heinrich III., Heinrich IV. und Heinrich V.

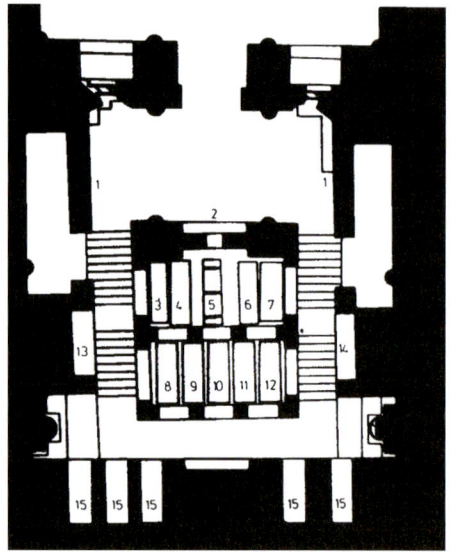

1 *Reliefs der Kaiser und Könige*
2 *Epitaph Rudolfs von Habsburg*
3 *Heinrich IV., †1106*
4 *Heinrich III., †1056*
5 *Konrad II., †1039*
6 *Gisela, Gemahlin Konrads II., †1043*
7 *Berta, Gemahlin Heinrichs IV., †1087*
8 *Adolf v. Nassau, †1298*
9 *Albrecht v. Österreich, †1308*
10 *Rudolf v. Habsburg, †1291*
11 *Beatrix v. Burgund, zweite Gemahlin Friedrich Barbarossas, †1184 und Tochter Agnes*
12 *Philipp v. Schwaben, †1208*
13 *Heinrich V., †1125*
14 *Sammelgrab*
15 *Bischöfe*
16 *Gruftaltar*

Heidentürmchen

Ein weiterer, jedoch erst gegen Ende des 13. Jahrhunderts entstandener Bauteil der ehemaligen Stadtbefestigung ist das sogenannte Heidentürmchen, das östlich des Domes liegt. Es ist der einzige Mauerturm in Speyer, der sich in seiner ursprünglichen Höhe erhalten hat. Der eigentliche Turm mit seinen beiden flankierenden Treppentürmchen erhebt sich in zwei ungegliederten Geschossen, die in einem spätgotischen Zinnenkranz über einem Rundbogenfries abschließen. Der Stadtmauerrest, auf dem das Heidentürmchen steht, gehörte zur inneren Mauer des Berings, der an dieser Stelle einen dreifachen Mauerring aufwies. Von diesem stammen die fünf rundbogigen Nischen (eine wurde nachträglich geöffnet und dient heute als Durchgang), über die einst der nicht mehr vorhandene Wehrgang verlief.

Historisches Museum der Pfalz

Dem Dom schräg gegenüber liegt das Historische Museum der Pfalz. Das 1869 gegründete und 1990 neu eröffnete Museum beherbergt neben den Sammlungsschwerpunkten der Vor- und Frühgeschichte, des Frankenthaler Porzellans, des Kunsthandwerks und des Weinbaus (Weinmuseum) eine Sammlung mittelalterlicher Kunstwerke aus Speyer und aus dem pfälzischen Raum sowie das Dom- und Diözesanmuseum. Aus der mittelalterlichen Pfalz sind unter den Themen Burg, Kloster, Dom, Pfarrkirche und Stadt Skulpturen, Glasgemälde, liturgisches Gerät, Gemälde und Architekturfragmente zu sehen – darunter ein Türsturzrelief der Klosterkirche von Höningen, ein Relief der Pfarrkirche von Rüssingen, Fragmente eines Türsturzes aus der Pfarrkirche von Niederkirchen, ein Gesimsstück der Burgruine Schlosseck, ein Kapitell aus der Zisterzienserklosterkirche von Eußerthal, Arkaden der Benediktinerklosterkirche von Klingenmünster, ein figürlicher Küchenausguss von der Burg

Sogenanntes Heidentürmchen unweit der Ostfassade des Doms

Spangenberg, ein Türsturz mit Rosetten vom Schlössel bei Klingenmünster, eine Säule vom Trifels u. v. a. Eine Kostbarkeit und Seltenheit stellt ein Siegel Kaiser Konrads II. dar. Das jüdische Speyer ist mit Grabsteinen und mit Architekturfragmenten aus der romanischen Synagoge zu sehen. Das Dom- und Diözesanmuseum präsentiert Werke kirchlicher Kunst seit dem 12. Jahrhundert sowie Teile des Domschatzes, darunter einen Weihwasserkessel von 1116/19, Skulpturen, Altarbilder, Handschriften, Gesangbücher und Ornate. Im Zentrum dieser Sammlung stehen die Funde aus den kurz nach 1900 freigelegten Kaisergräbern im Dom, darunter die Grabkronen der salischen Kaiser, die Stiefel König Philipps von Schwaben und das Schwert Albrechts von Österreich.

Krone Heinrichs IV., bei der Öffnung der Kaisergräber im Speyer Dom (1900) geborgen, Historisches Museum der Pfalz

*oben: Kapitelle in der Mikwe
des Judenhofs*

Judenhof

Die jüdische Gemeinde von Speyer

Knapp 200 Meter vom Dom entfernt liegt inmitten eines kleinstädtischen Ambientes der ehemalige Judenhof mit der Mikwe, dem rituellen Reinigungsbad. Der Judenhof, die „Curia Judeorum", bildete den Mittelpunkt der zweiten jüdischen Siedlung im mittelalterlichen Speyer. Diese ist vermutlich sechs Jahre nach der 1084 erfolgten Errichtung des ersten Judenviertels im Dorf Altspeyer unter Bischof Rüdiger Huozmann gegründet worden und entstand aller Wahrscheinlichkeit nach im Zusammenhang mit der Bestätigung jüdischer Privilegien unter Kaiser Heinrich IV.

Die ersten Juden hatten sich in den 70er-Jahren des 11. Jahrhunderts in Speyer angesiedelt, fast 100 Jahre später als in Worms und mehr als 150 Jahre später als in Mainz. Aus Mainz zog auch die berühmte Familie der Kalonymiden zu, die im 10. Jahrhundert von Italien an den Mittelrhein gekommen war. Die eigentliche Geschichte der Speyerer Juden begann aber erst im Jahre 1084, als zahlreiche ihrer Glaubensgenossen im Vorfeld der Kreuzzugsbewegung aus Worms und Mainz vertrieben wurden. Sie fanden hier unter dem Stadtherrn, Bischof Rüdiger Huozmann, eine neue Bleibe, der sie, wie auch die alteingesessenen Juden, mit einem Privileg ausstattete, das sie gegenüber allen Juden im Reich in einmaliger Weise begünstigte. Ihre Siedlung, die außerhalb der befestigten Stadt in Altspeyer lag und deshalb von einer Mauer umgeben war, garantierte ihnen ein Leben nach jüdischen Gesetzen. Sie besaßen eine eigene Gerichtsbarkeit und Verwaltung, Geldwechselgeschäfte und der Handel mit Waren waren ihnen gestattet. Auch durften sie christliche Knechte und Ammen halten und, den jüdischen Ritualgesetzen gemäß, sogenanntes „unreines" Fleisch an Christen verkaufen. Diese für die damalige Zeit außerordentlich freizügigen Gesetze (die Juden lebten ja in weiten Ge-

bieten in der Verfolgung) wurden durch das im Jahre 1090 erlassene kaiserliche Schutzprivileg noch bekräftigt. So heißt es in dem Dokument, das, ebenso wie die Bischofsurkunde von 1084, zwar nicht im Original, jedoch in einer verlässlichen Abschrift überliefert ist, unter anderem: „.... Deshalb haben wir auf Intervention und Bitten des Speyerer Bischofs Huozmann hin erlassen, ihnen (= den Juden) diese unsere Urkunde zu gewähren und zu geben. Darum schreiben wir vor und befehlen wir kraft unseres königlichen Wortes, dass niemand, der unter unserer königlichen Gewalt mit Würde oder Macht ausgestattet ist, sei er klein oder groß, Freier oder Knecht, die Juden mit ungerechten Vorhaben belästigen oder anfechten darf und dass niemand ihnen von ihren Gütern etwas wegzunehmen wage, die sie kraft Erbrechts an Grundstücken, Häusern, Gärten, Weinbergen, Äckern, Knechten oder sonst an Mobilien und Immobilien besitzen ..." Dieses kaiserliche Privileg, das mit Einschränkungen bis ins frühe 14. Jahrhundert, bis zur Konsolidierung des städtischen Bürgertums, Gültigkeit besaß, garantierte den Speyerer Juden unbeschränkte Freizügigkeit, Handels-, Zoll- und Steuerfreiheit sowie die Sicherheit für Leib und Leben im gesamten Reichsgebiet. Die Juden waren von Kriegsleistungen befreit, auch die Zwangstaufe von jüdischen Kindern war verboten. An der Spitze der jüdischen Selbstverwaltung stand der „Archisynagogus", auch Judenbischof („episcopus Judaeorum") genannt, dem in späterer Zeit ein zwölfköpfiger Judenrat zugeordnet wurde. Der Archisynagogus vertrat die Gemeinde nach außen, ferner oblag ihm die Rechtsprechung bei Streitigkeiten unter den Juden. Sechs Jahre nach dem kaiserlichen Privileg, mit dem Aufbruch zum ersten Kreuzzug im Jahre 1096, hatte die Gemeinschaft von Juden und Christen in Speyer ihre erste schwere Bewährungsprobe zu bestehen. Zahlreiche Speyerer Bürger und Bauern aus den umliegenden Dörfern sowie die Truppen des Kreuzfahrers Emicho, eines Grafen aus dem Nahegau, fielen über die Juden her und ermordeten elf von ihnen.

Im Vergleich zu anderen Städten war die Zahl der Opfer jedoch verhältnismäßig niedrig. Ihren Fürsprecher und Beschützer hatte die jüdische Gemeinde in Bischof Johann (1094–1104), der ihre Mitglieder mit Waffengewalt befreien und in seinen Bischofssitz bzw. an andere, seiner Herrschaft unterstehende Orte in Sicherheit bringen ließ, die Aufrührer und Mörder aber bestrafte. Der damaligen Rechtspraxis entsprechend ließ der Bischof, in seiner Funktion als oberster Gerichtsherr, dem des Mordes Überführten beide Hände abhacken. Auf Initiative des Vorstehers der Speyerer Synagoge, des Rabbi Mosche ben Rabbi Jekuthiel, kehrten auch die Zwangsgetauften, gemäß der Bestimmung im kaiserlichen Privileg von 1090, zum jüdischen Glauben zurück. Über diesen frühen Pogrom in Speyer berichtet eine zeitgenössische, in hebräischer Sprache verfasste Quelle: „Und sie wurden durch den Bischof Johann gerettet; es waren nur elf Seelen getötet, die übrige Gemeinde wurde verschont – gelobt und erhaben sei sein Andenken in Ewigkeit. Darauf kehrten wir in die Stadt zurück, jeder in sein Haus und auf seinen Platz. Und es konnten nicht die Bewohner des oberen Viertels abends, morgens und mittags in das untere Viertel gehen, aus Furcht vor den verfluchten Feinden und Verfolgern, und wir beteten in dem oberen Viertel in dem Lehrhaus des Rabbi Jehuda ben Kalonymos. Und jene vom unteren Viertel beteten dort in dem Bethause. Und so machten sie es einige Jahre."

Zu dieser Zeit bestand also bereits die zweite jüdische Niederlassung in Speyer. Der Judenhof – heute als kleine Parkanlage gestaltet – war ihr kultisches Zentrum, dessen Wohn- und Kultbauten sich um den Hof herum gruppierten. Mit wenigen Unterbrechungen gehörte das Areal bis 1534 zur jüdischen Gemeinde, bis es dann zum Waffenlager der Stadt umfunktioniert wurde. An der Nordwestseite des Geländes stehen noch die geringen Überreste eines zu einem Backsteinbau des 14. Jahrhunderts gehörenden Torbogens, dem sich im Süden die Ostwände der Männer- und der Frauensynagoge anschließen.

Im östlichen Teil des Hofs liegt die in Nord-Süd-Richtung ausgerichtete Mikwe, das rituelle Frauenbad. (Der jüdische Friedhof befand sich seit Anbeginn außerhalb der Stadt, er war unter Bischof Rüdiger Huozmann in Altspeyer angelegt worden).

Synagoge

Der früheste mittelalterliche Bau war vermutlich die Männersynagoge, die sogenannte „Männerschul", die schon bereits 1090 errichtet worden sein könnte. Ihre an den heutigen Eingang angrenzende Ostwand, die aus kleinen roten Sandsteinquadern gefügt ist, hat sich in einigen Metern Höhe erhalten. Ursprünglich erstreckte sich die Synagoge als ein geräumiger Saal ohne Mittelstützen nach Westen. Gut erkennbar in der Ostwand ist der große, später vermauerte Rundbogen, der den Ansatz der ehemaligen Apsis bezeichnet. Diese war nach Osten, nach Jerusalem, gerichtet und bewahrte im Inneren den „Aron ha'kodesch", den Schrein für die Thorarollen, auf. Über dem Apsisbogen ist ein Rundfenster im alten

oben: Syagoge, Rekonstruktion

unten: Synagoge, Zustand 2006

Synagoge, Zustand 2006

was jedoch nicht einwandfrei nachweisbar ist. Die alte Synagoge, zuletzt städtisches Zeughaus, wurde beim Brand Speyers im Jahre 1689 ein Opfer der Flammen.

Mikwe (Judenbad)

Den kulturhistorisch wichtigsten und baugeschichtlich bedeutendsten Teil der gesamten Anlage bildet das Judenbad, die Mikwe, die sich im östlichen Teil des Judenhofs befindet. Diese hat sich bis auf den heutigen Tag im Wesentlichen in ihrem romanischen Bestand erhalten und konnte selbst der nationalsozialistischen Gewaltherrschaft trotzen. Die Mikwe von Speyer ist die monumentalste ihrer Art in Deutschland, sie hat etwas jüngere Entsprechungen im nicht weit entfernten Worms sowie in Köln. Die Mikwe (= Zusammenfluss) ist das rituelle Kaltbad, das ehemals den nach den mosaischen Gesetzen vorgeschriebenen symbolischen Reinigungen im „natürlichen", d. h. nicht hinzugegossenen Wasser diente. Frauen mussten sich nach Zeiten der „Unreinheit" – nach der Menstruation, vor der Hochzeitsnacht, nach einer Geburt – diesem Säuberungsritus unterziehen, der nach der „körperlichen" Reinigung in einem Warmbad erfolgte (für Männer hingegen war die rituelle Reinigung nicht obligatorisch). In der Regel führten in den mittelalterlichen Judenbädern Treppenläufe in die unterirdischen Badeschächte, in denen sich das „natürliche" Wasser in Form von Grundwasser ansammelte. Bei Bedarf konnte auch Regenwasser eingeleitet werden. Die Bäder waren nach einem einheitlichen Grundschema angelegt und bestanden aus Treppenläufen, Vorräumen mit Sitzbänken, Auskleideräumen, Lichtschächten und dem eigentlichen Badeschacht, der über eine gewinkelte, halbrunde oder schräg verlaufende Treppe zu erreichen war.

Der Besucher betritt die Badeanlage über eine in jüngerer Zeit angelegte Treppe. Sie führt zum ca. 2 Meter tiefer liegenden Eingang des aus kleinen Rotsand-

Mauerverband eingestellt; ein größeres, in seinem unteren Teil noch erhaltenes Maßwerkfenster sowie die beiden hohen, vermutlich spitzbogigen Fenster entstammen dem 14. Jahrhundert. Wie die Fenster aus der Erbauungszeit ausgesehen haben, mögen die im Historischen Museum aufbewahrten Doppelfenster aus der im Jahre 1899 verschalten Westwand belegen. Aufgrund der damaligen Freilegung der Westwand konnten auch die Maße des Gebäudes rekonstruiert werden, das sich über eine Länge von 17,50 Metern und eine Breite von 10,50 Metern erstreckte.

Direkt an die Ostwand der Männersynagoge schloss nach Süden die Ostwand der Frauensynagoge, der sogenannten „Frauenschul", an, die erst zur Mitte des 14. Jahrhunderts errichtet wurde. Der Bau war nicht so lang wie die Männersynagoge und wurde durch eine Mittelstütze in zwei Schiffe geteilt. Sechs kleine Öffnungen verbanden die Innenräume der beiden Synagogen, damit die Vorbeterin der Frauen dem Gottesdienst in der „Männerschul" folgen konnte. Vor der Ostwand der Frauensynagoge lag ehemals ein größerer Bau aus Backsteinen. Aufgrund der ausgegrabenen Herdstellen könnte es sich dabei um das 1361/81 erwähnte Tanz- oder Brauthaus handeln,

steinquadern errichteten Bades, das früher an dieser Stelle sein oberes Niveau hatte (später wurde hier Erdreich aufgeschüttet). Ungewöhnlich ist das Tympanon des Eingangsportals mit seinem sogenannten „opus reticulatum", einem netzartigen Mauerverband, der sich aus auf die Spitze gestellten quadratischen Steinen zusammensetzt. Diese Art von Dekor ist aus römischer Zeit bekannt und wurde auch öfters in den normannischen Bauten Englands und Frankreichs bis zum Ende des 12. Jahrhunderts verwendet. Innerhalb des deutschen Kulturraums tritt diese Schmuckform, die sich besonders schön ausgeprägt in der karolingischen Königshalle im nicht weit entfernten Lorsch findet, hier in Speyer zum letzten Mal in Erscheinung.

Ein tonnengewölbter Treppenlauf mit drei Lichtöffnungen führt weiter in die Tiefe, vorbei an einer Nische auf der rechten Seite, wo vermutlich – ähnlich wie in Worms – eine Bauinschrift angebracht war, und an zwei im Mauerwerk ausgesparten Sitzbänken, die sich etwas weiter unten befinden. Hier durchschreitet man ein zweites Portal, das ursprünglich verschließbar war. Dahinter leitet ein weiterer, jedoch niedrigerer und kürzerer tonnengewölbter Treppenlauf in den Vorraum des Bades über. Der querrechteckige Raum wird von einem Kreuzgratgewölbe überspannt, das sich ursprünglich auf vier Ecksäulen stützte, von denen noch eine erhalten ist. In verhältnismäßig gutem Zustand sind die übrig gebliebenen Kämpferplatten und Kapitelle, die eine deutliche Verwandtschaft zur Ornamentik am südlichen Querhaus des Speyerer Domes aufweisen. Dem Formenreichtum der Dombauhütte aus der Zeit Heinrichs IV. stehen fernerhin die beiden Rundbogenfensterchen nahe, die sich in den Badeschacht öffnen, und die dreifachen Schaftringe der Säulen, die darüber hinaus auch in anderen um 1100 entstandenen pfälzischen Bauwerken, etwa dem Schlössel bei Klingenmünster, vorkommen. Auf der linken Seite des Vorraums liegt der eigentliche Auskleideraum mit kleinen steinernen Sitzbänken. Rechter Hand beginnt

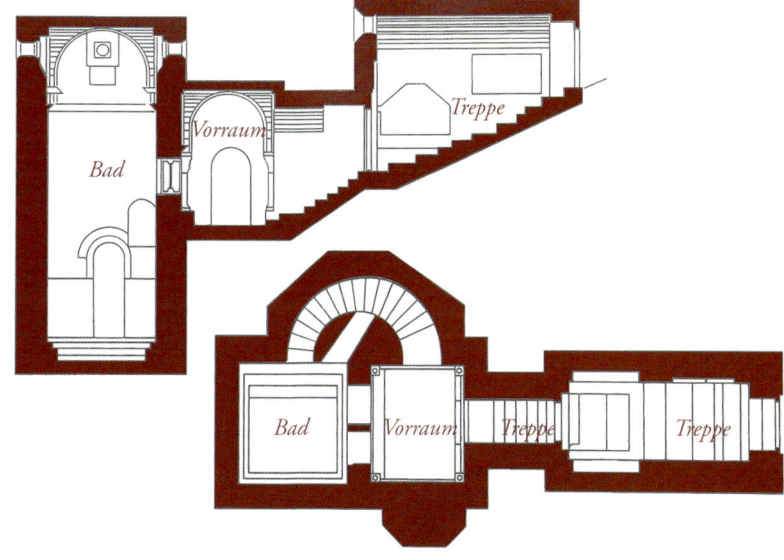

oben: Mikwe, Grundriss und Längsschnitt nach H. Weisstein 1885

unten: Mikwe, Eingang (links) und Treppe sowie inneres Portal (rechts)

149

der halbrunde und tonnengewölbte Treppenlauf, der zum Badeschacht hinunterführt. Dieser ist wie der Vorraum ein kreuzgratgewölbter Raum, der durch eine obere Mittelöffnung, durch die das Regenwasser einfallen konnte, schwach beleuchtet wird. Die Sohle des mit Grundwasser gefüllten Schachtes liegt 10 Meter unter dem Boden. Das Wasser ist sehr kalt und konnte – und durfte – auch nicht erwärmt werden. Eine leichte Strömung verhinderte das Zufrieren bei Frost, sodass das Bad das ganze Jahr über benutzt werden konnte. Für den heutigen Betrachter nur schwer vorstellbar sind die äußeren Umstände, die das rituelle Reinigungsbad der jüdischen Frauen bei niedrigen Temperaturen begleiteten – angefangen beim Ablegen der Kleider über das Eintauchen in das eiskalte Wasser bis hin zum Ankleiden und zum Hinaustreten in die Winterluft, wobei die Kleider die unterkühlten Körper nur notdürftig gewärmt haben dürften.

Entstanden ist die Badeanlage wahrscheinlich zwischen 1110 und 1120. Darauf deuten zeitgenössi-

sche Quellen wie auch die Ornamentik und die Steinbearbeitung hin; das „Reticulat" im Tympanon des Eingangsbereichs hat Entsprechungen in zeitgleichen Tympana an Bauten der Normandie. Es ist anzunehmen, dass die Erbauer der Mikwe christliche Handwerker der Speyerer Dombauhütte waren, die nach der vorläufigen Fertigstellung der Kathedrale um das Jahr 1110 zur Errichtung des jüdischen Kultbaus herangezogen wurden (wie es im Früh- und Hochmittelalter allgemein üblich war, dass jüdische Bauwerke – auch Synagogen – von nichtjüdischen Baumeistern und Handwerkern ausgeführt wurden). Das Speyerer Judenbad bestand in dieser Form bis zum Ende des 14. Jahrhunderts, bis es mit einem Gebäude aus Backsteinen umbaut wurde, das während des ganzen 15. Jahrhunderts als eine Herberge für durchreisende jüdische Gäste der Gemeinde diente. Das Gebäude existierte bis 1534, der letzten größeren Vertreibung der Juden aus Speyer, und wurde dann eingeebnet.

oben: Mikwe, Bad

unten: Mikwe, Vorraum

Altpörtel

Dem Dom quasi gegenüber, am Westende der Ma-
ximilianstraße, steht eines der ältesten und größten
Stadttore Deutschlands, das Altpörtel – ein gut erhaltener und das Stadtbild beherrschender Bestandteil der ehemaligen Befestigung, mit deren Bau am
Ende des 12. Jahrhunderts begonnen wurde. Die Bürgerschaft Speyers hatte im Jahre 1196 das Befesti-
gungsrecht erhalten, bereits ein Jahr später fand eine
„vetus porta" Erwähnung, der vermutlich hölzerne
Vorgängerbau des jetzigen Altpörtels.

Das Stadttor, über einem querrechteckigen Grundriss angelegt, erreicht mit seinem Dach eine Höhe
von 55 Metern. Damit überragt es den Westbau des
Domes und ist nur um ein Viertel niedriger als die
östlichen Domtürme. Im heutigen Bestand stammen die 22 Meter hohen vier Untergeschosse aus
dem zweiten Viertel des 13. Jahrhunderts, das fünfte
Geschoss und die abschließende Galerie mit der Maß-
werkbrüstung wurden im Jahre 1512 aufgesetzt, das
steile Walmdach mit dem Dachreiter entstand im frühen 18. Jahrhundert. Die ehemals dem freien Land
zugewandte westliche Seite ist wehrhaft angelegt. Lediglich Sehschlitze und Schießscharten gliedern die
Fassade oberhalb des spitzbogigen Tores. Nur unter
dem Dachansatz ist ein Umgang angebracht, der an
den Schmalseiten und an der Stadtseite wiederkehrt.
Die der Stadt zugewandte Seite ist aufwendiger gestaltet. Oberhalb des einst östlich, nördlich und südlich
umlaufenden, die Stadtmauern anbindenden Wehr-
gangs, der sich in den kräftigen, einen Meter vorspringenden Steinkonsolen erhalten hat, befinden sich in
den beiden darüberliegenden Geschossen gekuppelte
Spitzbogenfenster, die von doppelgeschossigen Rundbogenblenden überfangen werden. Die darüberliegende acht Meter hohe glatte Wand mit einem abschließenden Rundbogenfries war während des Spätmittelalters bemalt. Das Altpörtel, ein Wehr- und Repräsen-
tationsbau der Speyerer Bürgerschaft zugleich, hatte
in seinen Dimensionen und in seiner Ausstattung

nur wenige zeitgleiche Parallelen, wie etwa in dem „Eisernen Turm" in Mainz oder in den Kölner Stadt-toren – während die berühmten Prager Brückentür-me erst dem 14. Jahrhundert und die mächtigen Backsteintore im nördlichen und östlichen Deutsch-land dem 15. Jahrhundert angehören.

Im Inneren des Altpörtels ist eine kleine Ausstellung mit historischen Stadtansichten von Speyer zusam-mengestellt.

Haus Retscher

Einer der wenigen erhaltenen Profanbauten des ro-manischen Speyer ist das Haus Retscher, westlich der Dreifaltigkeitskirche. Das Gebäude trägt seinen Namen nach dem alten Speyerer Patriziergeschlecht der Retzel oder Retscherlin. In einer Bischofsurkun-de aus dem Jahre 1241 erscheint unter den Zeugen der Speyerer Bürger Retschelinus, der wahrschein-lich der Erbauer des Retscherhofes war. Das heute noch in einigem aufgehenden Mauerwerk erhaltene Gebäude war offenbar der einstige Hauptwohnbau, der ein Rechteck von annähernd 22 Metern Länge und 10 Metern Breite beschrieb. Die sauber geschich-teten Bruchsteinmauern erheben sich zum Teil noch zweieinhalb Geschosse hoch. Aus einer älteren Zeich-nung wird ersichtlich, dass das Bauwerk einstmals vier Geschosse besaß. Diese waren, wie aus den Krag-steinen und Balkenlöchern zu schließen ist, durch-gängig mit Flachdecken versehen. Die ursprüngli-che Inneneinteilung ist infolge der späteren Um- und Einbauten nicht mehr erkennbar. Die Mehrzahl der Fenster und Türöffnungen entstand in gotischer und nachgotischer Zeit.

Vermutlich vom Haus Retscher stammen auch zwei ausdrucksstarke männliche Steinköpfe aus der Mit-te des 13. Jahrhunderts, die als Spolien an der Ecke des Hauses St.-Georg-Gasse/Fischmarkt eingemau-ert sind. Die annähernd in Lebensgröße gehaltenen steinernen Porträts haben ein weibliches Pendant im Historischen Museum der Pfalz.

oben und unten: Altpörtel

oben und unten links: Haus Retscher
unten rechts: Steinköpfe des 13. Jahrhunderts (wohl ursprünglich vom Haus Retscher), heute Haus Ecke St.-Georg-Gasse/Fischmarkt

Weinheim

Burgruine Windeck

Die Burgruine Windeck oberhalb Weinheims ist neben der Starkenburg die älteste Befestigungsanlage an der Bergstraße. In der Gemarkung des Ortes Winnenheim, des heutigen Weinheims, hatte das Kloster Lorsch beachtlichen Grundbesitz erworben, der die Südflanke seines unmittelbaren Herrschaftsgebietes bildete. Um dieses zu sichern, wurde um das Jahr 1100 eine Burg auf einer 220 Meter hohen Bergnase errichtet, die anfangs den Namen der Stadt – Winnenheim – trug, dann, aufgrund ihrer Lagebezeichnung, in Windeck umbenannt wurde. Die im Jahr 1111 erstmals urkundlich erwähnte Anlage bestand jedoch nur kurze Zeit. Infolge von Gebietsstreitigkeiten zwischen dem Lorscher Abt Benno und dem Klostervogt Berthold von Hohenberg wurde die Burg von den Truppen des Vogts geschleift, da dieser die Abtei beschuldigte, ohne Genehmigung auf ihm gehörendem Terrain gebaut zu haben. Unter Abt Diemo konnte die Burg im Jahre 1130 wiederhergestellt werden, jedoch unter großen Zugeständnissen seitens des Klosters. So sollten beim Tod eines jeden Abtes kaiserliche Truppen so lange die Festung besetzen, bis sich der jeweilige Nachfolger mit einer beträchtlichen Summe freikaufen konnte. Nach der Aufhebung des Klosters ging die Windeck im Jahre 1264 im sogenannten „Schiedsspruch von Hemsbach", in dem die Zwistigkeiten zwischen Kurmainz und Pfalz vorläufig beigelegt werden konnten, in pfalzgräflichen Besitz über.

Die ehemalige Burg erhob sich über einem Grundriss von 50 Metern Länge und 25 bis 30 Metern Breite. Gegen einen Angreifer war sie an ihrer nördlichen Schmalseite besonders gut gesichert, hier befand sich auch der Zugang. Als zusätzliche Schutzmaßnahme erhielt die östliche Mantelmauer kräftige Rundbögen, die heute noch zu erkennen sind. An der Nordostecke der Anlage steht der mächtige runde Bergfried mit einer Höhe von 28 Metern an dessen Innenseite sich der über die Mantelmauer verlaufende

oben: Gesamtansicht von Westen
unten: Ansicht von Süden

153

oben: Windeck, Baualterplan
auf Höhe des Erdgeschosses
unten links: Bergfried
unten rechts: Blick vom Bergfried auf den Palas

Mitte 14. Jh.
15./16. Jh.
20. Jh

30 m

Wehrgang fortsetzt. Nur von hier aus war der 4 Meter über dem Verlies liegende Turmraum zu erreichen, und zwar über eine Leiter, vielleicht auch eine Strickleiter, welche die Verteidiger jederzeit vor dem in den Innenhof eindringenden Feind wegziehen konnten. (Heute führt eine Steintreppe zum Eingang hinauf.) Der Bergfried selbst stellt eine architektonische Seltenheit dar: Das Kreisrund des Grundrisses ist auf der westlichen Seite durch ein leichtes Halbrund erweitert, sodass der runde Querschnitt dort in ein Oval übergeht. In diesem Bereich führt auf schmalem Raum eine Wendeltreppe nach oben, die innerhalb der Mauer auf der dem Feind abgewandten Seite verläuft. Um dieses leicht vorkragende Halbrund zu stützen, wurden Kragsteine angebracht, über denen kleine Fensteröffnungen zu erkennen sind; sie wurden als Gieß- und Schießlöcher verwendet. Unmittelbar neben dem Bergfried liegt ein ebenfalls aus der Gründungszeit stammendes Gebäude, dessen erhaltenes Untergeschoss heute die Burgschenke beherbergt. Seine drei Tonnengewölbe werden von vier – früher fünf – Säulenpaaren getragen, die Stilelemente der Romanik aufweisen. Wahrscheinlich hat das Gebäude einst als Burgkapelle gedient.

Im Südosten des Hofes stehen Reste des ehemaligen, in kurpfälzischer Zeit angebauten Palas, von dessen Rittersaal noch eine einzelne frei stehende Säule zeugt. Der Palas war ein hohes Gebäude, das sich über vier Stockwerke erhob. Neben den Mauerfragmenten mit Fenstern des 13. und 15. Jahrhunderts hat sich noch der mächtige Keller erhalten, der von drei hohen und starken Säulen getragen wird. Die ehemaligen Wohn- und Wirtschaftsgebäude lagen auf der Westseite. Um die Kernburg verlief ein durchschnittlich 8 Meter breiter Zwinger, ein weiterer entstand im 14. Jahrhundert; dieser übernahm zugleich die Aufgabe einer Vorburg. Wie die Gesamtanlage der Windeck mit ihren Bauelementen aus Romanik, Gotik und Renaissance ausgesehen haben mag, veranschaulicht ein Kupferstich Matthäus Merians aus dem Jahre 1645. Die Burg ver-

fiel schon bald nach dieser grafischen Bestandsaufnahme, bereits ein halbes Jahrhundert später wurde sie als unbewohnbare Ruine bezeichnet.

Worms

„Wormatia sacra" – ein Zentrum der Romanik am Oberrhein

Bereits seit der jüngeren Steinzeit ist der am Schnittpunkt wichtiger Straßen gelegene und vor dem Rheinhochwasser geschützte Lösshügel, auf dem sich der Dom erhebt, besiedelt. Die Kelten waren es, die den Wormser Hügel mit einer Mauer umschlossen und der Siedlung die Bezeichnung „Borbetomagus" gaben, aus dem sich im Laufe der Jahrhunderte über „Gormetia", „Wormatia", „Wormbs" der heutige Name Worms entwickelt hat. Das durch eine Mauer geschützte Borbetomagus wurde im ersten vorchristlichen Jahrhundert von den germanischen Vangionen eingenommen, denen bald im Zuge der Eroberung Galliens unter Caesar die Römer folgten. Von nun an hieß die Siedlung, die unter Kaiser Augustus den Rang einer Garnisonsstadt einnahm, „Civitas Vangionum".

Inmitten der Stadt, auf dem Gelände des heutigen Domes, wurde ein Forum mit einem Prätorenpalast angelegt, der von den germanischen Eroberern der Völkerwanderungszeit als Herrschersitz übernommen und der später von den Franken dem Bischof als Residenz überlassen wurde. Während der Völkerwanderung zerstörten Vandalen, Sueben und Alemannen die Stadt. Eine Neugründung unter König Gunther zu Beginn des 5. Jahrhunderts fiel den herandrängenden Hunnen unter Attila im Jahre 450 zum Opfer; diese Ereignisse bilden übrigens den historischen Kern der Nibelungensage.

Nach der Besetzung durch die Franken im Jahre 496 entstand unter der austrasischen Königin Brunhildis eine merowingische Siedlung mit einer Königspfalz, die vermutlich an der Stelle des ehemaligen Forums bzw. des jetzigen Domes angelegt wurde. Aus dieser Zeit, dem beginnenden 7. Jahrhundert, ist erstmals ein Wormser Bischof urkundlich bezeugt, der wahrscheinlich in dem unter König Dagobert errichteten fränkischen Dom seinen Sitz hatte. Die Wormser Bischöfe verloren im 9. und 10. Jahrhundert gegenübe

Dom, Ostchor

155

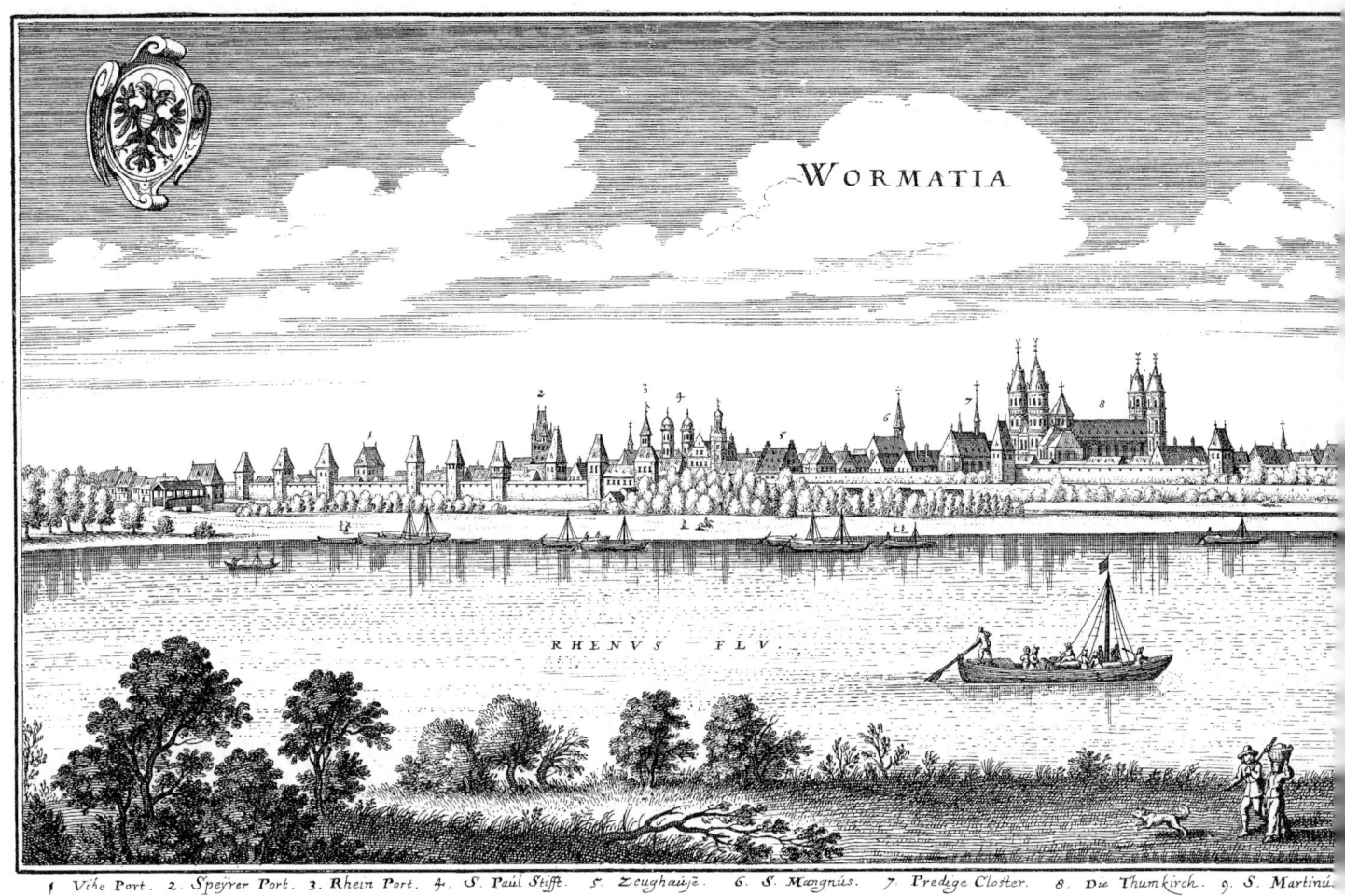

WORMATIA

RHENVS FLV.

1. Vihe Port. 2. Speyrer Port. 3. Rhein Port. 4. S. Paul Stifft. 5. Zeughaüſe. 6. S. Mangnüs. 7. Predige Cloſter. 8. Die Thumkirch. 9. S. Martinü.

*oben: Worms, Ansicht von
Osten, Kupferstich von
Matthäus Merian, 1645*

den salischen Gaugrafen an Macht und Bedeutung, bis dann mit Burchard I. im Jahre 1000 eine der politisch und geistig führenden Persönlichkeiten der ottonischen Reichskirche den Bischofsstuhl von Worms übernahm. Burchard (um 965–1025) war der Verfasser einer kirchenrechtlichen Sammlung, des „Decretum Burchardi", das sich mit Fragen der kirchlichen Disziplin und Hierarchie, des sakramentalen Lebens und Bußwesens befasste. Von ihm stammt ebenfalls die „Lex familiae Wormatiensis ecclesiae", ein hervorragendes Zeugnis zur Rechts- und Sozialgeschichte des frühen 11. Jahrhunderts, das dem städtischen Gemeinwesen eine einheitliche und verbindliche Rechtsordnung gab. Burchard gehörte dem Kreis jener Reformbischöfe an, die auch als Bauherren tätig waren – wie Bernward von Hildesheim, Notker von Lübeck, Adalbero von Basel und Eberhard von Bamberg. Er erwies sich als ein kluger Taktiker, indem es ihm ge-

lang, mit Unterstützung des im Jahre 1002 zum deutschen König gekrönten Heinrich II. die Macht der salischen Herzöge in Worms zu beschneiden und die Stadtherrschaft zu übernehmen. Er erbaute an der Stelle der Salierburg die bischöfliche „Freiheitskirche" St. Paul, er errichtete den neuen Dom und erneuerte die mächtigen Kirchenbauten von St. Andreas und St. Martin. Er ließ die Stadt mit einer mächtigen wehrhaften Mauer umgeben und wurde somit zum Begründer eines urbanen Ensembles, das über Jahrhunderte sein ursprüngliches Gepräge beibehielt.

Ein wichtiges Datum in der Geschichte der Stadt Worms markiert das Jahr 1074, als König Heinrich IV. den Bürgern von Worms sein Freiheitsprivileg verlieh und somit den Emanzipationsbestrebungen des aufstrebenden Bürgertums entgegenkam. Dies war der Dank für die Parteinahme der Stadt zugunsten des weltlichen Herrschers im Investiturstreit, in dem

S. Martins Port. 11. Spital. 12. S. Amandus. 13. Capuciner Closter. 14. Newthürn. 15. Vnser lieb-Frawen kirch. 16. Maintzer Port. 17. Closter Newhausen.

es – ausgehend von der Frage um die Einsetzung der Bischöfe und Äbte in ihre Ämter – zu einer grundsätzlichen Auseinandersetzung zwischen dem Reformpapsttum und den europäischen Königshäusern über das Verhältnis von weltlicher und geistlicher Macht gekommen war. Die Stadt hatte, trotz des Widerstands seitens des Bischofs, den von den deutschen Fürsten im Stich gelassenen Herrscher aufgenommen und ihm jegliche finanzielle und materielle Hilfe zur Sicherung des Kaisertums zukommen lassen. In der am 18. Januar 1074 ausgestellten Urkunde, die eine Zollbefreiung an den kaiserlichen Zollstätten vorsah und für die Wormser Kaufleute eine außerordentliche wirtschaftliche Förderung bedeutete, heißt es: „Im Namen der heiligen und ungeteilten Dreifaltigkeit! Heinrich von Gottes Gnaden König. Der königlichen Macht und Gnade geziemt es, treuen Dienst mit Wohltaten zu belohnen, auf dass die Diensteifri-

gen zu ihrer Freude sehen, dass sie auch in der Belohnung ihrer Dienste ausgezeichnet werden. Unter diesen habe ich aber die Bewohner der Stadt Worms der größten, ganz besonderen Ehre für würdig gehalten, ja würdiger als die Bewohner aller anderen Städte. Denn ich habe gesehen, dass sie in der größten Gefahr des Reiches mit der größten, herrlichsten Treue bei mir ausgeharrt haben, obwohl ich sie weder mündlich, noch schriftlich, weder persönlich, noch durch einen Boten oder sonst irgendwie zu diesem herrlichen Beweis ihrer Treue aufgefordert habe. Deshalb aber nenne ich diese Treue eine so ausgezeichnete, weil sie, während alle Fürsten mir die Treue gebrochen hatten und gegen mich im Aufstand waren, allein der Gefahr nicht achtend gegen den Willen aller mir auf Leben und Tod die Treue hielten. Während andere Städte bei meiner Annäherung sogar ihre Tore schlossen und bei Tag und Nacht Wachen gegen

In Bronze gegossenes Kaiser-privileg von 1184 über dem Nordportal des Doms

unten: Galerie am Westchor des Doms

mich aufstellten, hat Worms allein mit der Zustimmung aller seiner Bürger und aller seiner Waffen mich aufgenommen. Mögen daher die Wormser, die in ihrer Dienstleistung die allerersten waren, auch im Empfang ihrer Belohnung die ersten sein!"

Der Nachfolger Heinrichs IV., sein Sohn Heinrich V., beendete am 23. September 1122 in Worms den Investiturstreit mit einem Kompromiss. Im Wormser Konkordat wurde festgelegt, dass der Kaiser in Zukunft auf die Investitur mit Ring und Stab verzichten solle und die kanonische Wahl und Weihe gestattete. Im Gegenzug räumte der Papst ein, dass der Kaiser in Deutschland bei der Wahl der Äbte und Bischöfe zugegen sein solle und bei Dissens die Entscheidung treffen dürfe.

Worms wurde im 12. und 13. Jahrhundert zu einer führenden Stadt in der Reichspolitik der Salier und Staufer, die von Heinrich IV. verliehenen Privilegien begannen sich nachhaltig auszuwirken. Das Stadtgebiet wurde erheblich vergrößert, es entstand ein Mauerring von enormem Umfang mit zahlreichen Türmen und Stadttoren. Vom Anspruch der Stadt kün-

deten 200 große und 600 kleine Bürgerhöfe, etwa 30 Adelspaläste, zwölf Klöster, sechs geistliche Stifte, 50 Kirchen, darunter der Dom, und eine große Zahl von Bürgerbauten.

Im Jahre 1184 übergab Kaiser Friedrich Barbarossa der Stadt ein Freiheitsprivileg, das in Erz gegossen über dem Nordportal des Domes eingemauert wurde. Die Inschrift, die zusammen mit dem monumentalen Kaiserrelief 1981 erneuert und über dem Bogenfeld des Portals angebracht wurde, hatte folgenden Wortlaut:

Von nun an blühe dein Ruhm
Dir werde der Lohn deiner Ehre
Weil du o Worms klug und treu dich bewährst
Dich hat das Kreuz mir geweiht
Dich hat das Schwert mir geschenkt
Petrus dein guter Patron gewähre dir sicheren Schutz

Der Niedergang der kaiserlichen Macht während des Interregnums führte im Jahre 1254 zur Gründung des Rheinischen Städtebundes, in dem Worms zusammen mit den beiden anderen Bischofsstädten Mainz und Speyer die Führung übernahm. Als eine der ersten im Verbund der sieben Freien Städte des Reiches erhielt Worms die feierliche Anerkennung seiner Selbstständigkeit durch Rudolf von Habsburg im Jahre 1273. Im 14. und 15. Jahrhundert setzte ein allmählicher politischer und wirtschaftlicher Niedergang ein. Nur noch zweimal – mit dem Reichstag Kaiser Maximilians im Jahre 1495 und dem sogenannten Luther-Reichstag im Jahre 1521 – sollte die Stadt zu einem geistig-politischen Zentrum des Deutschen Reiches werden. Die verheerenden Zerstörungen im Orléan'schen Krieg durch die Truppen Mélacs (unversehrt blieben damals von 50 Kirchen lediglich zwei Vorstadtklöster) und die Bombardements des Zweiten Weltkrieges (in der Altstadt überstand einzig der Dom die Angriffe verhältnismäßig unbeschädigt) hinterließen zwar nur wenige, mit den in ihrer Mehrzahl vorbildlich rekonstruierten großen Stiftskirchen jedoch bedeutende Überreste der mittelalterlichen Bausubstanz.

Wormser Schule

Wie an keinem anderen Ort am Mittel- und Oberrhein bildete sich im mittelalterlichen Worms eine
spezifische Bauweise heraus, die unter dem Begriff
Wormser Bauschule zusammengefasst wird. Die während des staufischen Domneubaus errichtete Bauhütte führte ein Formenvokabular in die Architektur ein,
das in der Stadt selbst und in der näheren und weiteren Umgebung in Kirchen, Burgen und Wohnhäusern seinen Niederschlag fand – etwa in den Kirchen
von Dackenheim, Orbis, Seebach und Enkenbach
oder in dem weiter entfernten, zur damaligen Diözese Metz gehörigen Vogelbach westlich von Landstuhl
sowie dem im Kraichgau gelegenen Lobenfeld östlich des Rheins. Die Bezeichnung Wormser Bauschule versteht sich als eine hypothetische Begrifflichkeit,
d. h. sie meint nicht eine Schule im Sinne von Un-
terrichtung bauhandwerklicher Fertigkeiten, sondern
eine regionale und zeitliche Zusammenfassung spe-
zifischer Merkmale von Bau- und Schmuckformen.
Zu diesen Merkmalen gehören in erster Linie die Be-
achtung bestimmter Proportionsgesetze im Kirchenbau und die weitgehende Verwendung verbindlicher
Maßeinheiten. So bilden in der Planung wie in der
Ausführung die einfachen geometrischen Figuren des
gleichseitigen Dreiecks, des Quadrats, des Fünfecks
und des Achtecks die Grundlagen für das Bauwerk.
Die Raumproportionierung des Kirchenbaus lässt
sich aus dem Verhältnis der Höhe des Mittelschiffs
zu seiner Breite errechnen. Ein Beispiel: Im Wormser Dom beträgt die Relation von Höhe und Breite
26,2 x 11,5 Meter die lichte Breite der Seitenschiffe
misst 25,3 Meter. Dieser entspricht die Höhe des
Mittelschiffs bis zur Oberkante des Gurtbogens, während der Gewölbeabschluss 26,8 Meter erreicht.
Neben verbindlichen Raummaßen und Proportions-
gesetzen galten weitere, das Erscheinungsbild des Baukörpers betreffende Kriterien: die Errichtung der
Mauern im Quaderverband, im Burgenbau in Buckelquadern; die Gliederung der Wände in der Hori-

Dom, Fenstergruppe im Ostchor

Dombezirk im 18. Jahrhundert, Modell im Wormser Dom

unten: Dom, Grundriss. Der 111 Meter lange romanische Dom ist eine doppelchörige, dreischiffige Basilika mit östlichem Querhaus. Die Doppelchoranlage bestand bereits beim ottonischen Vorgängerbau. Die Dächer waren ursprünglich nicht mit Schiefer, sondern bis 1689 mit Blei gedeckt.

zontalen durch Gesimse, Rundbogenfriese und häufig durch Zahnschnittbänder, in der Vertikalen durch Lisenen und entsprechend angeordnete Fenster; die Ausbildung von Säulen- oder Stufenportalen und die Vorliebe für mehrfach gewulste Fenster; die Entwicklung fester Kapitelltypen und Ornamentformen sowie einer phantasiereichen figürlichen Bauplastik. Ausnahmen und Abweichungen waren nicht selten, dennoch lässt sich bei den im Stil der Wormser Schule errichteten Bauwerken ein einheitlicher Bau- und Stilgedanke im Ganzen feststellen, der ihre architektonische Eigenständigkeit unterstreicht.

Dom St. Peter

Baugeschichte

Die eigentliche Baugeschichte des Wormser Domes beginnt unter Bischof Burchard kurz nach dem Jahr 1000. Doch bereits vor dieser Zeit gab es an gleicher Stelle Vorgängerbauten, die anhand von Bodenuntersuchungen nachgewiesen werden konnten. Etwa 1,50 Meter unter dem heutigen Fußboden wurden ein Ziegelbelag sowie Estrich- und Mauerreste in römischer Technik entdeckt, vermutlich Relikte des antiken Forums. Unmittelbar über dem römischen lag ein frühmittelalterlicher Estrich, der zu dem unter den königlichen Stiftern Brunhildis und Dagobert errichteten fränkischen Dom aus der ersten Hälfte des 7. Jahr-

hunderts gehörte – neben dem Trierer Dom die älteste Bischofskirche auf deutschem Boden. Der Grundriss dieser Kirche lässt auf eine dreischiffige Basilika ohne Querhaus schließen, der Pastophorien beiderseits des Chors und eines etwas vorspringenden Anbaus im Nordosten angegliedert waren. Im Zuge einer Erweiterung in der zweiten Hälfte des 9. Jahrhunderts wurden an die vorhandene Kirche ein Langhaus, ein Querschiff und ein Ostchor angebaut.

Unter Bischof Burchard I., der ein Anhänger der Reformbewegung des Klosters Gorze bei Metz war, kam es zu einem Domneubau, der mehr als eine bloße Fortentwicklung seiner Vorgängerbauten sein sollte. Der Beginn der Arbeiten dürfte zwischen 1005 und 1010 anzusetzen sein, die Errichtung des erheblich größeren Gotteshauses erfolgte am gleichen Platz unter Verwendung eines Teils der alten Grundmauern. In der „Vita Burchardi", einer von einem nicht näher bekannten Zeitgenossen des Bischofs verfassten Lebensgeschichte, heißt es: „Der Gottesmann trug die Bischofskirche des hl. Petrus, weil sie eng und nicht mehr zeitgemäß war, ab und legte den Grund zu einem Münster, das er durch bewundernswerte Größe auszeichnete. Er führte es sehr rasch in wenigen Jahren bis fast zur Vollendung, sodass es nicht durch Handwerker, sondern durch einen Wunsch erbaut zu sein schien."

Im Grundriss bildete der ottonische Dom eine kreuzförmige Basilika mit zwei halbrunden Chören, die von Rundtürmen flankiert wurden. Im Inneren war die Kirche dreischiffig und flachgedeckt, nur die Apsiden besaßen eine Wölbung. Der Fußboden bestand aus einem schwarz-weißen Marmormosaik im geometrischen Muster, von dem Teile bei Ausgrabungsarbeiten freigelegt werden konnten. Vom „Burchardbau" sind noch die drei Untergeschosse des südlichen und ein Untergeschoss des nördlichen Westturms sowie die Sockelmauern der Ostteile und des südlichen Querhauses erhalten. Im Grundriss und Aufbau gehörte der Burcharddom zu einer Reihe von um die Jahrtausendwende entstandenen Sakralbauten, die zwei Chöre besaßen – wie St. Michael in Hildesheim,

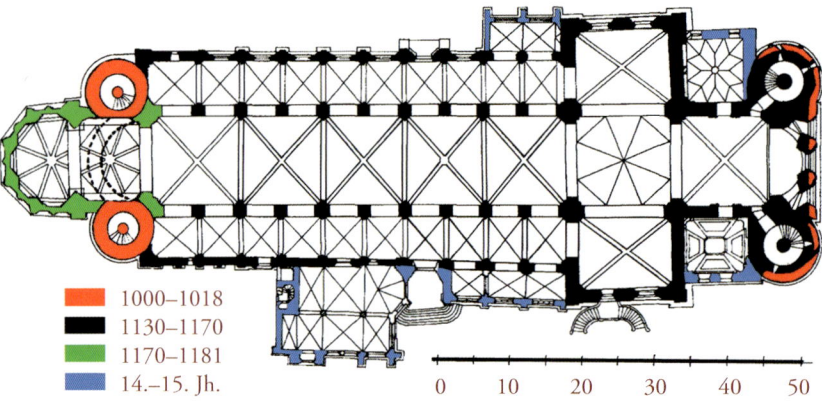

🟧	1000–1018
⬛	1130–1170
🟩	1170–1181
🟦	14.–15. Jh.

0   10   20   30   40   50

der romanische Dom in Köln, St. Gertrud in Nivelles oder auch die süddeutschen Dome von Augsburg und Regensburg. Die Errichtung zweier Choranlagen an den jeweiligen Enden der basilikalen Achse entsprach vermutlich dem Bedürfnis, der vermehrten Zahl der Patrone Altäre weihen zu können.

Im Jahre 1020 ereignete sich ein Unglück: Der zwei Jahre zuvor in Anwesenheit Kaiser Heinrichs II. geweihte Dom stürzte in seinem Westteil in sich zusammen, der Lössgrund hatte sich an dieser Stelle als zu labil erwiesen. Nach dem Abräumen der Trümmer wurde der Bau neu fundamentiert und in knapp zwei Jahren wiederhergestellt.

Der Dom in seiner heutigen Gestalt ist ein Neubau der frühen Stauferzeit aus der zweiten Hälfte des 12.

Jahrhunderts. Begonnen wurde er um 1130 unter Bischof Burchard II., genannt Buggo, auf den auch die Gründungen des Zisterzienserklosters Schönau im Odenwald sowie der Augustiner-Chorherrenstifte in Lobenfeld, in Höningen und in Groß- und Kleinfrankenthal zurückgehen. Bischof Buggo war mit Bernhard von Clairvaux befreundet, der in Anwesenheit Kaiser Konrads III. in Speyer an den Weihnachtstagen des Jahres 1146 zum Zug ins Heilige Land aufrief. Vollendet wurde der Wormser Domneubau unter Bischof Konrad II., die feierliche Weihe fand am 2. Mai 1181 durch den Trierer Erzbischof in Gegenwart des Kaisers statt.

Um den Neubau ausführen zu können, musste zuerst der alte Bau abgerissen werden. Dass dieser bau-

Dom, Vierungkuppel über dem östlichen Querhaus

rechts: Dom, Ansicht nach Westen

fällig oder durch ein Feuer beschädigt worden war, ist auszuschließen. Die Gründe für einen neuen Dom dürften vielmehr in einer gewandelten Baugesinnung zu Beginn der staufischen Herrschaft zu suchen sein, die sich auch in Worms ihr Denkmal setzen wollte. Der Bau erfolgte in drei Abschnitten: In einer ersten Phase wurden zwischen etwa 1130 und 1144 die Ostteile, der Chor, das Querhaus, der Vierungsturm, der Ansatz des Langhauses und die flankierenden Rundtürme bis zum vorletzten Geschoss errichtet. In einem zweiten Bauabschnitt zwischen 1160 und 1170 entstand, von Ost nach West fortschreitend, das Langhaus und in einer dritten Bauperiode zwischen 1171 und 1181 der Westchor mit dem westlichen Kuppelturm und den Obergeschossen aller Türme. So präsentierte sich der Dom bei seiner Weihe als eine doppelchörige, im gebundenen System gewölbte Basilika mit einem östlichen Querschiff. Vier schlanke Rundtürme flankieren paarweise die Choranlagen, die Ostvierung und den Westchor bekrönen je zwei achteckige Zentraltürme. Die Anordnung in zwei Dreiturmgruppen erinnert an den früheren Speyerer Dombau. Die innere Länge beträgt 108 Meter, wovon das Langhaus 58 Meter einnimmt. Die Osttürme haben eine Höhe von 65 Metern, die Westtürme erreichen, bedingt durch das von Ost nach West ansteigende Gelände, 58 Meter. Im staufischen Dombezirk schloss nördlich der Westtürme die kaiserliche Pfalz an, die der Bischof als Wohnung und Amtssitz zu Lehen hatte. In unmittelbarer Verbindung zum Dom befand sich die „aula minor", die den Frauenbau beherbergte und von deren Obergeschoss eine offene Tür in eine Betkammer führte; von hier aus konnten die Frauen an der Frühmesse teilnehmen. An diesen Bau schloss eine Torhalle, das „hovedor" („Hoftor") an, danach folgte der Kaiserbau, die „aula major", dem nach Osten hin die 1055 geweihte, nicht mehr erhaltene Stephanskirche vorgelagert war. Der staufische Domkreuzgang war an den Südwestteil des Langhauses angelegt, hier erkennt man heute noch die Stockwerkeinteilung der romanischen

Anlage und die Gewölbeansätze des gotischen Neubaus von 1484. Direkt neben dem Kreuzgang lag die Johanneskirche, ein kleinerer, bereits 1058 geweihter, zwischen 1170 und 1190 erneuerter und zu Beginn des 19. Jahrhunderts unter französischer Besatzung zerstörter zehneckiger Zentralbau.

Im Gegensatz zu Speyer hat sich am Wormser Dom noch relativ viel der romanischen Bausubstanz erhalten. 1689 versuchten französische Truppen auch die Wormser Bischofskirche dem Erdboden gleichzumachen, doch diese leistete erbitterten Widerstand: „Lediglich" die Dächer brannten ab, die drei mittleren Gewölbe stürzten ein, die beiden Chöre brannten aus. Nach umfassenden Wiederherstellungsarbeiten unter Bischof Franz Ludwig von Pfalz-Neuburg erfolgte eine weitere aufwendige Sicherungsmaßnahme zu Beginn des 20. Jahrhunderts. Wieder hatte sich der Lössgrund unter dem Westchor als wenig tragfähig erwiesen, wieder drohte akute Einsturzgefahr. Nach genauester Bauaufnahme wurde die Chorpartie abgetragen und nach einer gründlichen Verstärkung der Fundamente mit allen alten Steinen aufs sorgfältigste wieder aufgebaut. Es war das dritte Mal, dass ein Einsturz bevorstand, der jedoch noch rechtzeitig verhindert werden konnte.

Bereits 1429 – 400 Jahre nach dem Unglück am salischen Dom – war der Nordwestturm in sich zusammengestürzt, wobei ein Teil des Bischofshofes in Mitleidenschaft gezogen wurde. Knapp 50 Jahre später begann man mit einem Wiederaufbau. Die Baumeister des 15. Jahrhunderts hielten sich im Großen und Ganzen an die architektonischen Proportionen und die ursprüngliche Geschosseinteilung, die sie vom romanischen Südwestturm übernehmen konnten, ansonsten verwendeten sie aber die Bauformen der Spätgotik. So verzichtete man bezeichnenderweise auf Friese, die Stockwerke wurden nur durch profilierte Lisenen gegliedert und mit schräg abgedeckten Gesimsen geschlossen, die Zwerggalerie erhielt ihre Gestalt durch kleeblattförmige Bögen. Im obersten Geschoss enden die Lisenen in den Wänden mit aufgelegten

Dom, Ostchor

Dom, Bauplastik der Türme

Fialen, zwischen denen sich Fenster mit Eselsrücken-bögen befinden. Die Wiederherstellung des Nord-westturmes, an dem – der Zeitauffassung gemäß – die Betonung der vertikalen Linie vorherrscht, gilt als ein glänzendes Beispiel gotischer Denkmalpflege.

Außenbesichtigung

Was dem heutigen Besucher bei der Betrachtung des Wormser Domes auffällt, ist – neben der Einheitlich-keit der Gesamterscheinung – die Vielfalt der bauli-chen Details und der Schmuckformen. Eine Besich-tigung mag an der Ostseite, dem ältesten Bauteil und der der Stadt und dem Rhein zugewandten Schau-seite, beginnen. Sie stellt sich als eine durch Lisenen und Rundbogenfriese gegliederte Wand über einem attisch profilierten Sockel dar, wobei der Giebel durch die beiden Rundtürme mit kleinen, unregelmäßig verteilten Rundbogenfenstern gerahmt wird. Im un-teren Geschoss werden drei mehrfach gewulste Fens-ter von lisenenbegrenzten Feldern umfasst, die in ei-nem Fries mit je drei Rundbogen auslaufen. Über diesem Fenstergeschoss erhebt sich ein niedrigeres Galeriegeschoss, das durch neun Bogenstellungen ge-gliedert ist, die auf acht Säulen ruhen. Die monoli-thischen Säulen stehen auf steilen attischen Basen und schließen in Würfelkapitellen ab. Der abschlie-ßende Bogenfries des Galeriegeschosses zeigt die glei-che Profilierung wie im darunter befindlichen Fens-tergeschoss. Den Abschluss der Wand bildet ein drei-eckiger Giebel mit einem eingeschnittenen Rundfens-ter, der von steigenden Bogenfriesen und Zahnschnitt gerahmt wird. Eine einzigartige und höchst originel-le architektonische Lösung stellen die Helme der öst-lichen Chorpartie mit ihren Gauben und steinernen Knäufen dar, die in der Form von auf vier Seiten ab-geplatteten und durchbohrten Kugeln eine Art Zin-nenkranz bilden – ein Motiv, das sich leicht modifi-ziert am Westchor wiederholt.

Die gesamte Ostpartie enthält eine Fülle von baupla-stischen Formen, beginnend bei den Bogenfüßen des Frieses der Turmuntergeschosse, die auf teilweise er-neuerten Masken ruhen. Einzigartig sind die drei Mittelfenster mit den auf den Sohlbänken liegenden Tieren: Links sind es zwei Löwen, in der Mitte ein Löwe und ein einer Robbe ähnelndes Tier, das einen Widder zu bedrängen scheint, rechts hat ein Löwe einen bewaffneten Mann in seiner Gewalt, daneben sitzt eine Bärin, die ihr Junges hütet. Darüber sind den Säulenfüßen der Galerie weitere acht Menschen-köpfe, Tiere und Fabelwesen vorgeblendet. Den fi-gürlichen Darstellungen kam zweifellos eine apotro-päische, d. h. abwehrende Bedeutung zu, die darüber hinaus den ständigen Kampf zwischen Gut und Bö-se, zwischen den Mächten der Finsternis und des Lichtes versinnbildlichen sollte. In diese Auseinan-dersetzung war nach Anschauung auch der Mensch einbezogen, wie es an der vierten Säule von Süden, der sogenannten „Baumeistersäule", veranschaulicht wird. Ein wie schwebend erscheinender, mit einem Hemd und einem Leibrock bekleideter Mann ist an die Säule geheftet, in seiner Linken hält er ein Werk-zeug, wahrscheinlich ein Winkelmaß oder einen Mei-ßel. Dem so als Baumeister kenntlich gemachten Mann krault ein Affe das Haar, dahinter befand sich früher noch ein zweites Tier. Die Figurengruppe auf der Säule versteht sich als ein Sinnbild: Der etwas skeptisch, aber auch stolz in die Ferne blickende Bau-meister verweilt in Gedanken bei dem von ihm voll-brachten Bau. Zufriedenheit und Zweifel zugleich scheinen ihn zu erfüllen, Zufriedenheit über die er-brachte Leistung, Zweifel an der Gottgefälligkeit sei-nes Werkes. Und der Affe hinter ihm symbolisiert das Ungewöhnliche und Neue, aber auch, als Ver-körperung des Teufels, die Versuchung der Eitelkeit, die Anfechtung des Hochmuts – so wie „einen der Affe laust" als Ausdruck der Verwunderung über ei-ne wagemutige Tat. Der Affe will auf die sich leicht einstellende Eitelkeit des schöpferischen und Großes vollbringenden Menschen hinweisen, zugleich auch die Eitelkeit jeglichen menschlichen Tuns vor dem Hintergrund der Endlichkeit der menschlichen Exis-

oben: *Dom, Ostchor, Sohlbank
mit Tierfiguren*

links: *Dom, Ostchor, Arkaden
mit „Baumeistersäule"*

tenz zum Ausdruck bringen. Er ist eine – vor allem in späteren Künstlerbildnissen häufig wiederkehrende – Metapher für Vergänglichkeit und Tod.

Die Querhauswände sind gegenüber der Ostpartie großflächiger gestaltet, ihnen liegt ein stärkeres, von kubischen Formen bestimmtes Gestaltungsprinzip zugrunde. Die drei Rundbogenfenster in der nördlichen und die zwei Rundbogenfenster in der südlichen Stirnwand haben kräftig abgetreppte und mit Rundstäben profilierte Gewände. Zwischen dem Querhaus und dem südöstlichen Treppenturm liegt die in ihrem Unterbau romanische Sakristei, ihr entspricht auf der Nordseite die sogenannte Silberkammer. Die Querhäuser enden, ebenso wie die Ostwand, in einem durch steigende Rundbogenfriese gegliederten Dreiecksgiebel oberhalb eines kräftigen Horizontalgesimses. Der auf dem Querhaus sitzende achteckige Vierungsturm, der, ähnlich wie die Gewölbe des Querhauses, Parallelen zum Speyerer Dom aufweist, schließt das von Türmen beherrschte Bild der östlichen Domteile ab. Sein markantestes Gliederungselement ist die Zwerggalerie, die auf einem

durch Lisenen und Rundbogenfriese in 16 längliche Felder aufgeteilten Mauerwerk ruht. Die Säulen weisen attische Basen und Würfelkapitelle auf, die Abfolge der Bogenstellungen wird von spielerisch wirkenden Unregelmäßigkeiten bestimmt. Im Zuge der Domerneuerung im Jahre 1910 erhielt die Kuppel einen Steinhelm, der im Umriss dem westlichen Chorturm entspricht und somit ein optisches Gegengewicht herstellt.

An das aus fünf Doppeljochen bestehende Langhaus aus der zweiten Bauperiode mit seinen späteren Kapellenanbauten – der gotischen Nikolauskapelle, der St. Annen- und der St. Georgskapelle im Süden und

*Dom, Ostchor, eine der Sohl-
bänke mit Tierdarstellungen*

oben: Dom, Reliefs in der
Westwand der Annenkapelle:
Daniel in der Löwengrube,
Habakuk mit dem Engel und
steinerne Löwen

unten: Dom, gotisches Südportal

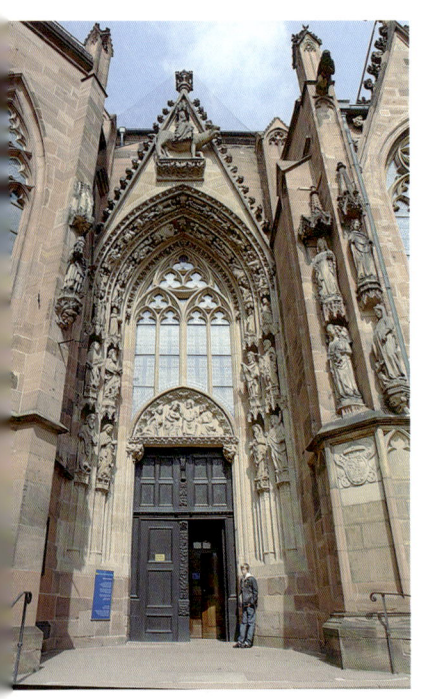

der Ägidienkapelle, der heutigen Marienkapelle, im Norden – schließt der Westchor an, der als dritter und letzter Abschnitt errichtet wurde. Nach der Niederlegung der alten Apsis wurde hier zwischen den stehen gebliebenen Flankentürmen ein rechteckiges Joch angelegt, über das sich, in Anlehnung an den östlichen Vierungsturm, ein achteckiger Zentralturm mit einer Zwerggalerie erhebt, die sich in den Rundtürmen fortsetzt. Die Kuppel über der Apsis im 5/8-Grundriss ist als ein geripptes spitzbogiges Klostergewölbe ausgebildet, über das die steinerne Dachpyramide gelegt ist. Die Apsiswände besitzen so tiefe Nischen, dass nur den Eckpfeilern eine tragende Funktion zukommt. Während die an das Langhaus anschließenden Seiten hohe Fenster mit Rundbogenabschluss und reich profilierten Gewänden aufweisen, werden die drei Schlussseiten durch Kreisfenster mit Pässen gegliedert. Insbesondere das zwölfspeichige Radfenster in der Mitte, das ursprünglich vollrund über die Ecken hinausgriff, erinnert an die französische Kathedralarchitektur der Frühgotik. Im Gegensatz zum Ostchor ist hier die Wand als ganze reichhaltiger gegliedert, etwa durch die häufige Verwendung des gezähnten Gesimses. Während dort selbstständig ausgeformte Details dominieren, vollzieht sich hier eine Tendenz zur Vielfalt aufeinander abgestimmter Einzelformen.

Auch der Westchor weist eine Vielzahl figürlicher Bauplastik auf, insbesondere im Bereich der Galerie. An den Säulenfüßen werden die Themen der Ostchorplastik wieder aufgenommen – Tiere, Menschen, Fabelwesen und Ungeheuer. So treten in Erscheinung: Löwen mit gefletschten Zähnen und heraushängender Zunge, ein doppelköpfiges Ungeheuer, ein Bischof mit Buch und zum Segensgestus erhobener Hand, ein bärtiger Patriarch, ein König, eine gekrönte Frau mit Zöpfen und einer Kugel in der Hand, ein Mann mit einem Tier im Rücken oder ein Affe, der eine Frau an ihren Haaren zieht. Letzteres Motiv ist eine Wiederaufnahme der Baumeistersäule am Ostchor.

Gegenüber der Westchorgalerie weist der Südwestturm unterschiedlich gestaltete Schmuckformen auf, die von anderen Steinmetzen stammen. Den Kapitellen der Zwerggalerie und der Dreierfenster im Obergeschoss liegen geometrische Formen zugrunde, die ornamentale Weiterentwicklungen des einfachen Würfelkapitells sind.

Portale

Reiche Schmuck- und Bauformen finden sich ebenfalls an den Portalen im Süden und Norden des Domes, die der zweiten Bauperiode zwischen 1160 und 1170 angehören. Das stauferzeitliche Bogenfeld des Südportals, das umgedreht für das um 1300 entstandene gotische Tympanon mit der Darstellung der Marienkrönung verwendet wurde und jetzt im Kircheninneren angebracht ist, zeigt den segnenden und richtenden Christus.

Neben dem Weltenrichter stehen die Muttergottes und der Apostel Petrus mit seinem repräsentativen Attribut, dem Schlüssel. In seiner Linken hält Christus ein aufgeschlagenes Buch, auf dem zu lesen ist: EGO SUM VIA VERITAS ET VITA (Ich bin der Weg, die Wahrheit und das Leben). Bei der Umdrehung des Tympanons zwangen die schmaleren Abmessungen des gotischen Bogenfeldes zu einer Verkleinerung; dabei wurde die rechte Seite abgerundet, sodass eine Figur ganz, eine zweite in ihrem oberen Teil vernichtet wurde. Auf der noch ganz erhaltenen linken Seite kniet ganz außen ein Bischof, der Bauherr Konrad I. von Steinach, neben ihm steht ein nicht näher bezeichneter Bischof mit einem Heiligenschein, vermutlich der hl. Nikolaus von Myra.

Das Nikolausrelief über dem Eingang zur ersten romanischen Nikolauskapelle, die zu Beginn des 14. Jahrhunderts nach Westen hin um eineinhalb Joche erweitert wurde, zeigt den Bischof von Myra als Halbfigur mit erhobenen Händen. In seiner Linken hält er ein Buch, auf dem Buchstaben in Art des Alphabets stehen, in der anderen, fehlenden Hand hielt er vermutlich den Bischofsstab. In den Ecken des Tympanons erscheinen drei Köpfe von Schülern, denen er Unter-

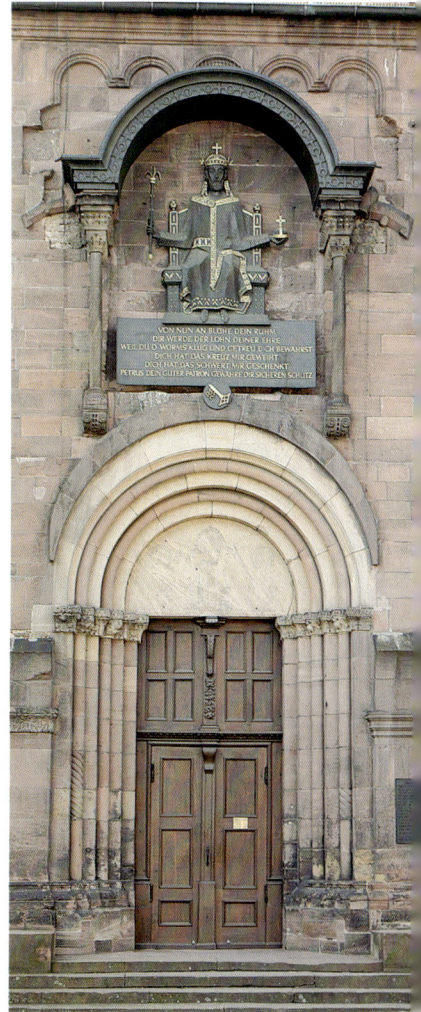

Das im vierten Seitenschiffjoch gegenüberliegende Nordportal ist im ganzen strenger und schlichter gehalten als sein mit reichem Bauschmuck ausgestattetes südliches Pendant. Es ist als Säulenportal mit drei Rücksprüngen angelegt, die Außenkante wird durch eine Kehle profiliert, die Säulen setzen sich als Rundstäbe in der Bogenlaibung fort.

Der Kapitellgürtel und die darüber liegende Kämpferzone sind mit reichem Blattwerk verziert, am rechten Gewände lassen sich zwei Adler, am linken zwei Menschenköpfe zwischen dem Rankenwerk erkennen. Zwei seitlich angebrachte Pfeiler mit Bogenansätzen und zwei Schildbogenansätze verweisen auf eine ursprünglich geplante Vorhalle. Das Tympanon war einst bemalt, wurde dann aber anlässlich der Neugestaltung des Portals im Jahre 1184 umgedreht, sodass die frühere Außenseite nun innen zu sehen ist. Um das in Bronze gegossene Kaiserprivileg würdig präsentieren zu können, wurden damals auf der Wand über dem Portal zwei leicht geknickte, auf ornamentalen Konsolen ruhende Säulen angebracht, die einen hölzernen Bogen trugen. (Der eherne Freiheitsbrief Friedrich Barbarossas wurde 1689 von den Franzosen heruntergerissen und zerstört.) Die jetzige Innenseite des Tympanons zeigt einen Bogen, den ein Wellenband mit einbeschriebenem akanthusförmigem Blattwerk schmückt. Im Scheitel sitzt ein von Blättern umrankter bärtiger, äußerst expressiver Kopf, neben dem auf der rechten Seite – bei genauerer Betrachtung – eine zweite Maske sichtbar wird, die sich aus den vegetabilischen Formen entwickelt.

Das in der zweiten Bauphase entstandene Nordportal des Wormser Domes war für die stilgeschichtliche Entwicklung der Region von außerordentlicher Bedeutung. Als ein Prototyp der Wormser Bauschule findet es sich in modifizierter Form bereits in der 1171 abgebrannten und bis 1181 wiederaufgebauten Klosterkirche der Augustiner-Chorherren im benachbarten Frankenthal, bei deren Wiederherstellung mit Sicherheit Werkleute der Wormser Bauhütte tätig waren, wie auch in dem ein knappes Jahr-

Dom, Tympanon zur Nikolauskapelle, Seitenschiff

Nordportal des Wormser Doms

richt erteilt – der hl. Nikolaus galt ja als Schutzpatron der Schüler. Oberhalb seiner rechten Schulter wird eine vollmondartige Maske sichtbar.

Neben dem Südportal sind in der Westwand der Annenkapelle Reliefs eingemauert, die wohl ursprünglich für das Südportal bestimmt waren, nach dem gotischen Umbau jedoch verlagert werden mussten. Zusammengestellt sind hier die alttestamentlichen Szenen von „Daniel in der Löwengrube" und „Habakuk mit dem Engel" sowie drei steinerne Löwen, die als äußerst ausdrucksstarke, schreckenerregende Bestien erscheinen. Das erste Relief zeigt Daniel auf einer Löwenpranke sitzend, zwei wie zahme Hauskatzen wirkende Löwen lecken ihm Hand und Knie. Auf dem die Szene umgebenden Bogen ist zu lesen: DANIEL IN LACU LEONUM (Daniel in der Löwengrube). Vom zweiten Relief ist die Umrahmung abhanden gekommen, die Darstellung selbst blieb erhalten: Ein Engel hat den Propheten Habakuk am Schopf gefasst und befiehlt ihm, dem in der Löwengrube gefangen gehaltenen Daniel einen Topf mit Speise zu bringen. Beide Bilder fügen sich im Zusammenhang mit dem Christustympanon zu einem Ganzen von typologischer und symbolischer Bedeutung: So wie Daniel aus der Löwengrube gerettet wurde, so ist auch Christus auferstanden. Sämtliche Bildwerke – das Christus- und Nikolaustympanon, Daniel, Habakuk und die Löwen – stammen aus der Hand eines Steinmetzen, ihre Entstehung ist um das Jahr 1160 anzunehmen.

oben: Dom, Langhauswand

rechts: Dom, Innenansicht nach Osten

unten: Saliergruft

Innenbesichtigung

Im Dominneren, in das heute das südliche Portal führt, vermittelt der Ostchor einen gänzlich anderen Eindruck als an der Außenseite. Die nach außen gerade geschlossene Ostwand erscheint innen als eine mit einem viertelkugeligen Gewölbe überspannte halbrunde Apsis, vor der der monumentale Hochaltar Balthasar Neumanns von 1738/42 aufgestellt wurde. Der dreigliedrige Pfeiler-Bogen-Aufbau der Apsis wird von den Wänden des Chorjochs aufgenommen und fortgeführt. Kapitelle und Kämpfer haben im gesamten Dom – vom Ost- bis zum Westchor – die gleiche Höhe. Das Querhaus übernimmt auch innen die großflächige Wandgliederung, wie sie für den Außenbau charakteristisch ist. Auf den Vierungspfeilern sitzen aus Halbkreisen und gedrückten Spitzbögen kombinierte Gewölbelinien auf, das Chorjoch und die Querhausarme werden von kreuzförmigen Bandrippengewölben überspannt. Der Übergang in den achteckigen Kuppeltambour erfolgt durch halbkugelige Zwickel, welche die Flucht der Quadergewände hinterschneiden. Die Vierungskuppel ist in der Form eines rippenlosen Klostergewölbes gestaltet, in jeder Gewölbekappe befindet sich ein schachtartiges Rundbogenfenster, das auf die Zwerggalerie führt.

Am nordöstlichen Vierungspfeiler befindet sich im Sockelbereich – unweit des Eingangs zur Silberkammer, die beiderseits von einem reichen Ornament aus verschlungenen Blattranken mit bärtigen Köpfen gesäumt wird – ein Relief, das sogenannte Julianarelief, das aus der ersten Bauphase zwischen 1130 und 1144 stammt. Es ist, in unmittelbarer Nähe des Altars und für den Besucher nicht zugänglich, ein Widmungsrelief der Bauhütte, das die Juliana-Legende allegorisch deutet: Die christliche Jungfrau Juliana weigert sich, den heidnischen Göttern zu opfern. Auch der Teufel kann sie während ihrer Gefangenschaft nicht dazu überreden; vielmehr bindet sie ihn und wirft ihn, in Begleitung eines Engels, auf dem Weg ins Martyrium in eine Kloake. Auf dieses Relief schrieben der Baumeister und Steinmetz Otto sowie der Schatzmeister Adelbracht: OTTO ME FECIT – ADELBRAHT ME MONETARIUS (Otto erbaute mich, Adelbracht bezahlte mich). Sie bestimmten somit das Bauwerk ausschließlich für den christlichen Gottesdienst, der über allen anderen Formen der Götterverehrung steht. Und so zieht sich von dieser Stelle ausgehend der Gedanke vom Sieg des Guten über das Böse, der sich auch in zahlreichen Bauplastiken, in vielerlei Schmuckdetails wiederfindet, wie ein Leitmotiv durch das gesamte Gotteshaus.

Das nach Westen anschließende Langhaus besteht aus fünf Doppeljochen im gebundenen System. Die Pfeiler sind im Kern annähernd quadratisch, sie haben attische Basen und die für die Wormser Schule charakteristischen Polsterkapitelle, über denen breit profilierte Kämpfer liegen. Bei den Hauptpfeilern sind eine zweite rechteckige Wandvorlage und ein halbrunder Dienst hinzugefügt. Zu den Seitenschiffen hin weisen alle Pfeiler nur einen Runddienst für den runden Gurtbogen auf. Das Gewölbe im Mittelschiff lässt bereits Einflüsse der französischen Gotik spüren, die jedoch im Aufbau des Langhau-

ses noch nicht zu erkennen sind. Die Gurte sind spitzbogig und im Profil rechteckig, die Diagonalen haben einen von zwei Viertelstäben begleiteten Rundstab. Die Nord- und Südwand sind unterschiedlich gestaltet, führen aber im ganzen, d. h. unter Einbeziehung des Obergesimes und der Fenster im Obergaden, das Gliederungssystem des unter Heinrich IV. ausgeführten zweiten Speyerer Bauabschnitts fort, wobei an die Stelle der vertikalen Wandgestaltung eine stärkere Betonung der Fläche tritt. Auch die Seitenschiffwände sind architektonisch unterschiedlich behandelt. Während im Norden die regelmäßige Abfolge von Pfeiler und Fenster vorherrscht, musste die Südwand drei Portale aufnehmen: eines zur Stadt hin, eines zum Kreuzgang und eines zur Nikolauskapelle. Vom südlichen Seitenschiff aus führt eine Treppe in die unter dem Ostchor gelegene Saliergruft hinunter, in der in schweren Steinsarkophagen die Ahnen des salischen Kaiserhauses bestattet sind.

Die Konstruktion des Westchors, welcher der dritten Bauperiode zwischen 1171 und 1181 angehört, ist auf eine stärkere Mauerdurchbrechung und Gliederung der Wandfläche angelegt. Neuartig für die Bauzeit sind die tektonischen und dekorativen Formen des Chorpolyptichons: die fünf Nischen im Erdgeschoss, denen außen jeweils zwei Nischen entsprechen, die Rundstäbe an den äußeren Ecken, die vier Rosenfenster und die zwei Rundblenden in den Chorschlusswänden. Reichhaltig und in dieser Kombination einzigartig sind die ornamentalen Einzelformen: die Röllchengesimse, die Zickzackstäbe, die Blendfriese und Galerien, das Laubwerk der Kapitelle in den Chornischen und eine Vielzahl figürlicher Kleinplastik. Während die Gestalt des Vierungsturmes im Osten von den Abmessungen der Vierung abhängig ist, nimmt der westliche Kuppelturm die Proportionen des Chorjochs auf, das schmaler als die Mittelschifffelder des Langhauses ist. In den Ecken leiten mehrfach abgetreppte Trompen vom Viereck des Chorjochs in das Achteck des Kuppelturms über, zwischen ihnen beleben Vierpass-

links: Dom,
Westchor
rechts: Dom,
Innenansicht
nach Westen

oben: Dom, westlicher Vierungsturm

blenden oberhalb der Schildbögen die Wandfläche. Das Gewölbe besteht aus Rippen, die von einem Band mit aufgesetztem Wulst gebildet werden. Die Kuppel wird in jeder Gewölbekappe durch ein kleines Rundbogenfenster beleuchtet, die darunterliegenden größeren Fenster führen auf die äußere Galerie, die mit ihren Säulen den Turm umschließt.

Von den vier ehemaligen Wormser Stiftskirchen, die alle auf Gründungen von Bischof Burchard I.

kurz nach der Jahrtausendwende zurückgehen, nimmt der Dom St. Peter zweifellos den ersten Rang ein. Weithin sichtbar und auch das heutige Stadtbild noch dominierend, konnte der staufische Nachfolgebau große Teile seiner ursprünglichen Bausubstanz bewahren. Die von vier Rundtürmen flankierte Doppelchoranlage stellt in der Romanik des Oberrheins eine Sonderform dar, die darüber hinaus durch den Reichtum an baulichen und or-

namentalen Details eine eigene Ausprägung erfährt.

Unter den romanischen Domen des Mittel- und Oberrheins ist der Wormser der kleinste und späteste, in dem sich bereits die ersten Einflüsse französischer Kathedralgotik bemerkbar machen. Neben der Einheitlichkeit des gesamten Baukörpers birgt der Dom eine Fülle architektonischer und ornamentaler Details, die für spätere Sakralbauten vorbildhaft wirkten. Außer den Schmuck- und Bauformen des Gründungsbaus haben sich bemerkenswerte Werke späterer Jahrhunderte erhalten: das gotische Südportal, die gotischen Kapellenanbauten, die spätgotischen Steinreliefs im nördlichen Seitenschiff mit Szenen des christlichen Heilsgeschehens sowie die barocke Ausstattung des Innenraums, zuallererst der Hochaltar Balthasar Neumanns im Ostchor.

oben: Dom, östlicher Vierungs-turm

173

Stadtbefestigung

Die Stadtmauer markiert noch heute das mittelalterliche Stadtgebiet von Worms, in dem die romanischen Kirchen der Stadt liegen. Der Stadtplan zeigt den Verlauf der Stadtmauer, die Lage der Kirchen, der Synagoge und des Judenfriedhofs.

Im Zuge der Erweiterung des Wohnraums in Worms war es um 1200 auch zu einer Erneuerung der Stadtbefestigung gekommen. Zwischen 1200 und 1235 wuchs die Mauer, die von elf Türmen bewacht wurde, auf eine Länge von rund 1400 Metern an – eine für die damalige Zeit enorme bautechnische Leistung

links: Stadtmauer mit „Bürgerturm", „Fischerpförtchen" und „Torturm" (von rechts) beim Nibelungenmuseum

unten: „Torturm", frühes 13. Jahrhundert, 1907 restauriert

romanische Bauwerke   vorhandene Stadtmauer

ehemalige Stadtmauer

0	100	200	300	400

(vgl. Merianstich). Ursprünglich lief das etwa 8 Meter hohe Mauerwerk zinnenbekrönt um die Stadt. Es wurde dann später erhöht und verlängert und auf der Innenseite mit Blendbögen hinterlegt, die einen breiten, nach innen offenen und bedachten Fachwerkgang trugen. Die heute noch von dieser Mauerstrecke erhaltenen und in ihrer Substanz wiederhergestellten Teile mit zwei intakten, ehemals überdachten Tür-

men am Fischerpförtchen, dem Torturm und dem Bürgerturm, verdeutlichen den Aufbau der Befestigungsanlage. Die quadratischen Türme waren aus soliden Bruchsteinen mit gebuckelten Quaderkanten gemauert, auf drei Seiten zeigten die Wände lediglich schmale Scharten oder spitzbogige Fensterchen, während sie sich zur Stadt hin mit zwei breiten Spitzbogenfenstern öffneten. Damit sollte verhindert wer-

Stadtmauer des mittelalterlichen Worms

175

oben und rechts: Stadtmauer (hinter dem Dom) mit teilweise noch römischem und karolingischem Mauerwerk
unten: Stadtmauer mit Raschitor, 1907/08 als Durchfahrt angelegt

den, dass der vom Feind eingenommene Turm als Bollwerk gegen die Stadt benutzt werden konnte. Die dem freien Feld zugewandte Seite der Stadttore wies eine hohe Flachnische auf, in der ein Fallgatter angebracht war.

oben: Stadtmauer mit Andreastor (1907 ange-legt) und Christoffelturm (1689 gesprengt, untere Teile noch mittelalter-lich, Obergeschosse Ende der 1920er-Jahre rekon-struiert)

links: Nördlicher Teil der mittelalterlichen Stadt-mauer mit dem Scharf-richterturm, um 1200, 1689 durch Sprengung beschädigt, 1907 wieder-hergestellt

oben: St. Andreas, Mittelfenster und romanischer Rundbogenfries der Fassade sowie romanisches Turmuntergeschoss
unten: St. Andreas, Gesamtansicht der Stiftsanlage

Ehem. Stiftskirche St. Andreas

In nicht weiter Entfernung erhebt sich südlich des Domes die Doppelturmfassade der ehemaligen Stiftskirche St. Andreas. Bischof Burchard hatte im Jahre 1020 das St. Andreasstift, das vorher als Bergkirche außerhalb der Mauern lag, in die Stadt hineinverlegt. Die Neugründung erfolgte unter kirchenpolitischen Gesichtspunkten: Der Bischof teilte den gesamten Stadtbezirk in vier Pfarreien mit vier Kollegiatsstiften ein, denen jeweils ein Seelsorgebezirk unterstand. Dem Domstift wurde die Pfarrkirche St. Johann, dem Paulusstift die Pfarrkirche St. Rupert, dem Martinsstift die Pfarrkirche St. Lampert und dem Andreasstift die Pfarrkirche St. Magnus zugeordnet.

Vom Burchardbau des frühen 11. Jahrhunderts, einer Pfeilerbasilika von sechs Jochen ohne Querhaus, haben sich die Osttürme, der Kern der Chorummauerung mit den Seitenapsiden und die Fundamente des Langhauses erhalten. In den 80er-Jahren des 12. Jahrhunderts erfolgte ein Um- und Aufbau von St. Andreas, der 20 Jahre später seinen Abschluss fand. Die weitgehende Fertigstellung der Kirche zu diesem Zeitpunkt gilt als gesichert – in einer Urkunde aus der Zeit um das Jahr 1200 bemerkt Bischof Lupold von Schönfeld anerken-

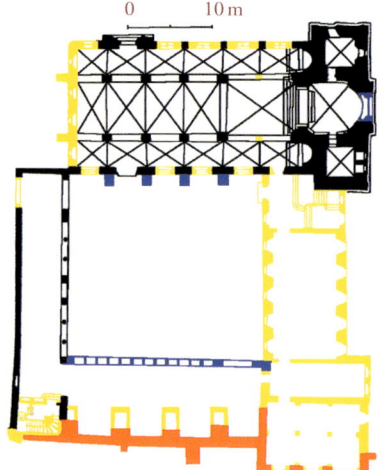

St. Andreas, Grundriss

schwarz = romanisch
orange = spätromanisch (Stadtmauer um 1200– 1235)
blau = gotisch
gelb = Neuzeit

nend, dass die Stiftsherren von St. Andreas „in kurzer Zeit mit göttlicher Hilfe das herrliche Werk, so wie es jetzt vor unseren Augen steht, aus den Ruinen des alten Gotteshauses aufgerichtet" haben. Die östliche Turmfront erhielt im Erdgeschoss eine Verkleidung aus profilierten Lisenen und Rundbogenfriesen, die zwischen den in den Einzelformen unterschiedlich gestalteten Türmen wesentlich höher geführt wurde. In den Chor wurde ein mittleres Fenster eingefügt, das man später durch das heutige gotische ersetzte. Ähnlich wie im Dom ist der Hauptchor außen gerade ummantelt, während im Inneren eine halbkreisförmige Apsis den Raumcharakter prägt, der die kleineren Apsiden an den Ostenden der Seitenschiffe entsprechen.

Das Äußere des Langhauses ist schlicht und ohne nennenswerte Schmuckformen gehalten, reicher ausgestattet ist allein das Portal am nördlichen Seitenschiff. Dreifach getreppt, mit eingestellten Säulen tritt es aus dem Mauerverband heraus, die Zickzackornamentik in den Archivolten findet ihre Entsprechung in den Blendarkaden des Domwestchors. Aus der Erbauungszeit erhalten hat sich auch der romanische Westflügel des Kreuzgangs. Schwere und voluminöse Rundpfeiler tragen die breiten gequaderten Rundbögen, die Dekorationsformen der Kapitelle lehnen sich an die romanischen Ostteile des Straßburger Münsters an. So ist anzunehmen, dass

bei der Errichtung des Kreuzgangs elsässische Baumeister beteiligt waren.

Die äußere Gliederung der Chorpartie – reich profilierte Sockel, Lisenen und Rundbogenfriese – setzt
sich auch im Innenraum fort. Die Einzelformen der
Sockel und Basen, der Kapitelle und Kämpfer stehen
in enger Beziehung zum Dom und den mit dem Andreasstift in etwa gleichzeitig errichteten Bauten der
Männersynagoge und des Judenbades. Den Chorraum
überspannt ein Kreuzgewölbe mit kräftigen Wulst-
rippen, das auf Ecksäulen aufliegt und im Triumphbogen sein Widerlager hat. Zwei reich profilierte Portale führen in die gewölbten Untergeschosse der Türme, deren südliches durch Wülste, Hohlkehlen und
Plättchen gestaltet wird, wobei die Profile das verzierte Tympanon kämpferlos umlaufen. In das nördliche
Portal ist noch eine kräftige Säule eingestellt – eine
Anordnung, die an das nördliche Querhausportal des
Domes erinnert. Kurz nach 1200 wurde ein zweiter
Triumphbogen über dem zweiten östlichen Pfeiler-
paar eingebaut, wobei eine sich über zwei Joche er-
streckende Scheinvierung gebildet wurde. Das Motiv
dieser „falschen" Vierung, die ja keine Querhausarme
hat, findet sich ebenfalls in der zum Sprengel von St.
Andreas gehörenden Pfarrkirche St. Magnus. Anstelle der ursprünglichen Flachdecke erhielt das Langhaus
nach dem großen Stadtbrand von 1242 ein Kreuzrippengewölbe, das auf frühgotischen Diensten mit
Schaftringen ruht. Der westliche Abschluss der Kirche stammt aus dem frühen 16. Jahrhundert.

Nach der Profanierung des Stiftes im Jahre 1802 diente die Kirche der Stadt Worms als Magazin. Zwi-
schendecken funktionierten das Gotteshaus in einen
Getreidespeicher um, in den Toröffnungen des nördlichen Seitenschiffs wurden die städtischen Leichen-
wagen untergestellt. Nach Renovierungsarbeiten in
den 20er-Jahren des 20. Jahrhunderts beherbergen
Kirche und Kreuzgang seit 1930 das 1881 gegründete Museum der Stadt Worms. Neben vorgeschicht-
lichen, römisch-fränkischen, stadtgeschichtlichen und
kunstgewerblichen Sammlungsstücken präsentiert

oben links: St. Andreas, roma-
nischer Kreuzgang

oben rechts: St. Andreas, roma-
nisches Hauptportal

unten: St. Andreas, Ansicht der
Kirche von Süden

179

das Museum Exponate der Kunst des Mittelalters: Skulpturen, Altarbilder, Glasgemälde, christliche Kultgeräte und Architekturstücke, darunter Fragmente der unmittelbar am Dom gelegenen und zu Beginn des 19. Jahrhunderts zerstörten Johanneskirche. Die Zeit der Salier und Staufer wird mit Münzen und Siegeln sowie mit Resten aus den Bischofs- und Fürstengräbern im Dom dokumentiert, eine Spezialsammlung informiert über die Münzprägung der freien Stadt Worms.

St. Magnus, Ansicht von Südwesten

Evangelische Pfarrkirche St. Magnus

Die benachbarte evangelische Pfarrkirche St. Magnus, die erstmals 1141 erwähnt wurde, jedoch auf eine erheblich längere Baugeschichte zurückblicken kann, war während des Mittelalters dem Andreasstift zugeordnet. Der heutige Bau ist das Resultat einer komplizierten Entstehungsgeschichte, die durch häufige Erweiterungen, Umbauten und Zerstörungen gekennzeichnet ist. Die nach schweren Bombenzerstörungen zum Ende des Zweiten Weltkriegs wiederhergestellte Kirche – sie war bis auf die Umfassungsmauern niedergebrannt – stellt sich als eine im Kern romanische dreischiffige Basilika mit einer Flachdecke dar. Von einem karolingischen Vorgängerbau des 8. Jahrhunderts stammt noch die Südwand des Mittelschiffs mit drei vermauerten Rundbogenfenstern. Wie in St. Andreas sind die beiden östlichen Arkadenpaare zu einer Scheinvierung zusammengefasst. Der Chor ist gerade geschlossen und gliedert sich in drei Abschnitte, über dem nördlichen erhebt sich der Turm. Auffällig ist die Achsenverschiebung zwischen Langhaus und Chor, die aus der Baugeschichte zu erklären ist.

Der karolingische Gründungsbau (8. Jahrhundert) bestand aus einem dreijochigen Rechteckraum mit einer eingezogenen, vermutlich rechteckig ummantelten halbrunden Apsis. Die Südwand befand sich an der Stelle der heutigen südlichen Arkade, die Nordwand lag etwas vor der heutigen nördlichen Arkade. Um das Jahr 800 (nach anderer Meinung um 950) wurden zwei quadratische Räume zu beiden Seiten der Apsis angelegt. In einem nächsten Bauabschnitt im 10./11. Jahrhundert wurden die Hochschiffwände erhöht, ein südliches Seitenschiff angelegt und der Chor abgebrochen, an dessen Platz die Scheinvierung trat. Die Anlage wurde nach Osten durch einen neuen, von schmalen Nebenchören flankierten Rechteckchor erweitert. Über dem nördlichen Nebenchor befand sich vermutlich schon zu dieser Zeit ein Turm, dem, wie bei St. Andreas, ein südliches Pendant gegenübergesetzt werden sollte, das jedoch nie ausgeführt wurde. Gegen Ende des 12. Jahrhunderts wurde das Langhaus nach Westen erweitert. Aus dieser Zeit stammt das rundbogige Westportal, das damals in der Mittelachse lag. Nach dem Stadtbrand von 1242 wurde das Mittelschiff nach Norden hin ausgebaut und durch ein Seitenschiff erweitert. Infolge dieser Erweiterung kam es zu einer Achsenverschiebung, die für den asymmetrischen Grundriss der Kirche mitverantwortlich ist. Im 14. Jahrhundert fand nochmals eine Erhöhung des Langhauses statt, das zudem neue Fenster erhielt. Auch der Turm auf der Nordseite des Chors wurde ausgebaut, sodass erst für diese Zeit die endgültige Gestalt dieser ältesten Wormser Kirche anzunehmen ist.

Gegen Ende des 12. Jahrhunderts hatte die große Zeit der Wormser Dombauhütte mit der Vollendung des Domes, der Pfalz, des Kreuzgangs, der Stephanskirche und der Johanneskirche sowie der Fertigstellung der Stiftskirchen St. Martin, St. Andreas und St. Paul einen vorläufigen Höhepunkt erreicht. Im ersten Drittel des folgenden Jahrhunderts entstanden vorwiegend profane Bauten, darunter auch das nur wenige Jahre nach seiner Errichtung wieder zerstörte Rathaus. Mit den Erweiterungsbauten an den Westseiten von St. Paul und St. Martin fand die Romanik in Worms ihren endgültigen Abschluss.

St. Magnus, romanische Spolien im Garten

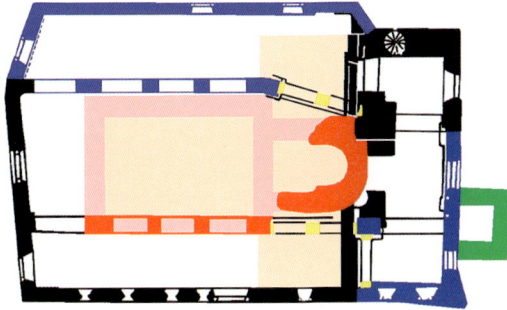

oben: St. Magnus, Grundriss

rot = karolingisch (8. Jahrhundert)
rosa = Grundriss der karolingischen Kirche
orange = Grundriss der Erweiterung (um 800 oder um 950)
schwarz = romanisch
blau = spätromanisch und gotisch
grün = Renaissance
gelb = modern

Mitte: St. Magnus, Innenraum mit südlicher Mittelschiffwand (rechts) und den vermauerten karolingischen Fenstern

unten: St. Magnus, Ansicht von Norden

St. Martin, Westfassade

Ehem. Stiftskirche St. Martin

Der erste Bau der ehemaligen Stiftskirche St. Martin entstand unter Bischof Burchard zu Beginn des 11. Jahrhunderts. Die vermutlich noch nicht ganz vollendete Kirche wurde, wie die „Vita Burchardi" berichtet, vom Bischof selbst geweiht. Sie ist eine der ältesten deutschen Martinskirchen, vielleicht sogar das älteste Martinspatrozinium überhaupt, will man der Legende Glauben schenken. So berichtet die um das Jahr 400 verfasste „Vita Martini" des Sulpicius Severus, dass Kaiser Julian Apostata 355 den heiligen Martinus in Worms eingekerkert habe, weil dieser sich geweigert hatte, als Anhänger des christlichen Glaubens weiterhin im römischen Heer seinen Kriegsdienst zu versehen. Martin gründete dann später bei Poitiers das erste gallische Kloster und wurde 371 zum Bischof von Tours gewählt, wo er im Jahre 397 verstarb. Bereits im frühen Mittelalter soll es in unmittelbarer Nähe der späteren Martinskirche eine Kapelle mit einem Altar gegeben haben, der diesem bedeutendsten Heiligen der Merowinger geweiht war. Die Kapelle war vermutlich mit der sogenannten Paradieskapelle identisch, die zwischen St. Martin und der im späten 12. bzw. frühen 13. Jahrhundert errichteten, im Orléans'schen Krieg zerstörten und danach nicht mehr wiederaufgebauten St. Lampertus-Kirche lag.

Auf dem Grundriss der spätottonischen Anlage wurde, ähnlich wie beim Dom, mit dem Bau einer neuen Kirche begonnen. Die Arbeiten nahmen im ausgehenden 12. Jahrhundert im Osten ihren Anfang und setzten sich über das Langhaus nach Westen fort. Gesicherte Baunachrichten sind nicht überliefert, doch lässt sich eine zeitliche Einordnung anhand stilistischer Vergleiche des Südportals von St. Martin mit dem Dom (hier die gestaffelten Blendarkaturen im Westchor) und mit St. Paul (hier die Chorkapitelle) vornehmen. Einen vermutlichen Stifter nennt die Inschrift auf dem Tympanon, dem einzig erhaltenen alten Teil des Portals: HEI(N)RIC(US) DE OP(PIN)H(EIM) ADVOCA(TUS). Dieser Heinricus de Oppinheim, wahr-

scheinlich der Vogt, der auch der Bauhütte vorstand, erscheint als Zeuge in einer Urkunde König Heinrichs VII. aus dem Jahre 1231. Etwa zwei Jahrzehnte jünger ist das eindrucksvolle Trichterportal in der Westwand der Kirche, mit dem die Bauarbeiten zwischen 1240 und 1250 ihren Abschluss gefunden haben.

Von den anderen Wormser Stiftskirchen unterscheidet sich die Martinskirche durch die Altertümlichkeit des Grundrisses. Die innen und außen geraden Schlüsse des Chorhauptes und der Seitenschiffe finden sich weder beim Dom noch bei St. Andreas und St. Paul (wohl aber bei der Pfarrkirche St. Magnus, die jedoch aufgrund ihrer Baugeschichte nicht vergleichbar ist). Das Mittelschiff der sich über viereinhalb Joche er-

streckenden und im gebundenen System errichteten Gewölbebasilika setzt sich in gleicher Breite, ohne Vierung und ohne Seitenschiffe, in den Chorraum fort. Von der ursprünglich zweitürmig angelegten Westfront ist nur der nördliche Turm voll ausgebildet, während dem südlichen die beiden oberen Geschosse fehlen. Die Chorwand, durch die man die Kirche betritt, ist im Gegensatz zu den anderen Wandflächen ganz gequadert, Lisenen und Rundbogenfriese gliedern die Fassade. Die mittlere Lisene wird durch das große Kreisfenster über zwei halbkreisförmig geschlossenen Fenstern unterbrochen. Diese Anordnung – vor allem die Unterbrechung einer Lisene – ist ein charakteristisches Beispiel der Wormser Romanik der Stauferzeit,

das sich auch an St. Andreas findet. Der den Giebel bekrönende Adler, der ein Pendant am Ostchor des Domes hat, symbolisiert die Würde und die Bedeutung des kaiserlichen Kollegiatsstiftes.

Um dieses steinerne Herrschaftssymbol rankt sich eine jüdische Legende, die durch den im 17. Jahrhundert lebenden Juspa Schammes überliefert wurde. Seit dem Mittelalter befand sich das Ghetto der jüdischen Gemeinde von Worms in der Nachbarschaft des Stiftes und der von St. Martin betreuten Pfarrei von St. Lamperti, sodass man von dort aus stets den Kirchengiebel im direkten Blickfeld hatte. Die Sage erzählt, dass während der Pest von 1349 die Juden der Brunnenvergiftung bezichtigt wurden und grausame und unbarmherzige Verfolgungen zu erdulden hatten. Mildtätige Christen, darunter auch ein Priester des Stiftes, nahmen einige der Verfolgten auf, doch flog eine Gans, die von den Verfolgern verzaubert worden war, auf ein jedes Haus, in dem sich ein jüdischer Mitbürger verbarg, und lieferte diesen so seinen Mördern aus. Schließlich hielt auf Geheiß des Stiftsherrn ein Zögling eine Predigt, in der er die versammelte Gemeinde aufrief, von den Judenverfolgungen abzulassen. Als Beweis für die Unzuverlässigkeit der Gans kündigte er am Schluss seiner Predigt an, dass man bald den Vogel auf dem Dach des Gotteshauses erblicken könne, das ja von keinem Juden betreten werden durfte. Daraufhin stürzte die Menge ins Freie und sah in der Tat auf dem östlichen Giebel die Zaubergans sitzen. Von da an ließ man die jüdischen Mitbürger in Frieden. Die Gleich-

setzung des staufischen Reichsadlers mit einer Gans liegt nicht alleine in dieser jüdischen Sage begründet, sondern war auch bei den christlichen Wormsern verbreitet, galt die Gans doch seit dem späten 15. Jahrhundert als ein beliebtes Attribut des hl. Martin.

Im Inneren präsentiert sich die Kirche als eine dreischiffige Basilika im gebundenen System, die noch vor dem Brand von 1242 eingewölbt wurde. Der Raumeindruck wird durch den Zusammenklang der relativ kleinteiligen Proportionen des spätottonischen Baus mit den eher ausladenden spätromanischen Formen der Umbauzeit bestimmt. Bis in kleinste Details entspricht das Wand- und Wölbungssystem demjenigen des Domes. Die Mittelschiffgewölbe haben kräftige Kreuzrippen zwischen starken Gurtbögen, jedem zweiten Pfeiler ist ein Pilaster mit Halbsäule vorgelegt, der bis zum Ansatz der Gurt- und Schildbögen und der Rippen aufsteigt. Während die Zwischenstützen aus Bruchsteinen gemauert sind, sind die übrigen Pfeiler gequadert. Ein typisches Gestaltungselement der Wormser Schule sind die Polsterkapitelle unter den Gewölben des Mittelschiffs, die sich bereits im Langhaus des Domes finden. Im Westen bilden die Erdgeschosse der Türme einen Teil des Seitenschiffs, indem sie in ihrem rechteckigen Grundriss das schmale Vorjoch und die westliche Hälfte des sich anschließenden Joches umgreifen. Auf der Orgeltribune erfolgt eine Öffnung in die Türme durch Bogenstellungen mit Kelchkapitellen, die wesentlich weiterentwickelt sind als die Polsterkapitelle im Mittelschiff und der letzten Bauperiode der Kirche angehören dürften.

Um zur Westfassade zu gelangen, verlässt man die Kirche wieder durch das östliche Portal und passiert die Südseite. Hier wird der deutliche Unterschied zwischen Schiff und Chor augenfällig: Während im Obergaden des Langhauses in einem Joch jeweils zwei Fenster angebracht sind, befindet sich im Chor nur ein Fenster pro Joch. Über dem westlichen Chorjoch, dem Sanktuarium, erhob sich einst eine achtseitige Kuppel, an deren Stelle zwischen etwa 1700 und dem Ende des Zweiten Weltkrieges ein kleiner Dachreiter aufsaß.

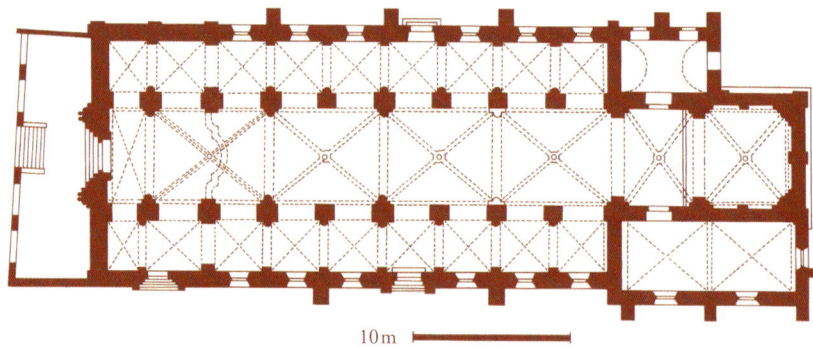

10m

St. Martin, Chor
rechts: St. Paul, Westbau
unten: St. Martin, südliches
Seitenschiff nach Osten

Beim Wiederaufbau nach dem Krieg wurde auf einen Turmaufsatz jedoch verzichtet. Der Westbau wird durch die ungleich hoch gezogenen Türme gekennzeichnet und verleiht somit dem Gesamtbau ein unregelmäßiges Aussehen. Die gekuppelten Fenster im Glockengeschoss des Nordturmes weisen Mittelsäulen mit Knospenkapitellen auf, die ein bereits von frühgotischem Formengut geprägtes Gestaltungsprinzip verkörpern. Der Turm wird heute von einem steilen Walmdach gedeckt, das nach dem Zweiten Weltkrieg an die Stelle der nach 1700 errichteten dreifach verjüngten Barockhaube gesetzt wurde – eine insgesamt misslungene Rekonstruktion, da diese Turmform aller Wahrscheinlichkeit nach niemals bestanden hat. Eine Federzeichnung von Peter Hamman vor der Zerstörung von 1689 zeigt eindeutig ein Zeltdach zwischen je einem Dreiecksgiebel über der westlichen und östlichen Schmalseite des Turmes. In der Erbauungszeit waren wohl beide Türme von gleicher Höhe, wie dies ein Rekonstruktionsversuch aus dem 19. Jahrhundert verdeutlichen mag. Wahrscheinlich stürzte der Südturm im späten Mittelalter ein, vielleicht wurde er auch abgetragen. Einen Hinweis auf eine ehemalige Doppelturmfassade mag eine Miniatur aus dem „Wormser Machsor", einem jüdischen Gebetbuch von 1272, geben, die zwei gleich gestaltete frühgotische Türme zeigt. Aufgrund von Ähnlichkeiten etwa der Drachen auf dem Bogenfeld der Miniatur mit denen auf dem Bogenfeld des Westportals von St. Martin lässt sich die Existenz einer Doppelturmfassade vermuten, die der Handschrift als Vorlage gedient haben könnte.

Den unteren Teil der Westfassade schmückt das prachtvoll gestaltete Portal mit gestuftem Gewände, in das 16 schlanke gewirtelte Säulchen mit Knospen- und Kelchblockkapitellen eingestellt sind. Die äußeren Säulen sollten als Gewölbedienste einer nie vollendeten dreischiffigen Vorhalle dienen – dem als unvollendet empfundenen Portal setzte man dann 1625 eine Renaissance-Ädicula auf –, die inneren tragen die fein profilierten Archivolten. Sowohl das Tympanon wie auch die äußerste Archivolte sind mit einem

filigranen Gewinde aus Weinlaub und Trauben geschmückt, das, ähnlich wie in Enkenbach, als Symbol des Lebensbaums, als „Weinberg der Kirche", zu deuten ist. Links und rechts unter dem Tympanon sind Kämpfer mit Löwen und sich in den Schwanz beißenden Drachen angebracht. Paarweise angeordnete Drachen rahmen auch das Bogenfeld, ein Motiv, das sich ebenfalls im Portal des Augustiner-Chorherrenstifts von Frankenthal findet. Löwen und Drachen übernehmen im apotropäischen Sinn den Schutz des Portals und damit des gesamten Gotteshauses vor dem Teufel und seinen Dämonen.

Ehem. Stiftskirche St. Paul

Im Jahre 1002 ließ Bischof Burchard auf der Stelle der abgebrochenen Salierburg des Herzogs Otto die ehemalige Stiftskirche St. Paul errichten. Dieser vermutlich 1016 vollendete erste Bau war eine querhauslose dreischiffige Basilika, die sich über fünf Joche ausdehnte und durch einen lang gestreckten, gerade geschlossenen Chor im Osten begrenzt wurde. Das Mittelschiff hatte eine flache Holzdecke, während die Seitenschiffe gewölbt waren. Im Westen schloss an das Mittelschiff ein quadratischer, wahrscheinlich zweigeschossiger Bau an, der von zwei runden Treppentürmen flankiert wurde. Von diesem Gründungsbau haben sich die beiden durch Lisenen, Rundbogenfriese und gekuppelte Schallarkaden gegliederten Rundtürme – ohne die später aufgemauerten Bekrönungen – erhalten, während das Westwerk und die östliche Choranlage der ersten Hälfte des 13. Jahrhunderts angehören. Aus gotischer Zeit stammt der gut erhaltene Kreuzgang im Süden der Apsis. Das Langhaus wurde nach seiner Zerstörung im Pfälzischen Erbfolgekrieg durch eine barocke Halle ersetzt und nach dem Zweiten Weltkrieg in der gleichen Form wiederhergestellt. Die markantesten Merkmale und in dieser Ausprägung einzigartig sind die steinernen Kuppelhelme von St. Paul, die Assoziationen zu orientalischen bzw. armeni-

St. Paul, Westtürme (oben links), Westbau von Süden (oben rechts) und Westbau von Südwesten (unten rechts)

unten links: Jerusalem, Kirche des Heiligen Grabes, Holzschnitt von 1484

schen Architekturformen wecken. Sie entstanden ab etwa 1050 und konnten 1105 (Südturm) bzw. 1108 (Nordturm) vollendet werden. Die Helme dürften ihre Herkunft der Kreuzzugsbewegung verdanken. Als „Wahrzeichen" einer Votivkirche heimgekehrter Kreuzfahrer wollten sie die Architektur der Grabeskirche in Jerusalem, der heiligsten Kirche des Christentums, gleichnishaft nachgestalten. Diese stand ihrerseits in einer jahrhundertealten Tradition von Kuppelkirchen, Grabhäusern und Moscheen, die auch heute noch in Kleinasien, Syrien und Nordafrika weiterlebt. Die Ähnlichkeit zwischen den Paulustürmen und der Grabeskirche verdeutlicht ein 1484 von Erhard Reuwich zum Reisetagebuch des Mainzer Domdekans Bernhard von Breydenbach, der „Peregrinatio in Terram Sanctam", angefertigter Holzschnitt, der ziemlich detailgetreu eine Ansicht des heute nicht mehr in dieser Form vorhandenen christlichen Heiligtums wiedergibt. Der Baumeister der Turmhelme war aller Wahrscheinlichkeit nach selbst Teilnehmer einer Wallfahrt oder eines Kreuzzuges ins Heilige Land, bei dem es sich – entsprechend der stilgeschichtlichen Einordnung des Neubaus von St. Paul – um den dritten Kreuzzug unter Friedrich Barbarossa von 1189–1192 gehandelt haben wird. Mit welcher Persönlichkeit sich die bauliche Urheberschaft in Verbindung bringen lässt, ist nicht mehr bekannt: Ein Ritter Hugo de Warmatia wird beim Kampf um Dimotika im Jahre 1189 genannt, aus dem Wormsgau stammte ebenfalls der Minnesänger Friedrich von Hausen, der am 6. Mai 1190 bei Philomelion in Kleinasien gefallen ist. Vielleicht war der Baumeister auch ein Begleiter von Bischof Konrad II., der im Jahre 1171 nach Konstantinopel reiste, oder ein Gefolgsmann von Herzog Heinrich dem Löwen, der nach Jerusalem pilgerte. In damaliger Zeit waren nicht wenige abendländische Baumeister im Orient tätig, was heute noch die Burgen der Kreuzritter sowie eine Reihe von Kirchen bezeugen. Über diese Vermutungen hinaus gibt es mit den Zeichnungen an den Chorwänden von St. Paul sichtbare Hinweise, die eine Verbindung zu Kreuzfahrern und Pilgern ins Heilige Land herstellen. So er-

St. Paul, Ansicht von Nordwesten (oben links), Vierung Innenansicht (oben rechts), Ostchor (unten links) und Stiftsgebäude von Nordosten (unten rechts)

St. Paul, Detail der Bronzetüre mit der Szene „Vertreibung von Adam und Eva aus dem Paradies" (Kopie der ottonischen Bernwardtüre in Hildesheim)

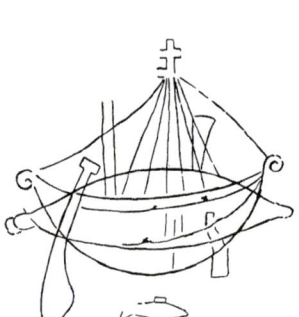

St. Paul, Kreuzfahrerschiff, Ritzzeichnung im Chor, Umzeichnung nach Hotz

kennt man an der zweiten äußeren Nordlisene in Fensterhöhe zwei erhabene Muscheln neben einem darauf bezogenen Kreuz, ein während der Kreuzzugsbewegung allgemein verbreitetes und häufig getragenes Pilgersymbol, und an der Nachbarlisene ein großes Jerusalemkreuz. Noch beziehungsreicher ist im Inneren des Chors ein in die Wand eingeritztes Schiff mit einem Kreuz auf dem Mastbaum.

Die Türme von St. Paul, die eine Entsprechung in der heute nicht mehr vorhandenen Speyerer Kirche Zum Heiligen Grab hatten, wirkten derart auf das damalige Architekturdenken, dass sie zahlreiche Nachfolger in der näheren und weiteren Umgebung fanden, so in den im Wormsgau gelegenen Kirchen von Dittelsheim, Alsheim und Guntersblum (s. S. 39, S. 48/49 und S. 50/51). Auch beim Bau der Abteikirche in

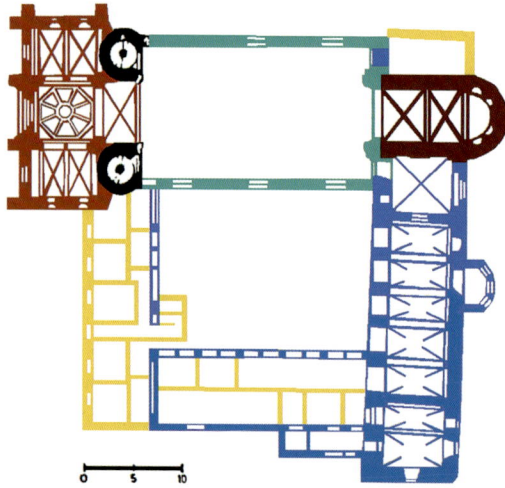

St. Paul, Grundriss

schwarz = um 1050–1110
braun = um 1200
rot = um 1230–40
blau = 14./15. Jahrhundert
grün = 1706–1716
gelb = 19./20. Jahrhundert

Amorbach im Odenwald wurde mit dem Dachreiter das Wormser Modell übernommen und es findet sich ebenfalls am Turm der unvollendet gebliebenen Westfront der ehemaligen Stiftskirche von Wetzlar. Neben den Turmhelmen wurde an der Wende vom 12. zum 13. Jahrhundert auch der Chor von St. Paul neu gestaltet. Er erfuhr durch ein leichtes Hinausschieben der Seitenwände und den Anbau einer 5/10-Apsis eine Erweiterung nach Osten. Diese wurde durch eine Einwölbung abgeschlossen, die in ihrer heutigen Form einer Ergänzung des späten 19. Jahrhunderts entstammt. Die Chorwände sind außen glatt, die Apsis wird durch hoch aufsteigende Lisenen und Rundbogenfriese über fünf Langfenstern gegliedert. Ihren oberen Abschluss erhält die Wand durch eine Zwerggalerie aus gedrungenen und sich stark verjüngenden Säulen mit lappigem Blattwerk, deren Formen denen der Zwerggalerie am Mittelturm des Domwestchors entsprechen. Im Inneren ist die fensterlose Wand des Altarhauses, entsprechend der Außenwand der Apsis, mit Lisenen und Rundbogenfriesen versehen. Die Innenwand der Apsis besteht aus zwei Geschossen, deren unteres durch fünf halbkreisförmige und rundbogig geschlossene Sitznischen gegliedert wird, während im oberen fünf Rundbogenfenster die Wandfläche beleben. Zwischen den Nischen befinden sich Halbsäulen, die in skulptierten Kapitellen mit figürlichem und ornamentalem Schmuck, Rankenwerk, Menschen- und Tierleibern, enden.

Der Westbau der Kirche wurde in den 30er-Jahren des 13. Jahrhunderts erneuert, er entstand an der Stelle eines massiven Westwerks mit einem quadratischen, von den beiden älteren Rundtürmen flankierten Turm. Vermutlich wurde dieser Teil während eines Brandes, der im Jahre 1231 in der Pfarrei von St. Rupertus ausgebrochen war und auch St. Paul in Mitleidenschaft gezogen hatte, ein Opfer der Flammen. Die noch erhaltenen Reste des Mittelbaus wurden abgetragen, nur die Türme blieben wegen ihres symbolhaften Charakters stehen. Ähnlich wie bei St. Martin wurde das Westwerk als Querhaus nach Westen vorverlegt. Es ent-

St. Paul, Westbau mit Knospenkapitellen der Zeit um 1250 (links) und Chor (rechts)

stand ein zweigeschossiger Bau, der, in Anlehnung an den Vorgängerbau, von einem achtseitigen Mittelturm mit einem vorgelegten Rundtürmchen bekrönt wurde. Zusammen mit den Rundtürmen ergab sich so ein bauliches Ensemble, das der Stiftskirche von nun an die ihr eigentümliche Gestalt verleihen sollte.

In der durch Pfeiler verstrebten Westfassade, der im Gegensatz zur Westwand von St. Martin stärker der Charakter eines Baukörpers als einer Fläche eignet, dominiert das große achtpässige Rosenfenster, das bereits frühgotische Einflüsse erkennen lässt. Diese treten relativ unvermittelt neben die spätromanischen Formen der Lisenen und Bogenfriese. Auf dem breiten profilierten Rahmen des Rosenfensters verweist der Name CVNRAT auf den möglichen Baumeister, wie auch an anderen Stellen die Namen HEINRICH BVZELMAH und IVDDA sowie im Inneren, in einer Kämpferplatte eingemeißelt, RVDEWIN DE

St. Paul, Apsis des Ostchors mit Nischen (oben) und Detail mit Kapitell (unten)

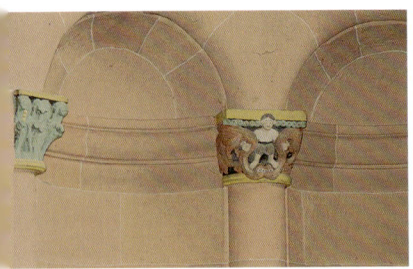

unten rechts und links: Haus „Zur Trommel"

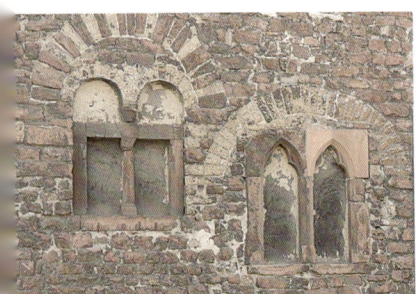

VLARBRVNE und UXOR SUA MASVILIA eine zeitliche Einordnung des Baus ermöglichen – sind doch die beiden letztgenannten Personen schon 1227 in Otterberger Urkunden erwähnt. Das Säulenportal ist im Ganzen etwas kleiner als das von St. Martin. Zu beiden Seiten stehen vier gewirtelte Säulen mit Knospenkapitellen, denen sich an den Stirnseiten zwei weitere, jedoch unterschiedlich proportionierte Säulen anschließen. Das von fein profilierten Archivolten umrahmte Tympanon war einstmals bemalt, wovon noch kleinere Spuren zeugen. Das Portal befand sich ursprünglich unter einer Vorhalle mit Satteldach, die bedauerlicherweise in den 1970er-Jahren abgerissen wurde.

Das Innere des dreigeteilten Westbaus besteht aus zwei in zwei Feldern kreuzgewölbten Seitenschiffen, während der hohe Mittelraum von einer achtteiligen Rippenkuppel bekrönt wird, die an die beiden Kuppeln des Wormser Domes erinnert. Im Obergeschoss liegen kleinere Räume, deren südlicher, das sogenannte Oratorium, durch unterschiedliche Säulenstellungen oberhalb einer Sitzbank belebt wird. Sie bilden auf der Nordwand spitzbogig gerahmte Nischen, in denen Wandmalereien aufgetragen sind. Dargestellt ist in der linken Nische die hl. Katharina mit ihrem repräsentativen Attribut, dem Rad. Unter dem zweiten Bogen von links erscheint der Erzengel Gabriel, der Verkündigungsengel, mit dem englischen Gruß „Ave Maria Gratia Plena Dominus Tecum", in der Nachbarnische folgt die Muttergottes. In der rechten Arkade ist der Erzengel Michael mit dem Drachen dargestellt. Ein weiteres Gemälde, das ein Himmlisches Jerusalem vorstellt, befindet sich an der südlichen Choraußenwand, jetzt Sakristei. Im oberen Teil ist ein romanisches Kirchengebäude erkennbar, das von mehreren Türmen umrahmt wird. In der unteren Zone stehen zwei von einem Glorienschein umgebene Heilige, einer von ihnen trägt ein in farbige Quadrate aufgeteiltes Gewand. Sämtliche Malereien, an der Chorwand wie auch im Oratorium, stammen aus der Erbauungszeit des Westwerks um 1230/40.

Haus „Zur Trommel"

Vom Wormser Profanbau der ersten Hälfte des 13. Jahrhunderts zeugt das Haus „Zur Trommel" in der Römerstraße 44 (mit dem trommelnden Barock-Putto über dem Eingang an der Vorderseite). Das Gebäude steht nur wenige Schritte von St. Paul entfernt. Die Giebelwand dieses einzigen erhaltenen stauferzeitlichen Profanbaus kam bei der Enttrümmerung der 1945 zerstörten Altstadt zum Vorschein. Die Fassade wird in der Mittelachse des Giebels durch zwei Fenster gegliedert. Im Erdgeschoss befanden sich ursprünglich die Tür auf der rechten und das Doppelfenster auf der linken Seite, zwischen die in gotischer Zeit dann ein weiteres spitzbogiges Doppelfenster gesetzt wurde. Bemerkenswert ist die Form der großen Fensteröffnungen, die aus einem rechteckigen, durch Säulchen geteilten Fenster, zwei darüber verlaufenden Rundbogenblenden und einem größeren, im Mauerwerk ausgeprägten Bogen bestehen. Ähnlich gestaltet sind zwei Bogenblenden in der nördlichen Stadtmauer neben dem Raschi-Tor-Durchbruch, unweit der Synagoge am Rande des ehemaligen Judenviertels.

Alte Synagoge und Judenfriedhof – die jüdische Gemeinde von Worms

Eine erste Niederlassung und Gemeindegründung von Juden in Worms erfolgte in der zweiten Hälfte des 10. Jahrhunderts, also zu der Zeit, als sich die bischöfliche Stadtherrschaft zu konsolidieren begann. Nachdem sich unter dem Episkopat Bischof Burchards der Zuzug von Juden in die Stadt am Rhein verstärkt hatte, kam es im Jahre 1034 zum Bau einer ersten urkundlich gesicherten Synagoge. Das Weihejahr, nach jüdischer Zeitrechnung der Monat Elul 794, hat sich in einer steinernen Tafel erhalten, die heute rechts neben dem Portal angebracht ist. Als Stifter werden ein Jakob ben David und seine Frau Rahel genannt, ein anscheinend kinderloses Ehepaar, das sein Vermögen der Gemeinde mit der Auflage vermacht hat, dieses zur Erhaltung der Synagoge zu verwenden. Neben der Synagoge bestand zu dieser Zeit bereits eine Talmudhochschule, wie es die Vita des Rabbi Salomo ben Isaak (1040–1105), genannt Raschi, überliefert. Jener Raschi verbrachte einige Jahre am Oberrhein, um bei den berühmten Gelehrten an den Jeschiwot (Lehrschulen) von Worms und Mainz zu studieren. Um 1065 nach Troyes zurückgekehrt, gründete er dort eine eigene Talmudhochschule, die enge Verbindungen zu den Zentren jüdischer Gelehrsamkeit am Oberrhein beibehielt. Von Raschi stammt ein Kommentar zu Thora und Talmud, der heute noch Gültigkeit besitzt.

Um die Mitte des 11. Jahrhunderts dürften annähernd 400 Juden in Worms gelebt haben, was bei einer Gesamtbevölkerungszahl von 5000 bis 6000 Menschen einen beachtlichen Anteil darstellte. Die Rechtsstellung und die wirtschaftliche Tätigkeit der Juden wurde in dem von Heinrich IV. im Jahre 1074 als Dank an die Wormser Bürgerschaft erlassenen Privileg bestätigt, die es den „Iudei et coeteri Wormatienses" („Den Juden und anderen Wormsern") gestattete, an den königlichen Zollstätten in Frankfurt

am Main, Boppard, Hammerstein, Dortmund, Goslar und Angermund Zollfreiheit zu genießen. In einer weiteren Urkunde Kaiser Heinrichs IV. aus dem Jahre 1090 sieht sich der Kaiser als persönlicher Schutzherr und Gerichtsherr der Wormser Juden, während in der gleichzeitig in Speyer erlassenen Urkunde für die dort im Jahre 1084 unter Bischof Rüdiger Huozmann angesiedelten Juden die Rechte des geistlichen Stadtoberhauptes besonders betont werden. In 15 Punkten regelt das Privileg Fragen des kaiserlichen Schutzes der Juden, Rechts- und Gerichtsangelegenheiten, den Wohnsitz, die Beziehungen zu den christlichen Mitbürgern sowie die wirtschaftliche Tätigkeit, die eindeutig von den Bereichen des Handels und des Geldgeschäfts geprägt wurde. Kaiser Friedrich Barbarossa erneuerte dieses Privileg im Jahre 1157, das dann unter Friedrich II. in einer Augsburger Urkunde auf alle Juden im Deutschen Reich ausgedehnt wurde.

Alte Synagoge, Ansicht von der Judengasse (von Norden, oben) und Grundriss (unten)

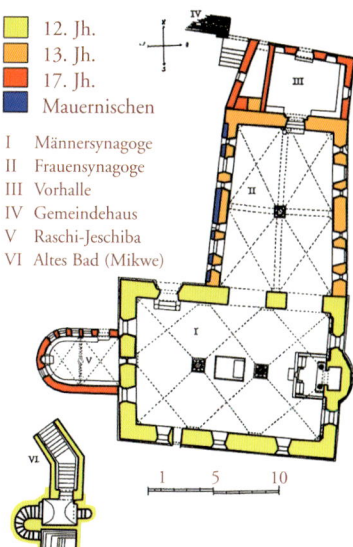

- 12. Jh.
- 13. Jh.
- 17. Jh.
- Mauernischen

I Männersynagoge
II Frauensynagoge
III Vorhalle
IV Gemeindehaus
V Raschi-Jeschiba
VI Altes Bad (Mikwe)

*oben: Alte Synagoge,
Frauensynagoge (links)
und Männersynagoge mit
Portal (rechts)*

*rechte Seite: Alte Synago-
ge, Innenraum der Män-
nersynagoge nach Osten*

*unten: Alte Synagoge,
Männersynagoge, Ansicht
von Südwesten*

Das Jahr 1096, der Beginn des ersten Kreuzzuges, beendete vorerst das Leben der jüdischen Gemeinde von
Worms, wie es auch ein halbes Jahrhundert später im
Zusammenhang mit dem zweiten Kreuzzug im Jahre 1146 zur vorübergehenden Auslöschung der Gemeinschaft kam. Von Frankreich aus brachen Ritterheere unter der Führung Gottfrieds von Bouillon ins
Heilige Land auf, mit ihnen zogen auch ungeordne-
te Horden von fanatisierten Teilnehmern gen Osten,
die durch die Predigten des Peter von Amiens aufge-
putscht worden waren. Diese trafen in den rheinischen Bischofsstädten auf die ersten „Ungläubigen".
Während der Speyerer Bischof seine Juden in ihrer
Mehrzahl schützen konnte, kam es in Mainz und in
Worms zu schrecklichen Pogromen. Zahlreiche Juden verließen die Stadt, nachdem sie ihr Vermögen
christlichen Mitbürgern anvertraut hatten. Am 18.
Mai des Jahres 1096 fielen die Kreuzfahrer über die
Juden her, die in ihren Häusern geblieben waren. Sofern sie sich nicht zwangstaufen ließen, wurden sie erschlagen, ihre unbekleideten Leichen wurden durch
die Stadt geschleift, ihre Häuser geplündert. Eine Wo-
che später erhielten die Kreuzfahrer Verstärkung aus
dem Umland der Stadt, sodass sie zu einem Angriff
auf den Bischofshof rüsteten, in dem zahlreiche Juden Zuflucht gesucht hatten. Auch sie wurden erschlagen; einige töteten ihre Kinder und dann sich selbst,
andere ließen ihre Kinder taufen, die so das Gemet-
zel überlebten. Da der Bischof zu dieser Zeit nicht in
Worms weilte, konnte er nicht eingreifen.

Der Pogrom von 1096 bedeutete einen schweren Ein-
schnitt in die geistige und rechtliche Entwicklung der
rheinischen Judengemeinden. Zu ihrer doch relativ ra-
schen Erneuerung trug die Anordnung Heinrichs IV.
bei, die eine Rückkehr der zwangsgetauften Juden zu
ihrem ursprünglichen Glauben zuließ. Im Jahre 1103
bestimmte der Kaiser in Mainz in einem Landfriedens-
gesetz, dem sogenannten Reichslandfrieden, dass jede
Verletzung von Leben und Vermögen der Juden mit
der Todesstrafe zu ahnden sei. Die Erneuerung des
Zollfreiheitsprivilegs durch Kaiser Heinrich V. knapp

zehn Jahre später bestätigte unter ausdrücklicher Nennung der Wormser Juden deren gesellschaftliche und rechtliche Stellung. So bildete sich im Laufe des 12. und des 13. Jahrhunderts ein relativer Wohlstand und Reichtum innerhalb der jüdischen Gemeinde heraus, was seinen sichtbaren Ausdruck nicht zuletzt im aufwendigen Bau der spätromanischen Synagoge fand.

Synagoge

Von dem Gründungsbau der Alten Synagoge, der jeweils im Vorfeld der ersten beiden Kreuzzüge schwer beschädigt wurde, haben sich neben der Stiftertafel nur geringe Fundamentreste erhalten. Unweit dieser Stelle wurde zu Beginn der 70er-Jahre des 12. Jahrhunderts – in jener Zeit kam es zur Fertigstellung des Domlanghauses sowie zu den ersten Arbeiten am Westchor – ein Neubau begonnen, der 1174/75 vollendet wurde und dessen Ausführung, entsprechend der jüdischen Kultanlage in Speyer, ganz in den Händen von christlichen Baumeistern und Steinmetzen lag. Das Datum ist durch eine hebräische Inschrift am Kämpfer der östlichen Mittelsäule im Inneren der Synagoge überliefert, die in einem gereimten Vierzeiler das jüdische Jahr 4935 bzw. in Kurzform 935 nennt, das nach unserer Zeitrechnung wegen des im August/September liegenden jüdischen Neujahrsfestes dem Jahr 1174/75 entspricht. Mehrfach wurde das Gebäude zerstört – 1349, 1615, 1689, 1938 und 1945; der Wiederaufbau der Jahre 1959 bis 1961 gab ihm seine ehemalige Gestalt zurück. Die Synagoge, die „Männerschul", stellt sich als ein zweischiffiger Saal mit zwei hohen, in reichen Kapitellen endenden Säulen und vier Eckkonsolen dar, der schon im Mittelalter von einem sechsjochigen Gewölbe überspannt wurde. Eigentümlich wirkt der leicht verzerrte Grundriss der Männersynagoge mit den spitzen und stumpfen Winkeln an den Ecken. Die ungewöhnliche Form ist darauf zurückzuführen, dass der Neubau der Synagoge neu geostet wurde und dass wahrscheinlich aus Gründen der Sparsamkeit die Bauflucht der alten Synagoge für die Westwand des neuen Gotteshauses verwendet werden musste. In den

Alte Synagoge, Ansicht von Nordwesten

Raschi-Haus

Synagogenraum führt an der Nordmauer ein rundbogiges Portal, dessen Kämpferzone von einem in den Formen der Dombauschule gehaltenen Palmettenband geziert wird. Das Bogenfeld selber weist keinerlei Schmuckformen auf. Auch die Archivolten sind nahezu ungeschmückt; einzig einer der Archivoltensteine im rechten Drittel trägt ein Dekor, das vermutlich als Muster für die restlichen, jedoch nicht ausgeführten Werkstücke dienen sollte. Das Mauerwerk der Männersynagoge ist bis zur Höhe des nach barockem Vorbild erneuerten Fenstergesimses des Innenraums ursprünglich, während die Kapitelle neuzeitliche Kopien der 1938 zerstörten Originale sind. Aus der Erbauungszeit stammen der hinter der barocken Ädikula angebrachte „Aron ha'kodesch", der Schrein zur Aufbewahrung der Thorarollen, und die beiden ihn flankierenden, stumpfwinklig geschlossenen Sitznischen. Nach außen ist der Aron als kleine Apsis in der Ostwand gestaltet und durch eine Quaderung hervorgehoben. Daneben stand einst die Steinskulptur eines Löwen, an dem der Bräutigam bei der Hochzeit ein Glas zerschmetterte, das zuvor gesegnet worden war. Von der Ausstattung der staufischen Synagoge stammen die ornamentierten Füße, die vermutlich den „Almemor", die hölzerne Predigtbühne, in der Synagogenmitte trugen. In der Westwand ist noch ein romanisches Rundfenster zu erkennen. Durch dieses konnten, bevor im Jahre 1623/24 die Raschi-Jeschiwa erbaut wurde, Anfang und Ende eines Tages bestimmt werden – mit der Dämmerung oder wenn drei Sterne mittlerer Helligkeit am Himmel standen. Im Jahre 1212/13 wurde an die Nordseite des Gebäudes die Frauensynagoge, die „Frauenschul", angefügt, die, wie bereits der erste Bau von 1034, auf die Stiftung eines kinderlosen Ehepaars zurückgeht. „Dieses Haus hat gebaut zur Ehre Gottes Herr Meir ben Joel aus priesterlichem Geschlecht im Jahre 973 (1212/13 nach unserer Zeit) nach der Erschaffung (der Welt, d. h. 4973 nach jüdischer Zeitrechnung)[...] damit darin gebetet werde, für Frauen, welche vertrauen auf Gott und seine Güte", berichtet eine in Fragmenten

erhaltene Tafel in hebräischer Sprache. Der Synagogengottesdienst ist im strengen Sinne eine kultische Angelegenheit der Männer, an dem in früheren Zeiten Frauen nicht direkt teilnehmen durften. Um ihnen dennoch eine zumindest indirekte Teilnahme zu ermöglichen, wurde oftmals ein Frauenbau angefügt, der durch ein Holzgitter von der Männerschul abgetrennt und somit nicht einsehbar war. Die heutigen spitzbogigen Durchbrüche zwischen beiden Räumen gehen auf einen den Originalcharakter verfälschenden Umbau aus der Mitte des 19. Jahrhunderts zurück, denn ursprünglich bestand die Abtrennung aus einer Tür und fünf kleinen Fenstern. Hier stand eine Vorbeterin, die den Gottesdienst in der Männersynagoge verfolgen konnte und den Frauen das Mitsprechen der Gebete ermöglichte. Die Frauensynagoge ist ein selbstständiger Bauteil mit einem eigenen Dach, der sich ohne Südwand an die Nordwand der Männersynagoge anlehnt. Seit Anbeginn enthielt sie weder Aron ha'kodesch noch Almemor. Der von vier Kreuzgratgewölben über einer Mittelsäule überspannte Raum – das Kelchkapitell ist eine moderne Nachbildung des auf den alten Judenfriedhof verbrachten Originals – lehnt sich in seinen architektonischen Detailformen an die Martinskirche an. Der Raum gilt darüber hinaus als das früheste Beispiel einer einstützigen Halle in der deutschen Architektur. Von einem gotischen Wiederaufbau nach dem Pestjahr 1348/49 stammen die spitzbogigen Fenster und die Oculi der beiden Gebäude, die während der letzten Restaurierungsmaßnahmen von 1959 bis 1961 teilweise erneuert wurden. Im 17. Jahrhundert wurden, nach einer erneuten Zerstörung durch aufgewiegelte missgünstige christliche Mitbürger, die Gewölbe der Männersynagoge wiederhergestellt und drei rundbogig geschlossene Fenster in der Nordwand eingelassen. Im Zuge der Erneuerung des Frauenbaus erhielt dieser an der Nordseite eine Vorhalle. Auch die an die Westwand der Männersynagoge angebaute Raschi-Jeschiwa, das Talmud-Lehrhaus, stammt aus jenen Jahren. Der einschiffige, apsidial geschlossene und zweijochige, 1958 wiederhergestellte Raum entstand an der Stelle eines größeren Hörsaalgebäudes, das sich bis zur Zerstörung im Jahre 1615 im Untergeschoss südlich hinter der Männersynagoge befand.

Mikwe

Im Süden des Synagogenkomplexes liegt der Eingang zur unterirdischen Badeanlage, der Mikwe, zu der, ähnlich wie im Judenbad in Speyer, eine durch einen Vorraum unterbrochene Treppe hinabführt. Gestiftet wurde sie im Jahre 1185/86 (im jüdischen Jahr 946), wie es eine heute in der Westwand des Synagogenhofes eingelassene, aus zwei Tafeln bestehende hebräische Inschrift überliefert: „Einen Brunnen grub er, führte auf das Gewölbe und bahnte einen Weg, einen geraden Pfad, und die Mauer ruht an ihrer Bucht. Für sein Geld ließ er im Schatten der Weisheit seinen Hafen bauen; unter dem Baum auf der Höhe steht er, um, wenn beim Scheiden der Sonne Licht verstreut, sich Schatten zu verschaffen in seiner Hütte von Leder". Über eine einstmals geschwungene, heute gerade Treppe von 19 Stufen gelangt man in den tonnengewölbten Vorraum, in dem auf der linken Seite eine winzige Nische als Kleiderablage diente. Geradeaus blickt man durch vier Fensteröffnungen in den Badeschacht und die dahinterliegende Wand aus kleinteiligem Sandsteinmauerwerk. Die halbkreisförmig geschwungene und entgegen dem Uhrzeigersinn verlaufende Treppe zum Badeschacht, die durch eine Lichtnische beleuchtbar ist, flankieren rechts zwei Säulen mit Würfelkapitellen. Die linke Säule wurde 1938 zerschlagen und nach dem Krieg durch ein ebenfalls romanisches Exemplar aus dem Bestand des Wormser Museums ersetzt. Der Wasserspiegel des etwa 30 Meter messenden Bassins, das aus Grundwasser, aus „lebendem Wasser" („majim chajim") gespeist wird, liegt ca. 7 Meter unter der heutigen Erdoberfläche.

Noch bis ins 18. Jahrhundert nutzten die Angehörigen der jüdischen Gemeinde das Bad zur Wiedererlangung der kultischen Reinheit (zuletzt nur noch die Frauen), bis es die Stadt Worms im 19. Jahrhundert

in eine Senkgrube für Abwässer umfunktionierte! In der „Reichskristallnacht" vom 9. November 1938 wurde die Wand zwischen Vorraum und Badeschacht, ebenso wie die Säule am Treppenabgang, zerschlagen und in das Becken gestürzt. 1958 erfolgte eine sorgfältige Wiederherstellung, die sich bis ins Detail am ursprünglichen Zustand orientierte.

Raschi-Haus

Das Raschi-Haus, das an der Stelle des ehemaligen mittelalterlichen Lehrhauses im Süden der Männersynagoge zu Anfang der 80er-Jahre dieses Jahrhunderts wiederaufgebaut wurde, präsentiert eine Sammlung von Judaica, welche die Geschichte der Juden in Worms dokumentiert.

Judenfriedhof

Während sich die Synagoge im Zentrum des ehemaligen Judenviertels befand, lag der Judenfriedhof außerhalb der Stadtmauern. Der auch als „Heiliger Sand" bezeichnete Friedhof – einer Legende gemäß soll hier Sand aus dem Heiligen Land aufgeschüttet worden sein – ist der älteste seiner Art in Europa. Im Judenviertel selber durften die Toten nicht bestattet werden, da so nach jüdischer Lehre der Wohnbezirk verunreinigt worden wäre. Andererseits verbot ein häufig feindlich gesinnter Magistrat die Bestattung der Toten in den christlichen Stadtteilen, um nicht die beabsichtigte Ghettoisierung der Juden und die damit verbundene leichtere Kontrolle der oftmals ungeliebten Minderheit durch das Stadtregiment zu unterlaufen. Deshalb blieb für den Judenfriedhof nur das freie Feld außerhalb der Stadt übrig, in Worms vor der Südwestecke der Stadtmauer (heute an der Westseite des Andreasrings), die im 11. Jahrhundert noch nicht über den inneren Mauerring hinausgewachsen war. Erst im 14. Jahrhundert kam der „Judensand" in der Folge einer notwendig gewordenen Stadterweiterung innerhalb des Stadtbezirks zu liegen. Doch dies konnte die Anlage nicht vor Zerstörungen und Entweihungen schützen, die in der Fol-

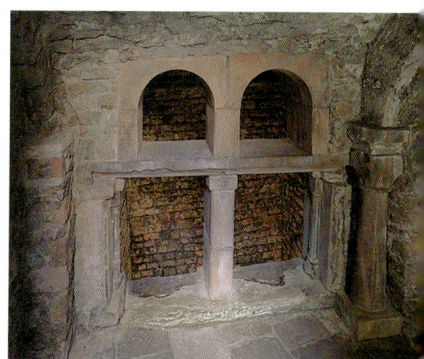

Mikwe, Badeschacht (oben), Vorraum (Mitte) und Bad (unten)

● Grabstein des Jakob ha-bachur
   (1078/77)

□ Steine des 11. Jhs.

■ Zahlreiche Steine des 12. Jhs.

■ Zahlreiche Steine des 18./19. Jhs.

■ Zahlreiche Steine des 20. Jhs.

*rechts: Grundriss des
jüdischen Friedhofs*

*unten und S. 199:
Ansichten des jüdischen
Friedhofes*

Andreasstraße

Dom/Synagoge

Bahnstrecke Ludwigshafen–Mainz

Willy-Brandt-Ring

Neusatz

Museum Andreasstift

N

0   25   50   75   100

gezeit nicht selten waren. So ereignete es sich im Jahre 1519, dass städtische Arbeiter den Friedhof aufgruben und Grabsteine abtransportierten, um sie für Wohnbauten zu verwenden. Trotz des Einschreitens seitens des Magistrats ließen sich einige christliche Wormser nicht davon abhalten, die Steine des Judensands als billiges Baumaterial zu betrachten.

Im Jahre 1911 wurde der Friedhof geschlossen; ein neuer jüdischer Friedhof konnte noch im selben Jahr auf der Hochheimer Höhe bei Worms eröffnet werden. Glücklicherweise überlebten beide Friedhöfe die Schändungen des Nationalsozialismus nahezu unbeschadet. Einzig der Dachstuhl der „Bet ha-mit-har", der im 17. Jahrhundert errichteten Leichenhalle auf dem alten Friedhof, ging in Flammen auf. Schwerere Zerstörungen richteten dann alliierte Sprengbomben zu Beginn des Jahres 1945 an.

Der Friedhof gliedert sich in einen älteren und einen jüngeren Teil. Der ältere, etwas tiefer gelegene Abschnitt wurde seit dem 11. Jahrhundert – ausgehend von seiner Südecke, dem sogenannten „Rabbinertal" – in südnördlicher Richtung angelegt. Ab dem frühen

18. Jahrhundert erfolgten die Bestattungen auf dem höher gelegenen nördlichen Teil, welcher der jüdischen Gemeinde bis zum Jahre 1911 als Begräbnisstätte diente. Der ältere Teil beherbergt nahezu 1000 Gräber von Rabbinern, Gelehrten, Kantoren, Stiftern und auch von nicht mehr bekannten Menschen. Etwa 60 Grabsteine aus dem 11. und 12. Jahrhundert haben sich erhalten, meist in Form eines rohen, sich nach unten verjüngenden Sandsteinquaders, auf dessen Vorderseite Buchstaben eingeritzt sind. Über den Buchstabenreihen verlaufen waagerechte Linien, die seit der Mitte des 12. Jahrhunderts dann fehlen. Interessanterweise sind die meisten der Grabsteine nicht in der üblichen Ost-West-Ausrichtung (nach Jerusalem im Osten) angelegt, sondern nach Norden hin, in ungefährer Richtung der Synagoge. Der älteste Grabstein überhaupt ist der des Jakob von 1076/77, über den die Inschrift in der deutschen Übersetzung berichtet:

Dies ist der Leichenstein des Jakob ha-bachur, welcher verschied im Jahre 4837 (=1076/77) nach der Zeitrechnung. Seine Seele ruhe im Bündel des Lebens!

Dem heutigen Betrachter bietet der jüdische Friedhof von Worms, der sich als ein einzigartiges Dokument der europäischen Kulturgeschichte darstellt, ein Bild der harmonischen Verschmelzung von Natur und Bildwerk, in das der Mensch nicht ordnend eingreift. Der gesamte Begräbnisplatz wirkt wie ein von Bäumen gesäumter hügeliger Rasen, ein Platz von stiller Würde, auf dem Tausende von Grabsteinen stehen, die im Laufe der Jahrhunderte umgestürzt und eingesunken sind. Es gibt keinen Blumenschmuck noch sonstiges Beiwerk, da nach jüdischem Brauch eine Pflege der Gräber und jegliche gärtnerische Arbeit eine Ruhestörung der Toten bedeuten würde. Zum Gedächtnis der Verstorbenen werden von jüdischen Besuchern noch heute Kerzen angezündet. Ein Zeichen der besonderen Verehrung ist es, einen kleinen Stein aufzuheben und ihn auf den Grabstein zu legen. Dieser Brauch ist eine Überlieferung aus dem Heiligen Land, als man in den Wüstengebieten über dem Leichnam einen Steinhaufen errichtete, der ihn vor wilden Tieren schützen sollte.

Worms-Hochheim

Bergkirche St. Peter

Von der Stadtmitte aus fährt man in westlicher Richtung in den zu Worms gehörenden Ortsteil Hochheim. Hier steht auf einer leichten Anhöhe die Bergkirche St. Peter, heute evangelische Pfarrkirche, die auf eine Gründung Bischof Burchards aus dem frühen 11. Jahrhundert zurückgeht. Der leicht gedrungen und kompakt wirkende Turm der Bergkirche, an den ein im frühen 17. Jahrhundert neu errichtetes Langhaus anschließt, ragt über einer dreischiffigen Vorhalle im Erdgeschoss in vier Stockwerken in die Höhe. Mit dem Erdgeschoss, dessen westliches Eingangsportal von einem Tympanon mit einer erneuerten Rechteckblende bekrönt wird, sind die vier oberen Geschosse durch Mittel- und Ecklisenen sowie durch Rundbogenfriese zu einer einheitlichen, die Vertikale betonenden Wandgliederung zusammengefasst. Besonders deutlich tritt das Gliederungsprinzip im vierten Geschoss in Erscheinung, das, ebenso wie das oberste Stockwerk, um 1200 erneuert wurde. Hier ist die Mittelfläche der Wand hinter die rahmenden Säulchen zurückversetzt, die Frieskonsolen sind kraftvoller ausgebildet. Darüber erhebt sich das Glockengeschoss mit je zwei durch Säulchen gekuppelten Doppelfenstern auf jeder Turmseite. An die Stelle der Lisenengliederung tritt der mittlere Fensterpfeiler, der aus Quadern aufgemauert und mit einer Deckplatte versehen ist. Den Abschluss bilden die um das Jahr 1600 aufgesetzten Giebel mit einem Satteldach – einem in der Region relativ seltenen Dachtypus, der sich außer in Worms-Hochheim nur noch auf den romanischen Türmen von Colgenstein und Heßheim sowie den einfacheren Turmbauten von Obersülzen und Battenberg findet.

Das ursprüngliche Langhaus nahm die Breite des Westturmes auf und schloss mit einem wenig eingezogenen quadratischen Chor. Unter dem ehemaligen Chorgeviert hat sich die Säulenkrypta des Gründungsbaus erhalten, die in ihrer Anlage der Krypta der Galluskirche im badischen Ladenburg jenseits des Rheins ähnelt. Der Raum besteht aus dreimal drei Jochen, die vier konischen Säulen haben attische Basen und einfache Würfelkapitelle ohne Kämpferplatten, auf denen die gratigen Kreuzgewölbe unmittelbar aufsitzen. Der Zugang erfolgt durch die Seitenfelder der Westwand, während die übrigen Wandfelder durch Rundbogennischen gegliedert sind.

links oben: Krypta

links: Ansicht von Nordwesten